Yasmine BOUABDALLAH

Representação semântica cognitiva das acções

Yasmine BOUABDALLAH

Representação semântica cognitiva das acções

Estudo léxico-semântico dos verbos de ação na afasia

ScienciaScripts

Cover image: www.ingimage.com

This book is a translation from the original published under ISBN 978-620-6-70191-0.

Publisher:
Sciencia Scripts
is a trademark of
Dodo Books Indian Ocean Ltd. and OmniScriptum S.R.L publishing group

120 High Road, East Finchley, London, N2 9ED, United Kingdom
Str. Armeneasca 28/1, office 1, Chisinau MD-2012, Republic of Moldova, Europe
Printed at: see last page
ISBN: 978-620-7-62970-1

Conteúdo

Agradecimentos

Os meus agradecimentos vão para os meus mestres que me acompanham desde que comecei como aprendiz de investigador;

Gostaria de agradecer à Professora ZELLAL Nacira o seu rigor científico, a sua vasta experiência em todos os domínios e o seu encorajamento constante, que me foi precioso. Os seus bons conselhos, a sua leitura atenta e exigente e a sua orientação foram-me muito úteis na minha formação e na minha vida, incluindo os dois estágios CMEP-TASSILI, URNOP/Université Paris 8- Labo Chart.

Gostaria de agradecer à Sra. BENHAMLA Zoubeida pela confiança que depositou em mim ao aceitar supervisionar este trabalho de doutoramento, pelos seus muitos conselhos e por todas as horas que dedicou à releitura deste trabalho de investigação. A sua disponibilidade, as suas qualidades humanas, a sua atenção e a sua compreensão foram um grande apoio para mim.

Obrigado à Professora AMOKRANE Saliha pelo seu apoio inabalável, pela sua orientação científica, pelas suas leituras exigentes, pelos seus comentários, pelos seus conselhos, pela sua disponibilidade e pelas suas directivas. Acompanhou-me incessantemente ao longo dos anos do meu doutoramento.

Gostaria de dizer um agradecimento muito especial ao Sr. KACEMI Salah, doutorado, professor de terapia da fala na Universidade de Annaba, com quem passei os meus dois estágios científicos do CMEP-TASSILI. Obrigado por me ter apresentado aos seus pacientes utilizando o software "Give me back my words". Foi um verdadeiro prazer trabalhar com ele.

Obrigado à Professora Catherine Tessier, que nos recebeu no seu gabinete no Hospital Salpetriere durante o curso CMEP-TASSILI, pela sua orientação científica e por partilhar connosco a sua investigação prática e teórica.

Gostaria de expressar a minha sincera gratidão a todos os membros do júri por terem dispensado o seu precioso tempo para avaliar o meu trabalho.

Obrigada aos meus pais, que se esforçaram tanto para garantir o meu sucesso. Obrigado por todos os sacrifícios que fizeram e pelos vossos conselhos preciosos.

Obrigada ao meu marido, que me encorajou durante tantos anos e cujo entusiasmo e apoio me fizeram continuar.

Obrigado aos meus irmãos, cujo apoio me manteve animado nos momentos difíceis.

Dedicatórias

Dedico este trabalho :

Àqueles que sempre me encorajaram, que me ajudaram imenso ao longo desta vida, a quem a palavra "obrigado" nunca será suficiente, aos meus pais BOUABDALLAH Zarzour, MEGUELLATI Soraya Aicha.

Aos meus professores que me orientaram e apoiaram: Professora ZELLAL Nacira, Doutora BENHAMLA Zoubeida e Professora Amokrane Saliha.

Aos meus dois irmãos, Mohammed Nadjib e Mohammed Amine, que me apoiaram.

Ao meu marido BENADJINA youcef que sempre me encorajou e ajudou.

filha Sylia Aline.

Ao meu amigo, o homem com quem passei os meus melhores estágios científicos, KACEMI Salah

Aos meus amigos BENBRAHIM Nassima e BENDJAI Sara.

A toda a minha família, a todos aqueles que estiveram envolvidos neste trabalho, direta ou indiretamente.

Em memória dos meus tios BOUABDALLAH Youcef e BOUABDALLAH Djamel, que sempre me apoiou e encorajou.

Currículo
A representação semântica da ação refere-se tanto à organização na memória dos conhecimentos sobre as acções como ao seu tratamento. A semântica da ação diz respeito às representações de natureza sensório-motora ligadas à execução e é expressa pelo verbo e pelo gesto. Qualquer representação do léxico que exprima acções (verbos, expressões verbais, nominalização) constitui um conhecimento explícito sobre objectos funcionais. Este ponto de vista está de acordo com as perspectivas dos linguistas que demonstram a presença de primitivos cognitivos (Jackendoif, 1983, Descles, 1985). O significado do signo num discurso é uma *representação* na qual se combina o valor *semântico* na linguagem, e esta representação é construída pelas relações cognitivas do cérebro com referência aos objectos que nos rodeiam.
Pedir a alguém para fechar uma porta aberta exprime-se como "fechar a porta", e mais frequentemente na linguagem coloquial como "la porte! Também notamos que se um cenário de viagem pode ser expresso como "fazer as malas, reservar um bilhete de avião, reservar um hotel, apanhar o avião, descansar no quarto de hotel", a lista de substantivos "bagagem, bilhete de avião, hotel e quarto de hotel" é suficiente para compreender o cenário, enquanto "fazer, reservar, apanhar, descansar" não é suficiente para compreender o cenário. Tendo isto em mente, vamos centrar-nos nos verbos de ação dos afásicos para compreender: qual dos dois, verbo ou objeto, afecta mais a construção mental do léxico verbal na aquisição da linguagem?
Para responder a esta questão, utilizámos o programa informático "Rendez Moi Mes Mot" do Dr. KACEMI Salah, uma versão informatizada do teste "MTA 2002" do Pr. ZELLAL Nacira, aplicado a cinco casos de afasia cuja perturbação principal da linguagem é representada por parafasias semânticas. O objetivo era demonstrar a elasticidade cognitiva da linguagem oral nos afásicos com base em aproximações semânticas.
Palavras chave: parafasia semântica - falta de palavras - afasia - representação semântica - verbos de ação - objectos - contexto.

"A linguagem reproduz o mundo, mas submetendo-o à sua própria organização.
próprio "Emile Benveniste

Introdução

A faculdade da linguagem representa uma predisposição para a socialização específica da espécie humana, caracterizada por traços funcionais ou por um protocolo de transcodificação linguística. Assim, uma boa estratégia de troca está no centro de qualquer processo de comunicação, através da escolha de palavras que transmitem a informação descodificada por uma representação semântica da linguagem. A afasia implica uma dificuldade na produção oral (lexical, sintáctica ou articulatória), daí a disfunção da transcodificação linguística.

A falta de palavras representa uma das principais perturbações da linguagem na afasia e manifesta-se de várias formas: anomia, perturbação da lexicalização (Nespoulous § Virbel, 2003; Basso, 1993).

Na nossa investigação anterior - estudo léxico-semântico da linguagem oral em afásicos (Broca-Wernicke)- (magistere 2009), identificámos uma presença significativa de substituições de palavras que traduzem parafasias semânticas na produção oral dos afásicos. No presente estudo, quisemos ir mais longe nas nossas investigações e propomo-nos trabalhar sobre as parafasias verbais baseadas em verbos de ação na nomeação oral, um tema de estudo ainda pouco explorado. Optámos por analisar as afasias em que a perturbação da linguagem oral é representada por parafasias semânticas. Em particular, interessa-nos a parafasia verbal nas afasias baseadas em verbos de ação em nomes orais. O objetivo é interpretar os aspectos psicolinguísticos e neurolinguísticos do léxico do verbo de ação oral.

A falta de palavras na afasia é geralmente compensada por estratégias compensatórias que reflectem aproximações léxico-semânticas. Estes problemas de produção lexical estão ligados a défices semânticos e podem ser verbalizados através de enunciados modalizadores (Tran, 2007).

No nosso estudo, interessam-nos as faculdades preservadas nos afásicos que permitem a criação de flexibilidades semânticas ao nível do léxico verbal.

Os afásicos produzem aproximações semânticas que consistem em utilizar um verbo no lugar de outro (ambos semanticamente próximos). Estas estratégias comunicativas põem em evidência a flexibilidade semântica dos verbos e fazem da flexibilidade um princípio cognitivo fundamental (Duvignau, 2003; Duvignau et al. 2004).

De acordo com K. Duvignau, existe uma flexibilidade cognitiva nas crianças durante a aquisição da linguagem, que se manifesta nas aproximações semânticas, produções que favorecem uma relação de "proximidade semântica" entre os verbos (Duvignau., & al, 2004). Na nossa investigação, referimo-nos aos resultados dos estudos de Duvignau et al (2008), Nespoulous e Virbel (2003) e Charles Albert Tijus e Elisabetta Zibetti.

A presença destas parafasias semânticas seria sinónimo de uma construção do léxico verbal sob um aspeto de proximidades semânticas e geraria um fenómeno de aproximação semântica, que desempenha um papel crucial na hierarquização do léxico mental. A ausência de palavras no afásico permite-nos orientar o nosso estudo para duas dimensões. A primeira diz respeito ao estudo das paráfrases semânticas dos verbos (ou aproximações semânticas verbais), por exemplo: "elle a casse le journal" para "dechirer le journal". A segunda diz respeito à hierarquização léxico-semântica que emerge destes enunciados, utilizando verbos genéricos como "diviser des steaks" para "trancher des steaks" ou verbos específicos como "couper des steaks".

De um modo geral, os verbos são polissémicos se não forem produzidos num determinado contexto. Partimos do seguinte pressuposto: o uso de objectos facilita a produção de verbos de ação (Van Elk, Van Schie., & Bekkering, 2009). A organização hierárquica das categorias de objectos aplica-se a todos os verbos em redes hierárquicas. As propriedades funcionais são explicadas pelas propriedades estruturais dos objectos, que desempenham um papel na construção das categorias semânticas e que podem ser lexicalizadas.

Pedir a alguém que feche uma porta aberta é expresso como "close the door" e, na linguagem coloquial, mais frequentemente como "the door", mas raramente como "close".

Observamos também que, se um cenário de viagem puder ser expresso como "fazer as malas, reservar um bilhete de avião, reservar um hotel, apanhar o avião, descansar no quarto de hotel", a lista de substantivos "malas, bilhete de avião, hotel e quarto de hotel" é suficiente para nos fazer compreender o cenário, ao passo que "fazer, reservar, apanhar, descansar" não permitem apreender o cenário. Esta observação leva-nos a perguntar se é o verbo ou o objeto que mais influencia a construção mental das representações semânticas.

As investigações sobre a dimensão semântico-cognitiva dos verbos são escassas e centram-se sobretudo no seu aspeto sintático e no agramatismo dos afásicos. No presente estudo, propomos utilizar o léxico nominal para analisar as perturbações lexicais, nomeadamente as parafasias semânticas, características da linguagem dos afásicos que adaptam estratégias linguísticas para compensar a perda da sua capacidade de expressão.

O nosso problema baseia-se nas seguintes questões:

-A construção mental das representações semânticas das acções é mais afetada pelo verbo ou pelo objeto?

-Quais são os processos que podem levar à falta de palavras nas pessoas com afasia?

-Em que se baseiam as substituições lexicais efectuadas pelos afásicos?

Para tentar responder a estas questões, apresentamos as seguintes hipóteses.

-A elasticidade cognitiva na afasia é a estratégia fundamental utilizada para estruturar o léxico mental. Esta baseia-se em aproximações semânticas na nomeação oral de verbos de ação.

-A nossa hipótese é que a falta de palavras nos afásicos é causada por deficiências na produção lexical na nomeação oral de acções.

Estes problemas são compensados por aproximações nas respostas do afásico. Isto leva-nos a supor que se trata de uma estratégia paliativa para os afásicos, a fim de estruturar e adaptar os seus enunciados.

-Supomos que o afásico produzirá e recuperará mais facilmente a classe verbal, em relação à sua representação semântica (objeto vs. ação).

- O nosso primeiro objetivo é explicar a presença de elasticidade semântico-cognitiva com base nas perturbações léxico-semânticas orais dos afásicos, analisando as parafasias semânticas.

-O nosso segundo objetivo é saber se as propriedades funcionais dos objectos são justificadas pelas suas propriedades estruturais e se estão implicadas na construção de categorias semânticas, que podem ou não ser lexicalizadas a partir de uma tarefa de nomeação de acções orais (ação com manipulação de objectos). Isto explicará o emaranhamento entre o verbo de ação e o objeto derivado do verbo nomeado.

- O nosso terceiro objetivo é observar se o contexto do objeto tem influência na produção de verbos de ação em afásicos.

Para a realização do nosso trabalho, analisaremos as produções orais de cinco casos de afasia representados por três tipos diferentes de afasia: de Broca, transcortical e subcortical, cujo relatório médico revelou um acidente vascular cerebral (AVC isquémico), utilizando o afasiograma "Rendez-moi mes mots "[1] concebido por S. Kacemi (programa de teste computorizado (MTA) adaptado e calibrado pelo Professor Zellal Nacira). Para tentar atingir os objectivos que nos propusemos, basear-nos-emos em duas abordagens: a psicolinguística e a neurolinguística.

A abordagem psicolinguística centra-se na produção de verbos através de uma tarefa de descrição oral em afásicos.

O objetivo da abordagem neurolinguística é evidenciar as áreas cerebrais envolvidas na descrição oral de um sujeito afásico, com base nas diferentes abordagens de classificação da afasia. Partimos da premissa de que não existe uma região cerebral única que actua, mas sim uma rede neuronal (Zellal, 2011).

Estruturámos a nossa investigação em duas partes.

A primeira parte, composta por cinco capítulos, apresenta os elementos teóricos a que faremos referência no nosso estudo.

No primeiro capítulo, intitulado *L'organisation du langage oral chez I'aphasique (A organização da linguagem oral na afasia),* começamos por definir a afasia e as suas diferentes abordagens, depois damos conta da organização estrutural e neuroanatómica da linguagem na afasia, em seguida delimitamos a afasia em relação ao signo liguístico e, por fim, discutimos as características neurolinguísticas das diferentes formas clínicas da afasia.

No segundo capítulo, intitulado *A produção oral e as suas perturbações nos afásicos, descrevemos* os diferentes défices lexicais, explicamos a linguagem em relação ao cérebro e terminamos com as diferentes abordagens terapêuticas.

No terceiro capítulo, intitulado *La hieharchistion lexico-semantique des verbes (A hierarquia léxico-semântica dos verbos),* definimos a hierarquização do léxico mental, explicamos a noção de proximidade semântica da palavra e, por fim,

determinamos as formas de categorização na produção de verbos nos afásicos.
O quarto capítulo intitula-se *A flexibilidade cognitiva na afasia: as aproximações semânticas.* Neste capítulo, vamos apresentar as características das aproximações semânticas, explicar o conceito de aproximação semântica como prova de flexibilidade cognitiva e, finalmente, delimitar a aproximação semântica em relação à pragmática.
O quinto capítulo intitula-se *Nomeação das acções orais.* Neste capítulo, definimos a nomeação das acções orais em relação aos modelos neuropsicológicos, em seguida, descrevemos as diferentes variáveis que influenciam a nomeação oral e, por fim, damos conta da organização modular da linguagem.
A segunda parte é consagrada ao estudo e à análise dos processos de denominação oral e compreende igualmente cinco capítulos.
No primeiro capítulo, intitulado *Nomeação de acções orais em sujeitos afásicos, apresentamos* o protocolo experimental, os critérios de análise e a amostra representativa, seguidamente apresentamos o estudo de cinco casos de afasia na nomeação de acções orais e, por fim, discutimos os resultados.
O segundo capítulo, intitulado *Interpretação cognitiva dos resultados*, será consagrado a uma representação cognitiva das perturbações de compreensão, das perturbações centrais de produção e dos défices de acesso às perturbações fonológicas, seguido de uma apresentação das perturbações sintácticas de um ponto de vista cognitivo. Explicaremos o sistema semântico, analisaremos a modelização da produção oral e da nomeação, delimitaremos a categorização em relação às sobre-extensões e, por fim, mostraremos a influência da ação no processamento dos conceitos de objectos manipuláveis.
No terceiro capítulo, intitulado "*Interpretação léxico-semântica dos resultados*", explicamos como se recupera o léxico, explicamos a marca de palavra, mostramos o papel do conhecimento preservado na recuperação do léxico, explicamos a sobre-extensão como estratégia compensatória e terminamos com as respostas válidas no processamento léxico-semântico.
No quarto capítulo, intitulado *Interpretação pragmática dos resultados, relacionaremos* as duas interpretações cognitivas e léxico-semânticas. Relataremos a aproximação semântica de um ponto de vista pragmático, definiremos os verbos de ação em relação à pragmática e, finalmente, explicaremos a aproximação semântica de um ponto de vista cognitivo-pragmático.
Finalmente, o quinto capítulo, intitulado *Natureza das dissociações semânticas e concetualização,* será dedicado às explicações propostas, seguido de uma tentativa de identificar a influência das forças de associação nas escolhas de emparelhamento na afasia, e terminando com os factores cognitivos e a estrutura das categorias na recuperação da linguagem na afasia.

Parte teórica

Capítulo 1 A organização da linguagem oral nos afásicos

1. Afasia

Qualquer perturbação linguística da comunicação durante a compreensão (codificação) ou a produção da linguagem oral ou escrita (descodificação) é sinónimo de afasia (A. Roch-Lecours & F. Lhermitte, 1979). Esta desorganização léxico-semântica é o resultado de uma lesão do hemisfério dominante da linguagem, geralmente o hemisfério esquerdo.

Dependendo da localização e da extensão da lesão, os danos cerebrais afectam ou eliminam vários aspectos da linguagem oral e escrita, bem como a compreensão oral e escrita. Em afasiologia, identificamos vários défices que afectam a linguagem lexical, semântica, fonológica, morfossintáctica e pragmática. Estes défices variam consoante as áreas cerebrais lesadas e o tipo de afasia.

Na desorganização da linguagem, a produção oral pode ser gravemente afetada em comparação com a compreensão, que permanece intacta. A afasia caracteriza-se por um sintoma principal: a falta de uma palavra. Trata-se de uma incapacidade de produzir a palavra que corresponde ao contexto psicolinguístico do momento (conversa, história, exercício dirigido, etc.).

No capítulo 2, abordaremos mais pormenorizadamente as perturbações da produção oral. As causas da afasia são diversas: acidente vascular cerebral, traumatismo ou tumor. Limitámo-nos ao aspeto oral dos afásicos cuja etiologia é vascular nos adultos. Isto foi feito para determinar o objetivo do nosso estudo.

A evolução da afasia varia de acordo com a extensão da lesão, as causas, a localização da lesão e os critérios pessoais (idade, nível sociocultural, stress, etc.).

O diagnóstico da afasia é determinado pelo contexto neurológico. Para identificar as zonas especializadas nas funções da linguagem e compreender melhor o seu papel, os progressos da imagiologia cerebral tentam estabelecer correlações neuroanatómicas.

No cérebro humano, existem várias áreas cerebrais que se caracterizam por funções diferentes. Por isso, a afasia raramente é isolada e
coexiste frequentemente com perturbações neuropsicológicas e neurológicas.

Esta perturbação da linguagem oral e/ou escrita depende da sua etiologia, e observa-se uma regressão das perturbações graças a uma recuperação espontânea e a uma reabilitação se as causas estiverem estabilizadas.

Qualquer que seja o tipo de afasia, a natureza da lesão cerebral e a idade do afásico, este apresenta uma perturbação linguística plural e uma perturbação cognitiva única (N. Zellal, 2011). O controlo da linguagem é desregulado por uma lesão cerebral, estabelecida com base no desempenho em testes neuropsicológicos, e daí a dissociação das operações cognitivas duplas de análise e de síntese.

2. Classificação da afasia de acordo com diferentes abordagens

A presença de vários tipos de perturbações afásicas levou a um grande número de classificações das formas clínicas, utilizando uma variedade de critérios.

O estudo da perturbação da linguagem na afasia envolve vários domínios de investigação: a neurologia, a terapia da fala, a psicologia e a linguística. Esta interdisciplinaridade explica a classificação diversificada dos diferentes tipos de afasia e a interpretação dos diferentes processos linguísticos.

2.1 A abordagem empírica

[2]Esta abordagem baseia-se numa dicotomia simples para classificar as diferentes formas de afasia e determina duas categorias: afasia fluente vs afasia não fluente (J-M. Mazaux, 2007). Esta abordagem é descritiva e parte de um ponto de vista clínico observável.

2.2 A abordagem linguística

Dado que a afasia é uma patologia da linguagem, a nossa abordagem baseia-se em fundamentos linguísticos (Jakobson & Halle, 1956), (Kremin & Nespoulous, 1994).

O objetivo era tratar os distúrbios da linguagem. A abordagem linguística baseava-se em hipóteses clínicas, ou seja, em estudos sobre os processos e as estruturas da linguagem não patológica, e em utilizar esta clínica para compreender melhor a linguagem. Nesta abordagem, não podemos compreender o funcionamento do cérebro, uma vez que os princípios anatómicos e clínicos não são tidos em conta.

2.3 A abordagem neuroanatómica

Nesta abordagem, a classificação da afasia refere-se ao aspeto neuroanatómico do cérebro e cada área cerebral representa uma área cerebral distinta com funções específicas. Trata-se de uma teoria conexionista de localização que revela que centros cerebrais distintos têm funções específicas. Este conceito baseia-se numa classificação neuro-anatómica da afasia (Bonin, 2003) e confirma a abordagem linguística. As classificações neuro-anatómicas não têm em conta os pressupostos linguísticos.

Além disso, a conceção localizacionista mostra que as perturbações da linguagem são classificadas em função das lesões neurológicas. As classificações localizacionistas incluem as afasias relacionadas com as funções motoras do aparelho oro-fonatório, ou seja, a afasia motora, e o segundo tipo de afasia relacionado com lesões das zonas acústicas, ou seja, a afasia sensorial. Os progressos da imagiologia estão a tentar estabelecer redes neuronais baseadas na localização cerebral para cada afasia. Os estudos de Chomel, Leloup, & Bernard (2010) revelam que a desorganização semântica e sintáctica da linguagem não pode ser explicada por classificações localizacionistas. Além disso, a investigação médica imagiológica está a tentar encontrar a ligação entre as redes neuronais e a lesão cerebral na afasia.

No entanto, a perspetiva atual pressupõe que várias áreas cerebrais envolvem várias áreas cerebrais no processo linguístico. A perspetiva atual é muito mais dinâmica e

[2] - As afasias fluentes são caracterizadas por logorreia (um fluxo rápido de produção verbal), enquanto as afasias não fluentes são caracterizadas por uma redução da produção verbal, levando ao mutismo.

admite muitas áreas cerebrais para qualquer processo linguístico (Shallice, 1988).

2.4 A abordagem neurolinguística

A investigação em anatomia funcional (Germin, Ricordel, 2017) mostra que, na abordagem neurolinguística, o conhecimento cerebral está intimamente relacionado com os modelos linguísticos (Sabouaud, 1995). Este modelo de classificação considera que as perturbações extra-linguísticas estão na origem da desorganização do desempenho linguístico. Esta abordagem é definida pelo nível de desempenho e de competências; a conceção linguística generativa (Chomsky, 1957). Por conseguinte, a clínica da afasia é tida em conta na abordagem neurolinguística. A ligação entre a degenerescência cerebral e a teoria da linguagem foi desenvolvida com base nos processos que constroem os fonemas e os semas, a morfologia e a sintaxe (Chomesy & Piaget 1982).

2.5 A abordagem neuropsicolinguística

Nesta abordagem, referimo-nos tanto às perturbações da linguagem como ao sistema linguístico cognitivo, daí o seu carácter multidisciplinar. As redes neuronais representam um sistema estratégico em relação à linguagem, como foi confirmado pela investigação em imagiologia médica (J-N. Nespoulous, 2016).

Na abordagem neuropsicolinguística, baseamo-nos na abordagem anatomoclínica. Por exemplo, o agramatismo caracteriza-se por um défice de palavras funcionais, enquanto as palavras lexicais são preservadas no sistema linguístico do afásico Basso & al. (1985). Isto reflecte a hipótese de que estes dois tipos de classes são tratados de forma diferente pelo cérebro. A abordagem neuropsicolinguística baseia-se na arquitetura cerebral, estrutural e funcional da linguagem. O objetivo é determinar os diferentes tipos de dissociação cognitiva na afasia. Atualmente, os estudos em neuropsicolinguística permitem-nos compreender melhor o sistema cognitivo linguístico e a atividade cerebral durante o processamento da linguagem no cérebro.

3. A organização estrutural e neuroanatómica da linguagem na afasia No presente estudo, explicaremos a afasia com base em dois modelos que representam a organização estrutural da linguagem. Um modelo que compreende três níveis de articulação e quatro tipos de unidades linguísticas (Gil, 2006) e o modelo baseado em conceitos linguísticos e psicocognitivos (Zellal, 2011).

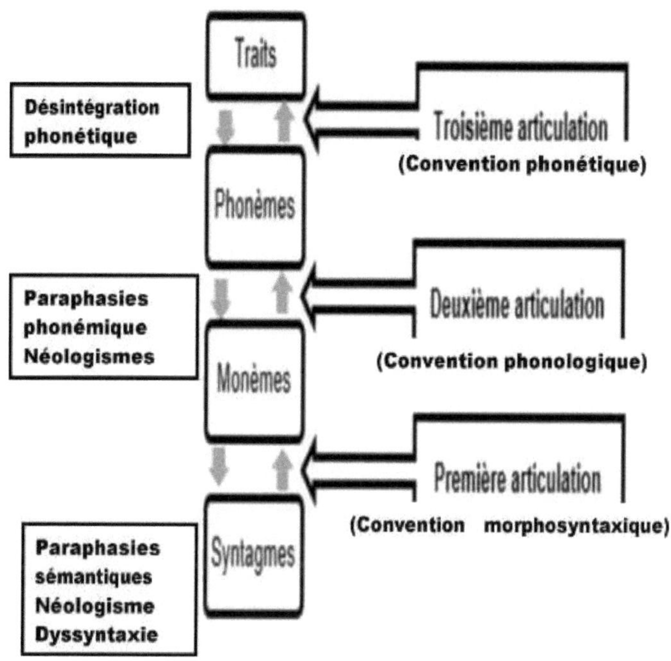

Figura 1: Representação dos três níveis de articulação (Gil, 1989)

As unidades da primeira articulação representam os monemas, ou seja, as unidades mínimas de significado, as unidades mais pequenas portadoras de significado. Esta unidade significativa divide-se em dois tipos de unidades: os lexemas (com valor lexical, que remetem para um conceito empírico, como os substantivos e os verbos) e os morfemas (que remetem para a classe gramatical que representa o número, o tempo verbal, o género, o modo e os conectores lógicos).

O significante (o aspeto sonoro) e o significado (o aspeto semântico) são os dois componentes do monema

Por exemplo, na palavra courais, distinguimos duas unidades de significado distintas: a ação de correr e a indicação de temporalidade: cour e ais. Estas duas unidades são portadoras de significado. A combinação e a escolha destes monemas, com referência a regras sintácticas, formam sintagmas e frases.

As unidades da segunda articulação são os fonemas, as unidades distintivas que permitem distinguir as palavras umas das outras. O fonema representa uma entidade abstrata que corresponde a vários sons. Em cada língua, existe um número limitado de combinações de fonemas que constituem os monemas. Em afasiologia, as perturbações da linguagem podem ser detectadas na primeira e na segunda articulação.

-Modelo cognitivo-comportamental (N. Zellal, 2011)

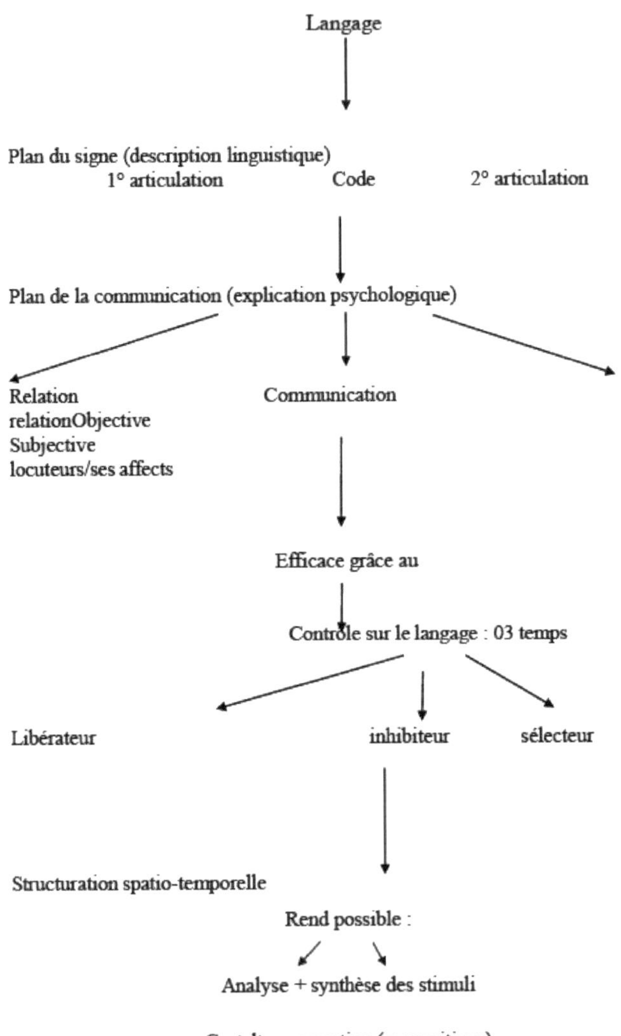

Figura 2 - Elaboração de uma definição de linguagem retirada de Zellal (2011)
Este modelo tem em conta conceitos da psicologia do desenvolvimento e da teoria da perceção, que explicam as perturbações afásicas da linguagem como um fenómeno único. Os afásicos têm a capacidade de analisar a linguagem mas têm dificuldade em sintetizá-la (a sua gestalt) 2.

A Gestalt representa a linguagem, que é constituída por palavras precisas cujo significado varia consoante o contexto. A criação de significado é um processo consciente nos afásicos.

Na sua comunicação e criação de sentido, os afásicos apresentam uma perturbação temporal, experimentando dificuldades na utilização do seu código, manifestadas por um tempo de libertação exagerado (ou difluência) ou um controlo inibitório despótico (redução), que conduz a uma perturbação do tempo de leitura das palavras (parafasias e jargões) ou da inibição (reduções psicolinguísticas graves).

4. A afasia e o signo linguístico

A perturbação da linguagem na afasia reflecte uma desorganização entre o significante e o significado na linguística. Assim, podemos explicar a afasia a dois níveis, que representam as duas faces do signo linguístico (Alajouanine, 1968): o significante ou a forma acústica do signo linguístico, que representa a segunda articulação (seleção e disposição dos fonemas que constituem os monemas), e o aspeto concetual ou o significante, que se refere à primeira articulação (construção de sintagmas e frases a partir de monemas seccionados).

As unidades linguísticas de cada lado do signo linguístico são determinadas por estes dois aspectos: o eixo da escolha (paradigmático) e o eixo da construção (sintagmático).

Assim, a produção de uma palavra ou de uma frase é determinada por estes dois modos de organização das unidades linguísticas: no eixo paradigmático, caracteriza-se pela escolha dos fonemas (segunda articulação) e das palavras (primeira articulação), e no eixo sintagmático, caracteriza-se pela escolha dos fonemas (segunda articulação) e das palavras (primeira articulação).

[2] - https://urnop-alger2.com/images/labo/redefinition.aphasie

e palavras (Jakobson, 1963). Além disso, em nosso estudo, os distúrbios articulatórios não são levados em conta, nem o movimento do aparelho fonador (boca, órgão da fonação) - terceira articulação - (Bouquet, 2012). Além disso, interessa-nos a contribuição linguística em relação à clínica do afásico.

- A hierarquia neuroanatómica da linguagem na afasia

A estrutura neuroanatómica da linguagem situa-se no hemisfério dominante do cérebro (esquerdo). Observamos dois eixos: um eixo expressivo que representa a produção oral e escrita, e um eixo recetivo que engloba as modalidades de entrada (audição, visão), bem como a compreensão da linguagem oral e escrita.

- O eixo expressivo da linguagem

A área do eixo expressivo (área de Broca) representa a sede da linguagem articulada, e uma lesão desta área provoca a chamada afasia de Broca. A área de Broca é responsável pelo processamento fonológico e semântico e corresponde às partes opercular e triangular (áreas 44 e 45 de Brodmann) que fazem parte do giro frontal inferior (Seron e Latter. 1986). Estão ligadas à ínsula e aos gânglios basais e estão envolvidas na programação fonética.

O córtex pré-frontal é composto por áreas promotoras. O núcleo mediodorsal do tálamo possui conexões com o córtex pré-frontal (LeMinor & Dillenseger. 2019). Assim, todo o mecanismo comunicativo em relação ao contexto da linguagem é dirigido pelo córtex pré-frontal, que lida com várias actividades cognitivas e linguísticas (Kail, Fayol. 2000).

- O eixo recetivo da linguagem

A incapacidade de compreender a linguagem falada reflecte a afasia de Wernicke, que se caracteriza por uma lesão na área de Wernicke. Karl Wernicke (1874) demonstrou que os sons da língua são reconhecidos na parte posterior da primeira convolução temporal. Isto é feito com o objetivo de lhes atribuir um significado (Campolini § al. 2003).

As imagens médicas mostram que o processamento fonológico e articulatório das palavras é efectuado pelo **giro supramarginal**. Além disso, o processamento semântico é realizado pelo giro angular, que é ativo na linguagem em relação ao hemisfério direito.

A identificação e a categorização dos objectos são determinadas pelos aspectos fonológicos e semânticos da linguagem e são geridas pelos neurónios do giro angular e supramarginal (uma região associativa multimodal que recebe inputs auditivos, visuais e somato-sensoriais).

Os processos do sistema auditivo de audição de palavras faladas ou de perceção visual de palavras lidas não são processados pelas áreas da linguagem. A compreensão da língua é efectuada pelo córtex auditivo, que permite o reconhecimento dos sons, uma condição prévia essencial. Ao mesmo tempo, o reconhecimento de objectos e a identificação de nomes durante a leitura são realizados pelo córtex visual, que é responsável pela visão consciente do contexto linguístico.

- **Uma região associativa central**

O conjunto das fibras associativas do feixe arqueado forma anatomicamente as áreas de Broca e de Wernicke. As áreas associativas centrais agrupam várias áreas cerebrais; o córtex insular, a porção opercular das áreas motoras (áreas 4 e 6) e somestésicas (áreas 1, 2, 3), bem como a área parietal opercular que consiste na área somestésica, (Falten, 2011). O comprometimento dos componentes cerebrais que anatomicamente formam esta área resultará em afasia.

As áreas de cada centro de linguagem têm a sua própria especificidade e actuam em paralelo. A área de Broca e a área de Wernicke estão ligadas pelas fibras nervosas do feixe arqueado. A conotação emocional das palavras é processada pelo hemisfério direito. Estas duas áreas, indispensáveis à produção e à compreensão da linguagem, têm uma função multimodal ao mesmo tempo distinta (Rondal & Seron, 2003).

[3]Dahene (2015) demonstrou na sua investigação que uma zona motora complementar exterior à zona perisilviana, situada no interior do lobo frontal, desempenha um papel importante no processo da linguagem. Esta reflexão reflecte a observação de que uma lesão desta zona, caraterística do processo de pronúncia das palavras, provoca uma perturbação da linguagem que pode evoluir para o mutismo (Posner e Raichle, 1994). Assim, a linguagem não é simplesmente uma interação entre duas áreas essenciais de produção e compreensão da linguagem (Broca & Wernicke). A produção da linguagem representa toda uma organização

3 Apêndice 4, p. 290.

cerebral complexa que envolve várias áreas que interagem com o processo linguístico. Isto explica porque é que outras formas de afasia não podem ser agrupadas em expressão e receção (Lechevalier, 1989; Joanette & Roch Lecours, 2000).

5. Características neurolinguísticas dos diferentes tipos clínicos de afasia

Para apresentar as principais formas de afasia, baseámo-nos nas teorias interdisciplinares de Sabouraud (1995), Roch-Lecours & Lhermitte (1979) e Gil (2006), Rondal & Seron (2003).

[4]Os seguintes critérios: não fluente/fluente, motor/sensorial, bem como expressão/receção, anterior/posterior representam dados relevantes na estrutura das diferentes formas de afasia, bem como na sua classificação:

A fluência e a não fluência são os dois critérios tradicionais de classificação utilizados para distinguir as duas principais categorias de afasia (Lecours & Lhermitte, 1979).

Trata-se de fazer uma comparação através da abundância da produção linguística oral: a quantidade mede-se pela taxa de fluência.

As categorias da afasia de Wernicke são definidas por fluência versus não-fluência, enquanto a afasia de Broca é caracterizada por não-fluência.

A afasia logopénica caracteriza-se por um fluxo verbal quase normal. Por conseguinte, este tipo de afasia não é tido em conta por esta forma de distinção (fluência e não fluência). [3]

As afasias condutivas e anómicas apresentam um ritmo de fala abrandado por interrupções e hesitações causadas pela falta de palavras, mas o afásico é capaz de produzir frases de comprimento normal.

5.1 Afasias definidas por áreas clássicas da linguagem cerebral

[4] [5]Para definir estas áreas cerebrais, vamos referir-nos a perturbações léxico-semânticas em nomes orais de ação.

- **Afasia de Broca**

A afasia de Broca caracteriza-se por um défice na combinação de fonemas e sintagmas, o que implica uma diminuição da fala revelada por uma produção breve, esparsa e com pausas longas, agramatismo, perseverações, elisões e perturbações artríticas. Neste tipo de afasia, a linguagem é afetada ao nível da relação entre o significante e o significado.

Também podemos encontrar lesões centrais e subcorticais devido a danos no território da artéria silviana (Alexander & Hillis, 2008) (ramos cerebral médio anterior e posterior).

- **Afasia de Wernicke**

Na afasia de Wernicke, todos os componentes da linguagem são afectados: a compreensão e a produção. Isto deve-se a uma lesão da artéria cerebral média no

[4] -Ver anexo 3, p. 285.
[5] -Ver anexo 4, p. 286.

território dos ramos posterior e inferior da primeira convolução temporal esquerda e das fibras associativas (Mazaux et al. 1987). Esta lesão resulta numa perturbação da linguagem do significado e do significante, revelada por uma perturbação na seleção dos fonemas e dos monemas, ao nível da capacidade taxonómica.

A linguagem afásica caracteriza-se por uma perturbação lexical: neologismos, parafasias fonémicas no discurso espontâneo e em tarefas de nomeação oral.

- **Afasia de condução**

A desconexão entre o giro frontal inferior e o córtex temporo-parietal, causada por uma lesão a este nível, resulta na afasia de condução. Durante a nomeação oral, a afasia de condução produz parafasias fonémicas e estratégias paliativas, que serão o foco da nossa investigação neste estudo.

As principais características da linguagem neste tipo de afasia são a fluidez do discurso pontuada por estratégias paliativas (logopénicas). O afásico de condução faz várias tentativas para nomear o objeto, tendo consciência dos seus erros, e as suas produções orais de nomeação aproximam-se da palavra-alvo. Isto significa que os afásicos de condução se referem a um modelo em que não conseguem decompor todos os componentes (D. Forest, 2005, p. 125).

5.2 Afasias fora das áreas linguísticas

- **Afasia transcortical**

As afasias transcorticais distinguem-se de outros tipos de afasia pela repetição de palavras. Estes tipos de afasia devem-se a lesões fora das áreas da linguagem que estão ligadas às vias relacionadas com a linguagem. Isto resulta em vários sintomas (Alexander & Hillis, 2008).

Neste grupo de afasias temos três formas:

- **Afasia motora transcortical**

A lesão nesta forma de afasia localiza-se na área motora suplementar, mais precisamente no córtex pré-frontal do hemisfério esquerdo e, consequentemente, esta área cerebral encontra-se na região pré-motora em frente à área de Broca. Do ponto de vista linguístico, a linguagem na afasia motora transcortical é marcada por pausas, resultando em frases curtas e com pouca sintaxe.

Os principais sintomas de défice de linguagem nesta afasia são a linguagem reduzida e a falta de estímulo.

Caracteriza-se por uma redução significativa da linguagem espontânea (que pode evoluir para mutismo), embora a capacidade de repetir palavras esteja preservada (quando é maciça, trata-se de uma ecolalia) (Freedman, 1984).

- **Afasia sensorial**

A linguagem é muito mais fluente nesta forma, que é constituída por parafasias semânticas. A compreensão é afetada, mas isso deve-se ao facto de a área de comprometimento se situar atrás da área de Wernicke (Rondal & Seron, 2003).

- **Afasia transcortical mista (global)**

Esta forma de afasia é representada pelos dois principais tipos clássicos de afasia de Broca, que envolve uma lesão na artéria silviana esquerda, com inibição geral da

comunicação. A segunda forma, a afasia de Wernicke, é definida por lesões nas áreas corticais e subcorticais posteriores esquerdas, com um ritmo de fala excessivamente fluente e jargão e uma perturbação da compreensão.
Do ponto de vista linguístico, a fala neste tipo de afasia é praticamente impossível. Este facto deve-se às lesões cerebrais responsáveis pela fala.

-Afasia anómica

A ausência da palavra é importante nesta forma de afasia, e o discurso do afásico caracteriza-se por uma fluência de discurso que é mesmo normalmente correcta do ponto de vista gramatical; adornada por perífrases e longas pausas devido à ausência da palavra. A repetição de palavras e a compreensão parecem estar preservadas. Do ponto de vista cerebral, as lesões que provocam este tipo de afasia localizam-se ao nível c do giro temporal inferior, que é mais frequentemente a origem (Goodglass & Kaplan, 1972).

- Afasia subcortical

Várias áreas cerebrais são afectadas na afasia subcortical, nomeadamente o hemisfério dominante da linguagem (tálamo, putamen, pallidum, núcleo caudado), a cápsula interna, a cápsula externa e a substância branca anterior e posterior (Pitre, 1989).
A variabilidade das regiões afectadas neste tipo de afasia dá origem a diversas perturbações linguísticas (Roch-Lecours, 1979). Em termos de produção oral, existe uma elevada taxa de paráfrases verbais, de incoerência verbal e de discurso espontâneo fluente logopénico, enquanto a compreensão está relativamente preservada.

Capítulo 2 A produção oral e as suas perturbações nos afásicos

1. Perturbações lexicais na produção oral

As perturbações da produção oral nos afásicos manifestam-se por perturbações articulatórias; perturbações da artrite ..., perturbações sintácticas; agramatismo, dissintaxe ..., perturbações lexicais; palavras em falta, parafasia...

Vamos estudar o processo de perda de palavras no sujeito afásico e a nossa análise incidirá sobre a seleção de palavras (nível lexical). O objetivo é distinguir as perturbações léxico-semânticas.

O afásico apresenta várias estratégias compensatórias que representam fenómenos linguísticos que se manifestam sob a forma de parafasias para compensar as suas disfunções linguísticas. A linguagem afásica é definida por várias formas de parafasias fonémicas, morfológicas e semânticas, manifestadas por derivações lexicais. No nosso estudo, centrar-nos-emos na parafasia semântica, em que a palavra produzida mantém uma proximidade semântica com a palavra-alvo, por exemplo "casserole for marmite" (Tran, 2000, p.176).

Analisaremos esta perturbação linguística léxico-semântica através da produção oral de paráfrases semânticas dos verbos de ação em relação às propriedades funcionais dos objectos a nomear nos afásicos. O objetivo era analisar a relação entre os verbos de ação e as propriedades funcionais dos objectos a nomear nos afásicos.

Todas as formas de afasia são caracterizadas por défices na linguagem espontânea, que se reflectem na incapacidade de produzir um léxico adequado ao contexto do discurso.

Neste capítulo, faremos uma breve apresentação dos diferentes estudos linguísticos sobre as dificuldades de acesso ao léxico em adultos não patológicos (Tran, 2000, p.35-40), a fim de evidenciar as características das perturbações da produção lexical.

1.1 Como é que os adultos não patológicos encontram as suas palavras

O discurso representa um sistema de relações em que dois tipos de relações se manifestam em dois eixos: o eixo sintagmático constitui uma cadeia ordenada de unidades lexicais, que um falante deve respeitar para ser compreendido. Neste eixo, os signos linguísticos estão ligados em sucessão ao seu meio envolvente (Saussure, 1995). O segundo eixo é o eixo paradigmático ou associativo, onde as unidades lexicais são representadas fora da cadeia discursiva, ou seja, ao nível da língua.

Para produzir a palavra-alvo, o falante efectua várias operações. O falante recorre a uma "reserva lexical" ou "paradigma" que inclui diferentes unidades lexicais permutáveis.

Os afásicos não são os únicos a sofrer deste mal-estar linguístico. Os lapsos de memória na produção oral podem ser observados em falantes normais:

De acordo com Blanche-Benveniste, citado por Tran (2000, p.36), podem ocorrer várias formas de falha de palavra num falante não afásico, por exemplo, lapsos (substituição), reflectindo o facto de ter uma palavra na ponta da língua (Bonin,

1995, p.23), hesitações, hipercorrecções e aproximações que não afectam a fala. Por outro lado, a superabundância destas transformações nos afásicos torna o seu discurso patológico.

1.2 Codificação e descodificação

a. O processo da fala

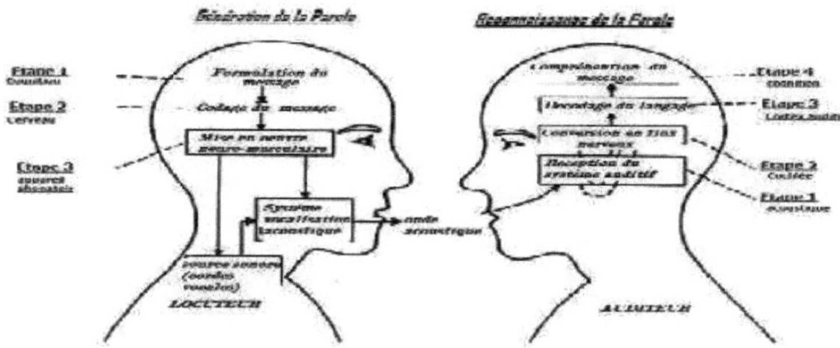

Qualquer ato de enunciação destinado a informar, questionar ou explicar a um interlocutor representa o processo de fala. A nomeação de uma situação implica a colocação em cena dos elementos de um código linguístico socializado sobre um substrato sonoro com vista a uma ação dialógica. Para isso, é necessário tecer raciocínios semânticos e pragmáticos entre o eu e o mundo.

(A. Bertrand, & P. Henri Garnier, 2005). Por outras palavras, falar é: nomear objectos, nomear os outros, descrever e predicar, ou seja, efetuar transformações, raciocinar, convencer e argumentar. Assim, o discurso é mais do que uma simples troca de informações; envolve processos cognitivos que têm em conta o estado do mundo (contexto).

1.3 A ausência de palavras na afasia

Todas as perturbações da produção lexical (parafasia semântica, jargão, neologismo ou ausência de resposta) representam a ausência de palavras na afasia, que pode ir até ao mutismo (Nespoulous, 1980).

A incapacidade de nomear palavras ou situações na linguagem espontânea é um sinónimo importante do défice de palavras que se encontra em todas as formas de afasia (Pillon, 2002). Este défice lexical manifesta-se de várias formas: palavras vazias, perífrases e circunlóquios "É o objeto onde colocamos as nossas coisas para ir para a escola" para designer satchel, pausas na produção de palavras, chegando por vezes ao mutismo.

A falta de palavras pode afetar tanto a linguagem espontânea como a linguagem induzida. Durante a linguagem induzida, o terapeuta da fala faz ao afásico testes de nomeação oral para avaliar os diferentes processos cognitivos (Moreaud & al. 2010).

Durante uma tarefa oral de nomeação de imagens, detectamos vários comportamentos linguísticos que reflectem uma falta de palavras. Frases abreviadas, pausas longas, indecisão e utilização de formas lexicais gerais (machin, chose, etc.) reflectem uma falta de palavras.

Esta perturbação de falta de palavra é definida pela produção de palavras vazias, manifestada por uma incapacidade ou mesmo uma incapacidade de produzir a palavra-alvo.

(C. Bogliotti, p.99).

Este sintoma de afasia manifesta-se por perífrases e circunlocuções, ou comportamentos de aproximação.

No seu artigo "Les troubles de la denomination orale", C. Bogliotti (2012, p.99) resume as diferentes manifestações linguísticas da perda de palavras no quadro seguinte:

Manifestações da ausência da palavra no discurso	Definições e exemplos
Palavras vazias Diafonia Parafasias fonémicas	Unidades lexicais sem sentido " machin, chose, truc, bidule " (coisa, coisa, coisa, coisa) Perturbação da linguagem oral resultante de uma lesão neurológica, em que o indivíduo substitui uma unidade linguística (fonema, palavra) por outra. Modificação da ordem dos fonemas dentro de uma palavra Adição (/debabyla/ para deambulant) Omissão (/San'p~ c / para champignon, /kapab/ para capable)
Parafasia verbal Parafasia semântica Circunlocução Condução de aproximação Comentários metalinguística Pausas preenchidas Evocação retardada Nenhuma produção	Utilização de uma palavra por outra sem que exista qualquer relação de significado entre as duas, coincidindo esta palavra frequentemente com uma palavra existente na língua "echelle" para escritório "Il faut recoudre mon mouton". Utilização de uma palavra por outra, mas que estão relacionadas em termos de significado "copo" para vidro "pera" para maçã. "Tem um ponto" para a faca. Tentativas sucessivas de produzir a palavra-alvo, gerando paráfrases fonémicas ou semânticas, corrigiram espontaneamente "per... pare... parapi... parapli" para guarda-chuva (abordagem fonémica numa paráfrase fonémica). "Começa com um 'o' de laranja. "hum", "euh

As "aproximações sinónimas" fazem parte da nossa forma de abordar as coisas

(Gil, 2003), por exemplo, para a palavra-alvo "ciseau", o afásico responde da seguinte forma: "euh...c'est; pour le papier on coupe".

A falta de palavras pode ser compensada por perífrases, por exemplo para a palavra "frigorífico": "É o objeto onde coloco todos os alimentos para os conservar" (Pillon & De Partz, 1999), e por vezes por explicações ou gestos que interpretam a ação.

1.4 Características da anomia

A incapacidade de produzir uma palavra correspondente a um contexto psicolinguístico é uma anomalia que representa o principal sintoma da afasia. Goodglass. H e Wingfield. A (1997, p.3) revelam neste sentido que, de entre as perturbações da linguagem na afasia, a anomia é o sintoma afásico mais avassalador.

A ausência de resposta, as longas pausas, as diferentes paráfrases e as estratégias paliativas são sinónimos de anomia, que assume diferentes formas linguísticas. Na sua investigação, Nespoulous & al (2008) citam cinco formas:

- **Anomia de ordenação**: Neste tipo de anomia, o afásico possui traços semânticos relativos ao objeto a nomear, mas é incapaz de produzir a palavra-alvo. Neste caso, o afásico apresenta uma falta da palavra separada (corte), e as produções são acentuadas por perífrases e mímicas.
- **Anomia de construção: caracteriza-se** por desacoplamentos fonémicos que não são produzidos corretamente (parafasias fonémicas, neologismos); se não houver perturbação motora, o défice pode ser articulatório.

Na área motora, veremos lesões frontais que dão origem às chamadas afasias motoras. Além disso, se houver perturbações fonológicas, isso implica uma afasia de condução. Consequentemente, a anomalia de produção não é afetada por perturbações semânticas.

- **Anomia concetual (semântica):** neste contexto, o afásico tem problemas de compreensão.

-**Anomia concetual**: diz respeito a perturbações da codificação lexical em categorias léxico-semânticas (Damásio et al. 1979). Aprofundaremos este conceito no capítulo 4, de perturbações categoriais em relação à natureza da palavra: categoria gramatical/semântica verbo versus substantivo (Tranel et al. 2008).

- **Anomia sensorial**: resulta de uma causa sensorial específica e torna difícil nomear a palavra.

2. défices de lexicalização em neuropsicologia

A investigação em neuropsicologia e psicologia cognitiva demonstrou que a análise acústica e a ativação lexical no sistema cognitivo e na linguagem representam precisão no processamento da informação. Este processamento tem lugar tanto no sistema fonológico como no sistema semântico.

Assim, a partir da observação de perturbações cognitivas na sequência de uma lesão cerebral, é possível fazer inferências sobre os processos cognitivos em relação às actividades cognitivas normais. A partir destes conceitos, podem ser construídos modelos de processamento da informação.

Para interpretar o funcionamento da linguagem, estes modelos de processamento especificarão os diferentes componentes das funções da linguagem na produção oral, com o objetivo de interpretar as perturbações observadas nos afásicos.

2.1 Produção oral

Vários processos constituem a produção oral (Tran, 2007):

-A definição de conceitos no discurso oral reflecte **a fase de concetualização do** discurso.

- A transformação da estrutura concetual numa estrutura linguística ou lexical **representa a fase da enunciação linguística** (Nespoulous & Vribel, 2003).

Outro processo muito relevante na produção oral baseia-se em dois eixos:

A escolha do léxico correspondente ao contexto de enunciação é feita no eixo paradigmático, a fim de associar e organizar as palavras no discurso sintagmático (Capítulo 1).

No processo de seleção lexical estão envolvidos dois tipos de recuperação: a recuperação ao nível do lema, que codifica a informação semântica das palavras. O segundo tipo de recuperação diz respeito à morfologia e recupera informações sobre a forma da palavra que representa o nível do lexema, codificando as propriedades fonológicas. O processo de ativação das representações armazenadas na memória constitui o modo de recuperação de palavras.

-As unidades lexicais seleccionadas são combinadas no léxico mental, organizadas de acordo com as regras sintácticas da língua.

-A última fase de produção desta etapa consiste na estruturação da mensagem linguística, que é representada por uma forma sonora e uma sequência de palavras articuladas. Vários modelos foram propostos para explicar a produção lexical, e estas concepções de acesso à produção lexical divergem. Cada tipo de processamento é específico do modelo de produção lexical (Caramazza & Hillis, 1990), (Levelt et al. 1999).

2.2 A lexicalização e as suas perturbações

Distinguimos dois tipos de perturbação da lexicalização com base nos modelos neuropsicológicos do processamento lexical: o léxico-semântico e o léxico-fonológico.

-O sistema lexical

O modelo clássico concebido por Caramazza & Hillis (1990) representa o sistema lexical, que é definido como uma modelização dos componentes e das etapas envolvidas na produção de palavras (Tran, 2007). O sistema lexical é constituído por várias categorias lexicais, em que as modalidades de entrada (auditiva/visual) e de saída (oral/escrita) estão interligadas. Qualquer desorganização destes métodos de processamento resulta em dificuldades na produção da palavra-alvo em relação ao seu contexto.

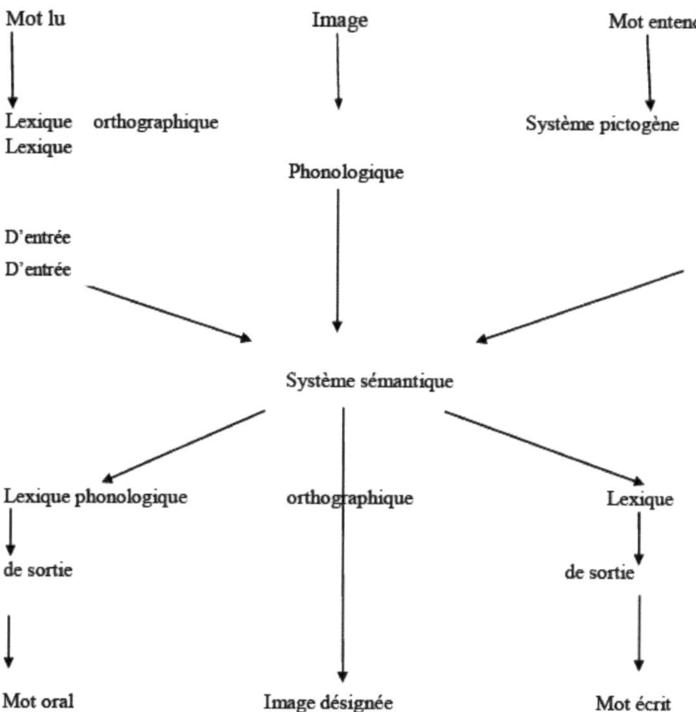

Figura 4: Processamento lexical da língua (Tran, 2007, p.16)

Descreveremos os constituintes envolvidos na produção oral, focando o sistema semântico e o léxico de saída fonológica em relação aos efeitos perturbadores que levam à parafasia semântica.

- **O sistema semântico**

Os vários modos de input (oral, escrito, visual ....) e output (oral, escrito, gestual...) estão envolvidos na produção de palavras no sistema linguístico.

Para aceder às representações semânticas das palavras, utilizamos o sistema semântico. As representações semânticas armazenam as palavras através deste sistema. Durante o processamento, as características semânticas são activadas em relação à palavra (ouvida, lida), para aceder ao seu significado.

A entrada do sistema semântico dá acesso às representações lexicais das palavras. Armazena as representações semânticas correspondentes às palavras (em várias modalidades).

As dificuldades em ativar a representação semântica correcta são observadas quando um destes componentes está comprometido. Estas dificuldades manifestam-se quer por uma produção impossível, quer por paráfrases semânticas devido à ativação parcial de associados semânticos que partilham características semânticas com o conceito-alvo.

Distinguimos dois tipos de perturbações da lexicalização na produção oral quando o sistema semântico é afetado: as perturbações léxico-fonológicas, em que o sistema semântico não é afetado, e as perturbações léxico-semânticas, em que o sistema semântico é afetado.

Há dois pontos de vista relacionados com este conceito, e os investigadores não utilizaram um modelo de referência do processamento semântico: um sistema semântico único comum a todas as modalidades de input e output (Caramazza & Hillis, 1990), (Morton & Patterson, 1980), sistemas semânticos múltiplos específicos a cada modalidade de input (Shallice, 1988). Referir-nos-emos ao modelo apresentado acima.

- **O léxico fonológico no sistema lexical de saída**

Quando uma resposta oral está disponível, o léxico de saída fonológica é ativado. Este armazena as representações fonológicas dos termos e recebe conhecimentos do sistema linguístico.

São possíveis várias entradas, com exceção do sistema linguístico. Durante o processamento, é activada a representação fonológica correspondente à representação linguística evocada.

Quando o léxico de saída fonológica é determinado isoladamente, surgem vários erros: problemas na ativação da representação de saída fonológica que corresponde à representação linguística abordada (as palavras são fonologicamente próximas), a linguagem oral seria quase impossível, notam-se neologismos, parafasias semânticas, circunlocuções.

Estas perturbações mostram que o afásico possui informações semânticas sobre o objeto a nomear e estão relacionadas com a perturbação do débito fonológico.

A ativação parcial do sistema semântico dá origem a paráfrases semânticas que partilham características semânticas com o conceito alvo, que por sua vez activam as representações fonológicas correspondentes a estes associados semânticos. Neste caso, teremos uma resposta semanticamente relacionada com a palavra-alvo. A compreensão é preservada nos afásicos com perturbação do léxico fonológico. Utilizamos a apresentação do sistema lexical de Tran (2007) para descrever as perturbações da lexicalização.

3. Cérebro e linguagem

3.1 A organização da linguagem no cérebro

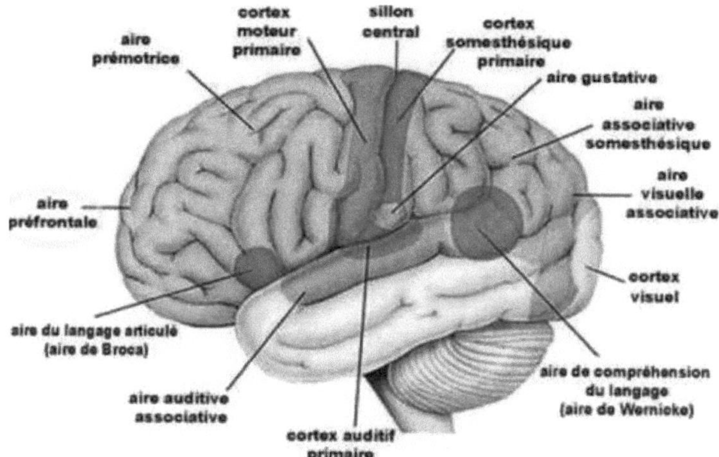

Figura 5: Representação das zonas cerebrais [5]

Na perceção das mensagens emitidas pelos outros e na articulação controlada dos sons emitidos para lhes atribuir um significado. O cérebro é o condutor da comunicação humana.

A linguagem é regular se, por um lado, os órgãos fonatórios (boca, língua, faringe e nariz) não estiverem comprometidos e, por outro lado, as estruturas nervosas, principalmente o cérebro, estiverem a funcionar corretamente.

Qualquer ordem transmitida pelo cérebro aos órgãos fonatórios resulta naquilo a que chamamos linguagem. No entanto, o resultado final é a fala, que implica que o cérebro tome uma série de decisões a diferentes níveis.

Além disso, a organização da linguagem no cérebro é a seguinte: o cérebro é constituído por dois hemisférios, o esquerdo e o direito.

Na maioria dos indivíduos, as áreas da linguagem estão localizadas no hemisfério esquerdo. Duas dessas áreas são particularmente importantes: a área de Broca e a área de Wernicke. A área de Broca está localizada na parte anterior do cérebro e é principalmente responsável pela linguagem articulada (expressão).

A área de Wernicke situa-se na parte posterior do cérebro e é principalmente responsável pelo aspeto recetivo da linguagem (compreensão) (Nouveau Larousse Medical, cerveau, p.200).

A linguagem, tal como outras actividades cognitivas, depende de regiões especializadas do cérebro:

1.1 -www.questmachine.org/article/Notre_cerveau

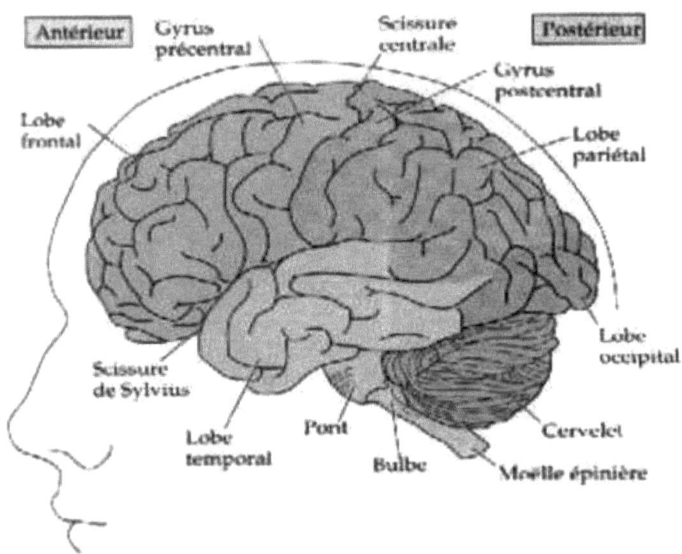

Figura 6: Mapeamento das áreas relacionadas com a comunicação oral (fala e audição) no cérebro [6]

1.2 O cérebro, um órgão complexo

O cérebro, de forma oval, é o maior órgão do corpo humano, pesando cerca de 1.300 quilogramas, ou seja, 2 a 3% do peso corporal. Contém 74% de água e é constituído por dois hemisférios principais separados por um sulco mediano profundo, cada um especializado num conjunto particular de tarefas:

O hemisfério esquerdo governa o verbal, o abstrato, o temporal, o racional, o analítico, o simbólico, o numérico, o lógico e o linear.

- O hemisfério direito, por seu lado, dirige a consciência das coisas, a síntese, a concretude, a analogia, o irracional, o espacial, o intuitivo, o global e o intemporal.

O cérebro é uma área geral do sistema nervoso central que controla as nossas ideias e pensamentos. Existem mais de cem mil milhões de células nervosas interligadas que transmitem e recebem mensagens de diferentes partes do corpo.

Estas células são a sede das funções intelectuais, sensoriais e motoras. O lobo frontal, que se situa na parte anterior dos hemisférios cerebrais, contém os centros responsáveis pelo controlo muscular, como a mastigação, a lambidela e a deglutição, bem como os centros do pensamento, da memória, do raciocínio e das associações;

- O lobo parietal, que se situa na parte superior do cérebro, atrás do lobo frontal, recebe informações relacionadas com o tato e a orientação no espaço;
- O lobo occipital, situado na parte posterior dos hemisférios, contém os centros responsáveis pela visão;

6 - http://lecerveau.mcgill.ca/flash/a/a_10/a_10_cr/a_10_cr_lan/a_10_cr_lan.html

- O lobo temporal, situado do lado do osso temporal, na parte inferior do cérebro, contém os centros da audição, do paladar e da memória. As funções de cada lobo são coordenadas por fibras comissurais que ligam os dois hemisférios. O hemisfério direito é, portanto, oposto ao esquerdo.

1.3 A distinção entre os hemisférios direito e esquerdo

Hemisfério esquerdo	**Hemisfério direito**
Nome **verbal**, descrever, definir	Consciência **não verbal** das coisas, mas ligação limitada às palavras.
Analítico Descobrir as coisas passo a passo, elemento a elemento.	**Síntese** Placantles choses para formar um todo.
Simbólico Utilizar um símbolo para substituir algo.	**Concreto** Conectar com as coisas como elas são no momento.
Resumo Extrair informação e utilizá-la para representar o todo.	**O analógico** relaciona as ligações entre as coisas, incluindo as metáforas.
Temporal Controlar o tempo, organizar as coisas sequencialmente e executá-las por ordem.	**Atemporal** não se refere ao tempo
Racional Tirar conclusões com base em factos e raciocínios.	**Não racional Não precisa** de factos e raciocínios; inclinado a não julgar.
Digital ou digital Utilizar os números e as suas instruções.	**Espacial** Ver onde as coisas estão em relação às outras e como as partes formam um todo.
Lógica Tirar conclusões com base numa organização lógica.	**Intuitivo** A partir de impressões, sentimentos, imagens e informações.
Linear Pensar em termos de ideias interligadas, pensamento convergente.	**Mundial** Perceber o todo, associar as partes, tirar conclusões divergentes.

Quadro 1: A distinção entre os hemisférios esquerdo e direito (Claude-Pierre Vincent, p. 162).

1.4 Áreas do cérebro

O cérebro é composto por várias áreas que correspondem a diferentes funções.
Se olharmos para o hemisfério esquerdo do cérebro, da testa para cima, podemos ver que o **córtex pré-frontal** contém **a área do pensamento**, que desempenha um papel importante na tomada de decisões, na resolução de problemas e na auto-consciência, estando também envolvido na **memória imediata**, representando 30% do córtex.

Passamos depois à **zona pré-motora**, que tem uma única função, a de conceber os gestos. A zona secundária está intimamente ligada à zona pré-motora. **A zona sensorial primária** percebe a pressão dos objectos sobre a pele, a posição dos músculos no espaço, a dor e a temperatura.

A zona sensitiva secundária traduz as sensações percepcionadas pela zona anterior. A **zona visual secundária** combina as informações relativas às cores, às formas, etc. , e dá sentido à imagem.

Na **zona visual primária, apercebemo-nos** das formas e das cores sem as tentarmos relacionar, ao contrário da **zona sensorial secundária.**

O papel do **cerebelo** é recolher as mensagens que **a zona motora envia** aos músculos e corrigi-las para realizar um movimento harmonioso.

A seguir está **a área auditiva secundária**, que identifica os sons, e depois **a área auditiva primária**, que percepciona as ondas sonoras.

Por fim, a última zona do córtex é a **zona de Broca (zona de expressão da linguagem)**, essencial para a pronúncia das palavras (Nouveau Larousse medical, 2000).

A área motora da linguagem ou **área de Broca** está localizada em frente à área pré-motora (lobo frontal).

A **área de** Wernicke **de integração da linguagem escrita e** falada está localizada na parte posterior do lobo temporal de um hemisfério (geralmente o esquerdo nas pessoas destras).

1.5 Aspectos para-verbais da linguagem

A linguagem não é apenas verbal; uma grande quantidade de informação é expressa através de canais não verbais. De acordo com Aryle (1985), a linguagem não verbal compreende cinco aspectos (Argyle, 1985, p.173) cuja função é pontuar, modular, acentuar a linguagem e/ou fornecer feedback ao falante;

1 - acompanhamento vocal da linguagem 2 - expressões faciais da linguagem 3 - olhar 4 - sinais cinéticos, posturas e gestos 5 - ocupação do espaço.

-Ajudas linguísticas vocais

Distinguimos dois tipos de sinais vocais ".... que acompanham os enunciados orais, de acordo com o facto de estarem ou não relacionados com o conteúdo semântico da remissão verbal" (Argyle, 1985, p.173).

Em primeiro lugar, os aspectos idiossincráticos não diretamente relacionados com o conteúdo semântico da mensagem verbal, que dizem respeito às propriedades **vocais** dos **sujeitos que falam;** incluem o timbre da voz utilizado para comunicar atitudes e emoções, tipos de voz e sotaques nacionais, regionais e individuais.

-Sinais de fala que actuam como moduladores do conteúdo semântico da língua: estes sinais permitem completar o significado e sincronizar as produções verbais. No entanto, estes sinais são independentes das características fonéticas da língua. Argyle apresenta **a entoação,** como constituinte de padrões vocais, por exemplo, os contornos ascendentes e descendentes que marcam a interrogação ou a declaração, a acentuação sonora de certos elementos do enunciado (a distinguir do acento tónico, cujo lugar é fixo em francês e, por conseguinte, não contrastivo) e o tempo, ou variações no ritmo dos enunciados verbais. Estilística expressiva da frase, caracterizada por pausas no final das frases e pela separação de frases e orações em frases complexas.

-A prosódia é composta por: entoação, acentuação e tempo e são utilizados simultânea ou separadamente em enunciados verbais.

Argyle mostra que o estatuto dos sinais prosódicos continua a ser uma questão controversa em psicolinguística. Não existe uma regra geral para definir os critérios de produção de contextos prosódicos numa língua, porque a utilização de contextos prosódicos continua a depender das características individuais dos parceiros no episódio interativo, como a motivação, o estatuto social, as componentes afectivas da personalidade, etc.

No entanto, existem relações entre a prosódia e as estruturas do enunciado, enquanto a entoação e a tensão modulam certos tipos de enunciados. (Declarativo, interrogativo, etc.).

Por outro lado, os enunciados verbais são modulados por sinais prosódicos que só têm sentido na medida em que adornam essas mensagens verbais. [7]Ao contrário dos gestos e das posturas, que podem ser emitidos independentemente de qualquer linguagem verbal, mas como um conjunto de características mais ou menos precisas que servem para modular o significado da mensagem verbal e, por vezes, para o alterar em determinadas condições do "episódio" interativo.

-Expressões faciais

O rosto humano é uma das partes mais importantes do sinal não verbal.

As expressões faciais representam tanto certas características individuais como vários aspectos da vida emocional, ou seja que, no discurso oral, têm uma função moduladora sobre o verbal entre duas pessoas, ou seja, durante um diálogo, os movimentos faciais entre o falante e o ouvinte servem para completar o significado das mensagens verbais, por exemplo, se o ouvinte não entender o que o falante está a dizer, ou duvidar da veracidade da mensagem, adoptará uma mímica interrogativa ou inchará as bochechas para expressar a sua incompreensão e/ou o seu ar cético em relação à mensagem.

-O olhar

Argyle considera que uma pessoa olha para outra pessoa principalmente para obter informação e não para a fornecer (Rondal, 1985, p.176), porque as pessoas são um meio de receber sinais. Numa ação comunicativa entre dois indivíduos (falante e ouvinte), o olhar tem a função de modular as interacções, porque o olhar e o ato de fala estão sempre em associação a partir do momento em que o olhar fornece feedback. É também de salientar que Aryle demonstrou na sua investigação que uma pessoa olha duas vezes mais para o seu parceiro quando está a ouvir do que quando está a falar.

-Posturas e gestos

As modificações posturais e gestuais que acompanham o ato verbal podem ser designadas genericamente por sinais cinéticos, que traduzem a ocupação do espaço na comunicação não verbal.

1.6 Memória

A memória humana representa uma atividade cerebral complexa que o nosso cérebro possui para registar, armazenar e recuperar informações a fim de utilizar os conhecimentos adquiridos. A sequência de acontecimentos ocorridos desde o nosso nascimento constitui a elaboração da nossa identidade (Domart § Bourneuf ,1986). A memória permite-nos reter a informação que armazenámos e recuperá-la conscientemente numa data posterior.

- Codificação, armazenamento e recuperação

A memória é responsável pelo armazenamento da informação e pela sua recuperação. Os factores afectivos (motivação, atenção ou emoção) são importantes para a formação de uma memória.

A memória baseia-se num sistema de armazenamento ou em vários modos de armazenamento, cada um com a sua própria capacidade e duração.

As diferentes etapas da memorização são as seguintes: **a. Codificação**

Para dar significado à informação, o processo de processamento é implementado codificando-a e transformando-a numa memória real. Isto é feito através da interpretação da informação na linguagem dos neurónios. A codificação representa uma estimulação sensorial sob a forma de uma corrente eléctrica (Bertrand § Garnier, 2005, p. 122), (por exemplo, a nossa boca detecta um sabor através das papilas gustativas, o que implica uma estimulação dos nervos em contacto, que enviam uma corrente eléctrica ao cérebro e depois à memória para atribuir um significado ao sabor).

b. Armazenamento

Uma vez atribuído um significado à informação, esta deve ser armazenada na zona adequada do cérebro através da atividade cerebral a que chamamos "armazenamento".

7-A palavra "episódio" refere-se à sequência de discurso numa comunicação

Certos factores influenciam a retenção da informação: quanto maior for a carga afectiva, mais tempo será armazenada e mais longo será o tempo de armazenamento (Bertrand § Garnier, 2005, p.122). Se a informação não for constantemente reutilizada, o seu tempo de armazenamento permanecerá ilimitado.

c. Consolidação

A passagem da memória de curto prazo para a memória de longo prazo representa a consolidação da informação para que esta possa ser esquecida (Bertrand § Garnier, 2005, p.122). Este processo é lento e contínuo, podendo durar até mais de 10 anos.

d. Recuperação

O processo de "recuperação" (Bertrand § Garnier, 2005, p.124) é a reunião de vários elementos constitutivos para reutilizar uma informação já armazenada. Por exemplo (recordar o trajeto para a padaria volta à memória quando vamos comprar pão). Se uma das etapas do processo de memorização for mal efectuada, quer seja a codificação ou o armazenamento, haverá um problema de recuperação, a que chamamos "falha de memória".

3.7 Diferentes tipos de memória

De acordo com as diferentes redes neuronais interconectadas, existem cinco tipos de memória: **a memória de trabalho** (memória de curto prazo no centro da rede neuronal), **a memória semântica** e a memória **episódica** (dois sistemas de representação consciente de longo prazo), **a memória processual** (que se refere aos automatismos inconscientes) e **a memória perceptiva** (que se relaciona com os sentidos).

a. Memória de curto prazo

A memória de curto prazo é utilizada para recordar informações de 1 segundo a 10 minutos após o processo de codificação, e é uma memória do presente. Este tipo de memória está constantemente ativo, por exemplo, para reter um número de telefone o tempo suficiente para o marcar. Em média, o ser humano é capaz de se lembrar de sete elementos diferentes em simultâneo a curto prazo.

A memória a curto prazo representa uma pré-memorização da memória a longo prazo. De facto, existem interacções entre estes dois sistemas de memória. Por exemplo, quando aprendemos uma canção, desencadeamos um processo de aprendizagem voluntária repetindo-a várias vezes para a armazenar e consolidar na memória a longo prazo em interação com a memória a curto prazo. Quando certas zonas do córtex pré-frontal, occipital e parietal estão alteradas, a memória a curto prazo é afetada por uma "amnésia anterógrada".

b. Memória de trabalho (ou imediata)

A manipulação da informação armazenada na nossa memória de curto prazo é controlada pela **memória de trabalho, por** vezes designada por memória imediata. É ativado quando queremos fazer duas coisas ao mesmo tempo, por exemplo, conduzir um carro enquanto falamos ao telefone.

Efectua operações de processamento de informações armazenadas na memória numa base pontual, por exemplo, **ordenar nomes por ordem alfabética.**

c. Memória de longo prazo

A memória a longo prazo caracteriza-se por um armazenamento a longo prazo em certas zonas do cérebro (Bertrand § Garnier, 2005, p.118), armazenando informações durante **toda a vida de** uma **pessoa.** A memória a longo prazo tem uma capacidade considerável e, consoante a natureza da informação a recordar, pode ser dividida em diferentes sistemas de memória.

Fazemos a distinção entre memória explícita e implícita:

- **A memória explícita, ou memória declarativa**, engloba a memória semântica e a memória episódica. Armazena informações expressas em linguagem (uma memória pessoal, por exemplo).
- **A memória implícita, também conhecida como memória não-declarativa** ou memória **processual**, está envolvida na aquisição e utilização de competências motoras (por exemplo, conduzir um carro ou praticar um desporto).

A memória a longo prazo e a memória a curto prazo desempenham um papel essencial na aprendizagem.

d. Memória semântica

Esta memória é responsável pelo armazenamento de conhecimentos gerais sobre si próprio (experiência pessoal) e de informações sobre o mundo (geografia, natureza, nomes de objectos, suas funções, utilizações ou características). É uma memória de factos e de conceitos teóricos.

As informações são organizadas sob a forma de uma rede semântica; a procura de informações depende da **distância entre o nó "objeto da pergunta" e o nó onde se encontra a informação.**

A memória semântica é a memória dos "conhecimentos definitivos", representando uma segunda memória declarativa (Bertrand § Garnier, 2005, p.118). Considera-se que se refere à linguagem, evoluindo ao longo da investigação para o conhecimento que possuímos do mundo que nos rodeia.

Nesta conceção, a memória semântica é um sistema necessário à linguagem e ao conhecimento geral. Esta memória armazena os referentes cognitivos dos sinais de entrada.

e. Memória episódica

A memória de longo prazo ativa **a memória episódica**. Esta memória permite-nos viajar mentalmente no tempo e **projetar-nos no futuro**. Tem a capacidade de armazenar informações sobre os **acontecimentos vividos** e o seu contexto (local, data ou estado emocional).

Na amnésia, esta memória está alterada. Se pedirmos a uma pessoa para recordar uma memória ou para pensar nas próximas férias, esta memória é invocada.

f. Memória processual (ou motora)

A memória processual é uma memória implícita *e* representa a segunda parte da memória de longo prazo. É uma memória de automatismos, de competências e de saber-fazer. A execução de gestos habituais é automática, o que ativa a memória processual, dita inconsciente: por exemplo, quando caminhamos, não mobilizamos conscientemente os nossos músculos para andar e manter o equilíbrio.

g. Memória perceptiva (ou sensorial)

Corresponde à **memória das sensações experimentadas através dos nossos cinco sentidos**. É activada quando armazenamos imagens (rostos e lugares) ou sons (vozes) sem nos apercebermos. Por exemplo, uma pessoa vai para casa por hábito, utilizando pistas visuais.

A memória perceptiva é activada por percepções visuais, auditivas, tácteis, gustativas e auditivas, permitindo-nos recordar acontecimentos de forma breve.

Com base nos nossos cinco sentidos, distinguimos várias subcategorias de memória perceptiva: **memória visual** (que representa 80% da informação transmitida ao cérebro), **memória auditiva** (que é crucial para a criação musical), **memória tátil** (também conhecida como memória cinestésica), **memória gustativa** e **memória olfactiva.**

4. Défices léxico-semânticos

As perturbações léxico-semânticas manifestam-se por parafasias lexicais "cahier" para mota (Tran, 2007, p.6), parafasias lexicais semânticas "chaise" para mesa;

(Tran, 2007, p.6) perífrases que não têm necessariamente uma ligação semântica com o alvo, por exemplo "c'est pour le voyage" para uma "valise". A dificuldade de acesso ao sistema semântico é marcada pela variabilidade das respostas às diferentes tarefas.

4.1 Défices léxico-fonológicos

Neste tipo de perturbação, os afásicos recorrem a estratégias de compensação gestual que são informativas, perífrases. Este tipo de perturbação é indicativo de uma perturbação pós-semântica na recuperação fonológica.

As parafasias fonémicas, presentes em todas as situações de produção oral, caracterizam perturbações do acesso ao léxico fonológico. As afasias de condução devidas a uma perturbação do acesso ao léxico fonológico são caracterizadas por este tipo de parafasia.

Descobrimos que a afasia amnésica, em que apenas a produção lexical é afetada, é caracterizada por um acesso prejudicado ao léxico de saída fonológica.

A relação semântica com a palavra-alvo está presente nos erros produzidos.

4.2 Défices lexicais mistos

Vários sintomas reflectem diferentes níveis de perturbação no processamento da compreensão e da escrita. As perturbações da recuperação semântica e fonológica representam perturbações mistas muito frequentes nas afasias. Assim, observamos a presença destas perturbações mistas nas afasias ditas graves: afasia de Wernicke, afasia sensorial transcortical e mesmo afasias globais onde as perturbações são relevantes.

5. Abordagens compensatórias dos défices lexicais

Os diferentes tipos de parafasia fazem parte das estratégias compensatórias que os afásicos utilizam para ultrapassar a sua desvantagem linguística. Assim, a presença de parafasia na produção lexical é um sintoma de uma perturbação lexical. A dificuldade do afásico em produzir a palavra-alvo no seu contexto adequado representa uma perturbação da linguagem que se manifesta por parafasias de vários tipos.

As parafasias são classificadas de acordo com os seus traços distintivos, fonemas e monemas. Estes critérios linguísticos limitam a classificação das parafasias. Daí a diversidade das diferentes terminologias utilizadas para classificar as paráfrases. [8]A classificação das paráfrases é feita com base na análise estrutural da língua (capítulo 1, p. 30):

5.1 Os diferentes tipos de parafasia

Ao nível da terceira articulação da linguagem, existem perturbações devidas a um défice de articulação, reflectindo características que constituem fonemas inadequados à palavra-alvo. Neste caso, fala-se de parafasia fonémica. Trata-se de uma forma de desorganização fonémica que se traduz por omissão de fonemas e adição ou inversão de fonemas. A este nível, a perturbação situa-se na segunda articulação da linguagem.

Por exemplo: /potaj/ para poltrona; /malen/ para madeleine (Tran, 2000, p.161). Se a estrutura da palavra já não é reconhecível, fala-se de um neologismo.

Todas as produções em que a estrutura fonológica (fonética e/ou fonémica) é afetada são chamadas "parafasias segmentares" (Tran, 2000).

- **Parafasia verbal ou lexical:** substituição de uma palavra por outra, a parafasia verbal representa uma perturbação da seleção lexical. Para explicar esta perturbação, inspirámo-nos no trabalho de Tran (2000), que utilizou o termo parafasia lexical em vez de parafasia verbal, que poderia ser confundido com o verbo.

É ao nível da primeira articulação da língua que este tipo de desorganização lexical se manifesta.

Distinguimos dois tipos de parafasia lexical:

- **Parafasia lexical formal** ou (parafasia morfológica verbal): a palavra produzida está formalmente relacionada, do ponto de vista sonoro, com a palavra esperada. Por exemplo: "tulipe" por "tuile". Representam uma perturbação da segunda articulação.
- **Parafasia lexical semântica** ou (parafasia verbal semântica): a perturbação corresponde à escolha de palavras, o produto tem uma relação semântica com a palavra-alvo. Por exemplo: maçã para tomate. Trata-se de uma perturbação da primeira articulação, no nosso estudo centrar-nos-emos na parafasia lexical semântica que afecta os verbos.
- **A parafasia de construção é a** má produção de palavras pelo falante que não foram construídas com base nas regras de construção de palavras que determinam o uso de bases, sufixos e/ou procedimentos morfológicos Tran (2000, p.172-173) Por exemplo: "attache- gosier" para museliere; "debouchade" para tire-bouchon; "arrosier" para arrosoir.

Esta tabela resume os diferentes tipos de parafasia de acordo com Tran (2000).

Palavra-alvo	**Resposta**	**Nível de análise**	**Tipo de perturbação**	**Denominação**
Lezard	Rã	Significado da palavra	Perturbação da seleção lexical	**Parafasia semântica lexical**
Javali Garfo	Cinzeiro	**Forma da palavra**	Desordem de seleção, arranjo e/ou	**Parafasia lexical formal** **Parafasia segmentar**
Cogumelo	/puriit/		articulação de fonemas	**Logatome**
Chaleira	Caldeira	**Estrutura das palavras**	Perturbação da construção de palavras	**Parafasia de construção**

Quadro 2 Os diferentes tipos de parafasia de Tran (2000, p. 177).

Tran (2000) representa parafasias complexas que se manifestam por várias transformações entre várias parafasias; trata-se de uma abordagem "dinâmica": no quadro que Tran apresenta :

Parafasias complexas: neste tipo de parafasias, utilizamos vários níveis de análise. Por exemplo, um afásico tenta nomear a palavra "fourche": "une peche", "une beche". Peche é uma perturbação segmentar de beche e beche é uma perturbação da seleção lexical da palavra-alvo, pelo que falamos de parafasia semântica formal.

O último aspeto dos défices lexicais que iremos discutir são os neologismos e os logatomas (Tran, 2000).

Neologismo: A neologia é "o processo de formação de novas unidades lexicais" (J. Dubois et al. Dictionnaire de linguistique et des sciences du français).

Língua). Para além disso, o neologismo exprime a consequência deste processo que diz respeito a uma nova palavra e ao seu significado, a uma nova palavra ou a um novo significado de uma palavra. As unidades superordenadas das palavras são consideradas neologismos (J.-F. Sablayrolles, 2000, p.225), por exemplo: produções neológicas por alusão. Em afasiologia, se a palavra produzida não tem qualquer semelhança estrutural ou semântica, fala-se de um neologismo. No entanto, em ciências da linguagem, J. Dubois define um neologismo como um novo significante e uma nova ligação entre significante e significado, ou seja, uma nova unidade lexical em comunicação não convencional no uso linguístico (Dubois § al. 2002 p.322).

Logatoma: Um logatoma pode ser definido por uma sílaba (sons) ou sequência de sons que estão relacionados com regras fonológicas e não têm significado (não formam uma palavra); por exemplo, probita, idarbula.... J. Dubois et al (2002 p.290).

Um logatom pode representar uma parafasia lexical formal, na medida em que é composto por uma série de fonemas que não têm significado na língua Tran (2000, p. 162).

Os défices lexicais definem a linguagem oral dos afásicos. O afásico tem conhecimento da palavra a ser produzida. Para compensar a perturbação, o afásico vai recorrer à sua informação lexical, que não está alterada, o que leva a várias abordagens paliativas à falta da palavra (Nespoulous, 1980).

5.2 Abordagens compensatórias para afásicos

As abordagens (ou estratégias) compensatórias, como os sinónimos e as perífrases, representam uma situação de dificuldade de nomeação devido à falta de palavras no afásico. Esta condição encoraja o afásico a utilizar estas abordagens compensatórias.

A lexicalização pode ser comparada a um processo contextual dinâmico (Nespoulous & Virbel, 2003). Estas paráfrases, que representam estratégias de lexicalização, são construídas a partir de um fenómeno dinâmico de analogia.

Distinguimos, portanto, nas produções dos afásicos, comportamentos verbais que se integram em estratégias de comunicação. Isto é feito para compensar a sua perturbação. Nespoulous (1990) classificou estas manifestações por categorias linguísticas, como citado por Tran (2000, p.74):

- De origem afásica: sob a forma de manifestações de perturbação da linguagem.
- Sob a forma de componentes linguísticos preservados;
- Sob a forma de interacções comunicativas, a fim de construir estratégias paliativas, apesar do défice linguístico".

As faculdades linguísticas que não estão afectadas serão objeto de estratégias paliativas para a ausência de palavras nos afásicos (Nespoulous, 2008 & Tran, 2000).

[10]- Utilizando a classificação de Tran (2000), identificámos vários tipos de estratégia:

- A informação preservada é evocada sob a forma de: paráfrases, palavras vazias (truc, machin, chose), perífrases (bijou para pulseira).
- As circunlocuções são classificadas como **estratégias adaptativas**,
- Para se fazerem entender melhor, as pessoas com afasia utilizam uma variedade de **estratégias de facilitação:**
- Abordagens linguísticas :
- Formal :
- Fonológica: o afásico produz uma palavra que é fonologicamente semelhante à palavra-alvo.
- Gráficos: Se o afásico tiver grande dificuldade em falar, tentará soletrar ou escrever a palavra-alvo.
- Homofónico: definirá o conceito da palavra, por exemplo (sei que ?a é bebida para "um copo de sumo").
- Estruturais: apresentam dados sobre a estrutura da palavra-alvo.
- Contextual: Apresentar o contexto em que os objectos são utilizados (para a ação de conduzir um carro, por exemplo) "ele vai imitar uma pessoa a conduzir um carro").
- estratégias de referência ;
- Definições: Definir e explicar o uso da palavra-alvo (put alimentos para os conservar no frigorífico)
- Experiencial: Este é o objetivo de uma abordagem às questões práticas
- e r e f e r ê n c i a d o r e p o r t o d o o s u j e c t o e d o objeto baseiam-se na relação entre o brinquedo e o objeto (comprei uns Terça-feira "para pratos")

- **Estratégias gestuais:** o afásico mostra ou imita a ação ou a utilização do objeto.
- **Estratégias compensatórias**: No caso de dificuldades de nomeação, o afásico produzirá involuntariamente neologismos, gestos de uso e de nomeação. As suas produções são por vezes adornadas com explicações (Tran, 2000, p.232), daí que :
- **Comportamento de modalização** para comparar o seu nome com a palavra-alvo.
- **Comportamentos metalinguísticos** em que utilizam dados sobre a palavra-

alvo na sua produção

5.3 Parafasias semânticas e extensões excessivas

a. Definição de parafasia semântica

Todas as substituições de uma palavra por outra na proximidade semântica reflectem parafasia lexical semântica ou parafasia semântica.

Um défice de acesso ao léxico fonológico de saída, ao sistema semântico ou uma desorganização do próprio sistema semântico conduzem a parafasias semânticas (Morin, 1993).

Kremin (1990) classifica a parafasia verbal referindo-se às ligações entre os enunciados e a palavra-alvo.

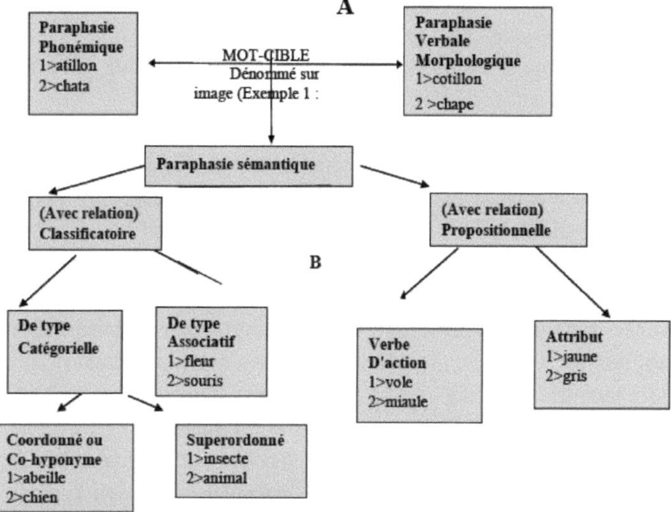

Figura 7: Modelo de H. Kremin (1990) Hierarquia das parafasias verbais semânticas (substituições lexicais) (citado em M. Manchon, 2011)

O diagrama abaixo mostra duas formas principais de parafasia semântica:

- Quando são classificados em relação ao substantivo a nomear e a um adjetivo da palavra-alvo (substantivo / atributo), falamos de uma ligação proposicional.
- Duas formas são descritas numa relação; a primeira é uma relação de ligação entre dois conceitos da mesma categoria semântica (animais) "gato" para "cão". A ligação entre dois conceitos representa uma relação de co-hiponímia que se aplica a ambos, enquanto hipónimos do mesmo núcleo semântico "animais".

que representa o hiperónimo. A segunda relação exprime uma ligação de categorização

conceitos ;

- Co-hipónimo: "abeille" para borboleta
- Superordenado: "animal" para cão. Esta ligação é explicada por uma relação hiperonímica.

Este conceito de hiperonímia/hiponímia e co-hiponímia será utilizado no nosso estudo para descrever a classificação léxico-semântica dos verbos de ação.

b. Extensões excessivas

O processo de substituição de palavras que se refere à relação semântica é o resultado de uma sobre-extensão categorial ou analógica. Este é o resultado das parafasias semânticas. Por outro lado, verificámos que as ligações léxico-semânticas estabelecidas nas construções de parafasias semânticas não são claras.

c. Extensões excessivas de categorias

Nos seus estudos, Nespoulous (2005) verificou que a maioria dos afásicos produz palavras que pertencem à mesma categoria semântica que a palavra original.

Por exemplo, Nespoulous (2005, p.7):

Prato por chávena, animal por tigre (Nespoulous, 1992).

"Árvore" para planta, casa para pavilhão (Tran, 2000).

Estes exemplos são a prova da descontextualização estabelecida entre palavras por ligações da mesma categoria semântica.

d. Extensões analógicas

O afásico é capaz de se identificar com os meios linguísticos de que dispõe, referindo-se à semelhança entre dois fenómenos. Esta atualização realça o papel essencial da proximidade na comunicação e no léxico mental.

A capacidade de parafrasear o uso de uma palavra encontra-se no uso de sobre-extensões analógicas, que consistem em produzir palavras semanticamente semelhantes mas que não pertencem ao mesmo conceito semântico. Os referentes utilizados não pertencem ao mesmo domínio nocional, por exemplo: "devetir pour eplucher", "detruire pour couper" (Jakobson, 1963), (Duvignau et al., 2005, p.8).

5.4 Extensões excessivas na afasia (metáforas ou analogias)

Encontrámos resultados semelhantes entre afásicos com perturbações da seleção lexical e crianças em fase de aquisição da linguagem, cujo léxico ainda está em desenvolvimento e que nem sempre têm a palavra certa para o contexto da fala.

As sobre-extensões analógicas de palavras em proximidade semântica, que não têm o mesmo conceito semântico, têm um aspeto metafórico.

A metáfora implica uma proximidade semântica entre dois enunciados. Em afasiologia, baseamo-nos na investigação de Duvignau (2002), que analisou enunciados metafóricos com pivô verbal em crianças e adultos que aprendem uma nova língua estrangeira. Classificou os diferentes pontos de vista sobre este assunto: falaremos da capacidade de criar proximidades semânticas entre dois elementos de categorias semânticas diferentes, se a palavra for conhecida. Estes enunciados podem, portanto, ser considerados como metáforas. Se a palavra não for conhecida, diremos então que se trata de sobre-extensões analógicas, caracterizadas por uma carga semântica não convencional no discurso, que as afasiologias descrevem como erros em relação à falta da palavra.

A investigação de Elie (2009) corrobora a noção de "aproximação semântica", confirmando a impossibilidade de atribuir erros aos enunciados das crianças no processo de construção lexical:

"A criança seria capaz de relacionar representações de acontecimentos ou de acções no mundo entre si e, por conseguinte, de utilizar um verbo por outro devido à sua proximidade semântica. Apesar disso, a criança, que ainda está em processo de construção do léxico, não desenvolveu um repertório verbal suficientemente elaborado. Estes diferentes argumentos tendem a mostrar que os enunciados não convencionais com verbos, produzidos pela criança, não podem ter nem o estatuto de erro, nem o estatuto de metáfora e devem antes ser considerados como aproximações semânticas". (Elie, 2009)

A modelação desempenha um papel importante na comunicação, na medida em que enfraquece ou confirma a incredibilidade da afirmação em causa. Para além disso, a capacidade de categorizar representa um processo relevante na hierarquização do léxico mental do adulto não patológico, que lhe permitirá criar metáforas. Desta forma, uma metáfora é atribuída por uma tensão semântica intencionalmente produzida e constituída por modalizadores.

Neste caso, o afásico está a produzir deliberadamente um efeito estilístico metafórico. O afásico exprime-se de acordo com os meios linguísticos de que ainda dispõe. Isto faz da modalização uma atividade metalinguística, que é representada de várias formas com termos como "uma maneira de ", "Pour faire du....", "Se servir pour...". (Tamba, 1994, p.27).

Eis alguns exemplos retirados do nosso corpus: - /Não pus a palavra certa/, /Eu acho estas coisas/ /?a coince, ?a sortir pas/.

- Não, não vou dizer que ela se está a despir, não é essa a palavra, não, ela está a abrir, não é essa a palavra/ para dizer que está a descascar uma banana.

Nespoulous (1981) e Tran (2000) definem dois tipos de modalizadores, aqueles em que o locutor se posiciona sobre o conteúdo do seu discurso para prestar esclarecimentos, e aqueles em que o locutor indica se está ou não satisfeito com o seu discurso. Daí a relação proposicional (chamada referencial).

As perturbações associadas à afasia constituem um campo de investigação pertinente para a definição de enunciados verbais não convencionais, como as metáforas. Este tipo de modalização não é o resultado de uma vontade de marcar uma figura de estilo. A possibilidade de existirem enunciados metafóricos com um pivot verbal não é considerada.

Nespoulous especifica que, por vezes, o discurso que inclui modalizações é menos perturbado do que o discurso referencial. Nespoulous (1981) sugere que os comportamentos não verbais, como os gestos e a mímica, devem ser tidos em conta como modalizadores no discurso afásico.

As modalizações mostram-nos que a palavra está presente no léxico do afásico e que ele possui o significado da palavra que não consegue exprimir.

Para compensar as suas dificuldades lexicais, os afásicos constroem deliberadamente estratégias denominativas com o objetivo de alcançar o verbo-alvo, o que resulta em enunciados não convencionais.

5.5 Parafasia semântica e verbal

A rutura semântica entre o verbo produzido pelo afásico e o verbo original evidencia a parafasia semântica em afasiologia. Duvignau (2002) observou um foco sintático nos enunciados espontâneos de crianças de 2-4 anos, revelando a existência de uma configuração verbal: Por exemplo (Duvignau, Gaume, & Nespoulous, 2005, p. 9):

- Destruir o livro/ apontar para a página rasgada.
- Je broie la glace de la fenetre/ Quebrar o gelo da janela.

O verbo que a criança produz gera uma relação de sentido com o verbo-alvo, mesmo que este não pertença ao mesmo conceito semântico. Duvignau (2002) descreve estes enunciados metafóricos de base verbal como "aproximações semânticas".

Outros tipos de enunciados semelhantes são produzidos por afásicos:

- Ela **destrói** o livro, o livro em dois/ para: ela rasga o livro
- Er, she's **peel** off the tangerine/ para: she's peeling a tangerine.

Jakobson (1963) atribui a esta forma linguística no discurso o estatuto de "Parassinónimo de palavras deficitárias", e a sua utilização na comunicação confere-lhe o papel de "aproximação semântica", através da noção de comparação (citado por Duvignau et al., 2005 p.11).

10 -Estas estratégias são a prova das respostas desviantes de Tran (2000). Por outro lado, a investigação de Nespelous e Valdois atribui-lhes o estatuto de estratégias paliativas.

Os problemas com a produção lexical são uma caraterística central da afasia, conhecida como falha de palavras ou anomia, e afectam todos os tipos de afasia. Trata-se de uma dificuldade em produzir a palavra adequada correspondente ao léxico-alvo.

Com base nos modelos neuropsicológicos do processamento lexical, distinguimos dois tipos de perturbação da lexicalização: a lexico-semântica e a lexico-fonológica. A investigação em neuropsicologia e psicologia cognitiva revela a presença de uma relação semântica com a palavra-alvo.

De um ponto de vista neuropsicológico, as parafasias semânticas devem-se a uma perturbação do acesso ao léxico de saída fonológica, a uma perturbação do acesso ao sistema semântico ou a uma perturbação do próprio sistema semântico.

Esta manifestação de parafasia semântica reflecte o facto de o afásico ser capaz de estabelecer relações entre termos da mesma categoria, uma competência fundamental que se traduz na analogia.

Centrar-nos-emos na organização do léxico verbal nos afásicos. Este fenómeno põe em evidência o papel essencial da proximidade semântica entre as palavras. As paráfrases semânticas têm relações diferentes com a palavra-alvo. São o resultado de substituições criadas a partir de sobre-extensões categoriais ou analógicas.

Capítulo 3: Hierarquização léxico-semântica dos verbos

1. Hierarquizar o léxico mental

1.1 Classificação sob a forma de uma rede hiperonímia-hiponímia: representação semântica

Centraremos o nosso estudo no tipo de hierarquia verbal na afasia, com base em produções orais de verbos de ação não convencionais, por exemplo, "despir a banana" para a ação "descascar a banana" (Duvignau et al., 2004). Analisaremos as diferentes formas de ligação semântica entre os verbos de ação na organização linguística da língua com base na relação hiperonímia-hiponímia. Centrar-nos-emos na organização léxico-semântica dos verbos de ação nos afásicos para compreender os tipos de relações semânticas que se estabelecem entre verbos de ação (verbos gerais vs. verbos específicos) no processo de degeneração da fala de verbos gerais e específicos como (ir) e (andar) (Pinker &al., 1989).

Estamos a centrar a nossa investigação na organização das representações semânticas em sujeitos não afásicos, a fim de compreender o funcionamento da hierarquia lexical mental. O objetivo é provar que os afásicos possuem uma flexibilidade cognitivo-mental que permite a organização lexical dos verbos por proximidade.

A hierarquia das palavras no nosso cérebro representa o léxico mental (Le Ny, 2005). A rede de representação semântica é constituída pelos nossos conceitos, que são classificados por um processo de categorização. Nesta rede, o léxico, as representações veiculadas pelas palavras não estão próximas umas das outras, mas estão ligadas por laços de significado mais ou menos fortes e organizadas sob a forma de uma rede. Somos capazes de estabelecer relações entre as palavras do nosso léxico mental. O nosso cérebro é capaz de analisar e classificar semanticamente as palavras com base num desempenho hierárquico léxico-semântico.

Este conceito será apoiado pelos trabalhos de Collins & Loftus (1975) que mostram a presença de uma ativação do nó semântico, cujos elementos estão semanticamente ligados a outros nós e que estarão activos, ou seja, estes nós de categorização formam aquilo a que chamamos uma "rede semântica".

Estes nós representam representações semânticas (categorias) do arco, que diferem consoante a proximidade semântica entre os nós.

A transmissão ocorre de acordo com a distância entre os nós, e esta relação pode ser escalonada. De acordo com Collins e Loftus (1975), os conceitos são representados por nós. Uma rede é constituída por um conjunto de unidades de base, os conceitos, que são os meios que permitem a transmissão do significado através da linguagem. Os nós são ligados por arcos, representados por ligações semânticas entre os conceitos. As representações linguísticas funcionam como infra-estruturas no léxico mental (Collins & Quillian, 1970; Collins & Loftus, 1975).

Os hiperónimos e os homónimos formam uma organização semântica, o que foi demonstrado por Collin § Quillian (1969) ao sublinhar a influência semântica que vai do particular para o geral, ligando as diferentes categorias semânticas na infraestrutura linguística.

Um hiperónimo engloba um ou mais sinónimos e é superordenado na hierarquia lexical. O hiperónimo é constituído por um hipónimo, que representa um sinónimo distintivo cujo significado faz parte de um outro significado mais geral (o hiperónimo), é subordinado. Assim, na categoria dos cães, "caniche" é o hipónimo de "cão"; a palavra "caniche" é mais específica do que a palavra "cão", que é geral.

A inclusão vertical de conceitos representa uma categorização lexical, baseada numa hierarquização subordinada e superordenada do léxico. Em particular, "Animal" é o hiperónimo de "caniche".

Roche (1978) define a capacidade de classificação como uma taxonomia. A rede semântica é interpretada com base na ligação hiperonímia-hiponímia, que é representada sob a forma de uma árvore taxonómica.

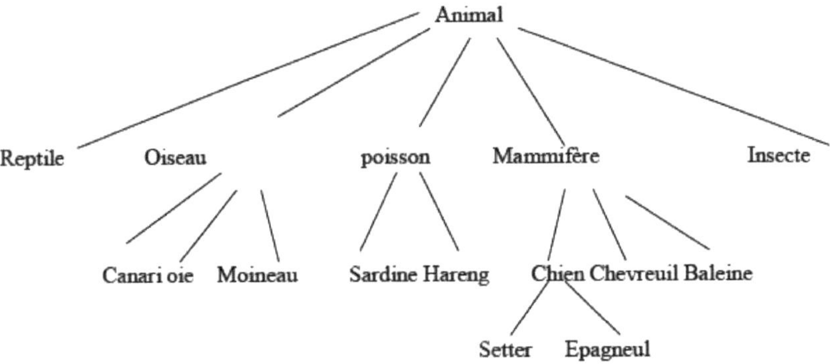

Figura 8 - Ilustração de uma hierarquia de conceitos (Le Ny, 2005, p. 203)

Este esquema representa uma hierarquia léxico-semântica, do mais específico ao mais geral num nível superior, a que chamamos uma categorização na organização lexical. Assim, a palavra "animal" é um sinónimo geral, ou seja, um hiperónimo, pelo que os níveis inferiores são hipónimos das categorias superiores e "répteis, aves, peixes, insectos, mamíferos" são hipónimos do conceito "animais".

"Canário, ganso, pardal" são co-hipónimos da mesma categoria de hiperónimo animal. Nos afásicos, a categorização permite-lhes criar flexibilidade cognitiva para obter uma aproximação semântica à palavra original.

A flexibilidade permite o enriquecimento semântico das categorias lexicais através da adaptação cognitiva do contexto semântico (Mc Closkey & Glucksberg, 1978, Roth & Shoben, 1983).

1.2 Representações

Os conhecimentos implícitos e explícitos armazenados na memória de longo prazo (LTM) formam aquilo a que chamamos "representações cognitivas" no cérebro. Uma das características do cérebro humano é o facto de criar representações a partir de símbolos, deixando vestígios iconográficos ou pictóricos.

Existe uma outra forma de representação psico-cognitiva em que o nosso conhecimento é construído ao nível da memória de longo prazo. Qualquer informação retida pelo indivíduo em interação com o mundo representa uma representação cognitiva, e constitui "uma função geral de integração mental ativa das nossas relações externas e internas com a realidade" (Linard & Prax, 1984, p.204). Distinguimos várias representações:

As representações de ocorrência são construídas para um fim específico e a partir de diferentes contextos; são circunstanciais e transitórias e activam a memória de trabalho, a região frontal e as zonas de decisão.

As representações conceptuais são responsáveis pelo reconhecimento dos objectos e são armazenadas na memória declarativa. São representações conscientes e explícitas. Existem três tipos de representações conceptuais: - Representações estruturais (representações de imagens).

-Representações lexicais e/ou fonológicas (nomes de objectos).

-Representações semânticas (significado, categorização).

1.3 Categorização

A categorização representa um processo cognitivo básico no qual a perceção e a compreensão de conceitos e imagens estão activas. É uma atividade mental que classifica conceitos (objectos) em diferentes categorias (classes, tipos, taxa) com base na sua proximidade semântica ou em critérios comuns. Entre os modelos mais relevantes, este é o desenvolvido por Eleanor Roche (1975), porque introduz conceitos de tipicidade numa forma hierárquica.

Existem três níveis hierárquicos em cada categoria:

Nível superior: animal.

Nível básico: cão.

Nível subordinado: caniche.

Os conceitos típicos de uma classe são categorizados no nível de base, os menos típicos no nível subordinado.

O nível básico corresponde a :

Perceptualmente: forma semelhante, imagem mental única, tempo de reconhecimento mais curto

Lexicalmente: os substantivos mais curtos e mais frequentes (aprendidos primeiro)

Semanticamente: os modelos têm a maioria das características (atributos) da classe.

A rede semântica

Figura 7: Representação da memória semântica baseada na memória semântica hipotética, Collins e Quillian (1969).

Vemos rácios de inclusão de classes. As características apresentadas são representações que temos sobre os animais. O princípio de Collins e Quillian consiste em constituir as representações conceptuais como uma rede.

2. Proximidade semântica das palavras

O conceito de proximidade semântica foi revelado por Collins e Quillian (1969), que aparece no léxico mental sob a forma de um arco e de nós, criando um protótipo de rede semântica geral.

O arco que representa a distância semântica entre protótipos reflecte a proximidade semântica.

A palavra "prato", por exemplo, está semanticamente mais próxima de "prato" do que de "copo", e ainda mais distante do conceito "carro", pela simples razão de que os dois primeiros pertencem à mesma subcategoria de "utensílios de cozinha", enquanto o terceiro pertence à subcategoria de "meios de transporte".Este exemplo explica o desfasamento semântico entre duas representações do mesmo nível ("prato" e "prato"), daí a pertença semântica à classe superordenada Le Ny (2005).

2.1 A noção de decomposição em relação a critérios semânticos

Os traços semânticos apresentam ligações aproximadas com as unidades mínimas de significado (semes) e são classificados em categorias. Este aspeto interno dos protótipos resulta da proximidade semântica.

A semelhança e a diferença do protótipo em questão em relação a vários protótipos foram estudadas por Le Ny (2005, p.83). Este estudo teve como objetivo identificar os traços semânticos.

O significado das palavras pode ser decomposto em unidades cognitivas mais pequenas (características semânticas). Podem ser comparadas a homónimos, e Baylon e Favre (1978) conferem características semânticas ao "átomo do significado". Pottier (1964) define os traços semânticos: "O significado de uma palavra não é uma unidade indivisível, mas uma palavra composta. O mesmo elemento semântico encontra-se em todo o dicionário".

O conceito de função semântica completa o conceito de rede semântica. Ao analisarmos os traços semânticos da palavra "carro", verificamos que esta partilha características semânticas com o conceito "skate", bem como o significado da palavra representado no cérebro.
A criação de traços semânticos baseia-se em variações de significado, polissemia, novos conceitos e flexibilidade semântica, factores essenciais. Desta forma, o léxico mental organiza-se através do funcionamento cognitivo.
Para mostrar que os traços semânticos podem ser semânticos, Le Ny (2005) dá o exemplo de uma criança que aponta para uma "pedra" e a descreve como um "assento" ou "cadeira". A criança pensa na palavra "cadeira" em relação ao uso do conceito "pedra", que é a ação de "sentar", daí o uso do objeto "cadeira".
A relação entre o conhecimento semântico do mundo e o conhecimento da linguagem que criamos no nosso cérebro representa a teoria da proximidade semântica, que pode ser implícita ou intuitiva. Para Miller (1976), o conceito de traços semânticos representa elementos primitivos que podem ser verbalizados, sendo por isso explícitos, daí a noção de decomposição semântica. Assim, teremos menos traços semânticos a caraterizar o conceito em questão se estivermos no nível geral da hierarquia semântica e vice-versa, quanto mais nos aproximarmos da classe específica, mais traços semânticos teremos. Por conseguinte, no mesmo nível, os co-hipónimos partilham traços semânticos comuns.
Os traços semânticos constituem relações lógicas de superordenação e de infraordenação, de inclusão, de co-hiponímia, de geral para específico. As redes semânticas traduzem as ligações semânticas que revelam uma relação protótipo.
A organização do léxico verbal baseia-se na noção de proximidade semântica, que é representada por substantivos ligados por relações de hiperonímia-hiponímia. No capítulo seguinte, apresentaremos vários estudos que descrevem a organização do léxico verbal através da proximidade semântica. Na maioria das pesquisas que citamos, verificamos que o princípio da proximidade semântica é construído a partir do substantivo. Este tipo de relação foi estudado por Duvignau (2004), que confirma a ausência de informação explícita entre hiperonímia-hiponímia e parafasia semântica.

2.2 A proximidade semântica na organização do léxico verbal

Os substantivos representam as ligações entre as palavras na descrição dos conceitos. Assim, a unidade lexical semanticamente decomponível seria o resultado da análise do verbo. Depois de apresentar as teorias sobre a hierarquia do léxico mental, verificámos que o não é preponderante na aproximação semântica entre verbos gerais e verbos específicos na categorização.
Uma distinção entre verbos semanticamente simples (genéricos) como "se dinger" e verbos complexos como "marcher" (específicos).
O verbo "andar" inclui o verbo "mover-se" e as características da natureza do movimento. Miller ilustra esta hierarquia semântica com o exemplo "andar" e "mover-se": (andar) é semanticamente mais complexo do que (mover-se). Ele

define a constituição semântica do verbo como decomponível em unidades semânticas mais pequenas.

Outros estudos apresentam uma organização taxonómica dos verbos (Jackendoff, 1983; Miller & al., Pinker & al. 1976, Miller & Fellbaum, 1991; Pinker, 1989). Esta organização baseia-se na decomposição da representação semântica dos verbos.

2.3 Noção de traços semânticos e relação hiperonímia-hiponímia a. A organização como uma rede semântica (rede de palavras)

Os verbos são frequentemente representados sob a forma de uma árvore ligada por características semânticas, formando uma relação de hiperonímia/hiponímia. Este conceito foi desenvolvido por (Miller 1990, Miller & Fellbaum 1991, Fellbaum 1998), através da construção de uma base de dados lexical eletrónica que contém substantivos, verbos, adjectivos e advérbios ingleses cuja semântica das palavras não é representada da mesma forma que num dicionário vulgar. Esta noção revela que os verbos podem ter uma definição mais geral, ligada por uma relação hierárquica conhecida como "troponímico".

Por exemplo, uma estrutura em árvore para o verbo "Dar", que representa um hiperónimo. Neste diagrama, utilizamos a hierarquia de conceitos e a definição associada a cada um desses conceitos.

"Dar

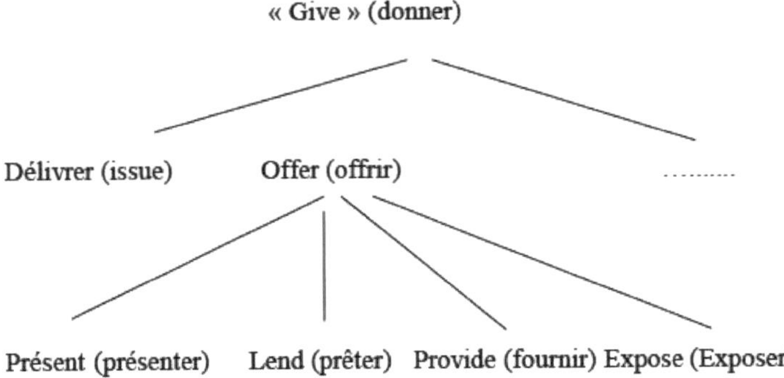

Apresentar (presenter) Emprestar (preter) Fornecer (fournir) Expor (Exposer)

Figura 10- Representação da hierarquia semântica do verbo "Dar" por estrutura arbórea (WordNet) (Fallbaum, 1998).

Ao analisarem as características semânticas dos verbos, Chibout & Vilnat (1999) ilustram a teoria da flexibilidade semântica, afirmando que verbos com significados muito diferentes se correspondem semanticamente. Esta teoria baseia-se numa relação de hiponímia e hiperonímia entre os verbos. Representam esta abordagem utilizando o verbo 'alimentar', que atribuem como hiperónimo de outros verbos (comer, mastigar e beber). No exemplo que propõem, o objetivo é detetar um traço semântico comum entre vários verbos, o que permitirá distinguir um núcleo de significado comum e traços específicos de cada verbo, para que possam ser classificados. Por exemplo, para "comer": "/alimentar/ + /processo de saborear um alimento/ + usar a boca, a língua, os dentes/...". Para "beber", substituímos "/dentes/" por "/garganta/".

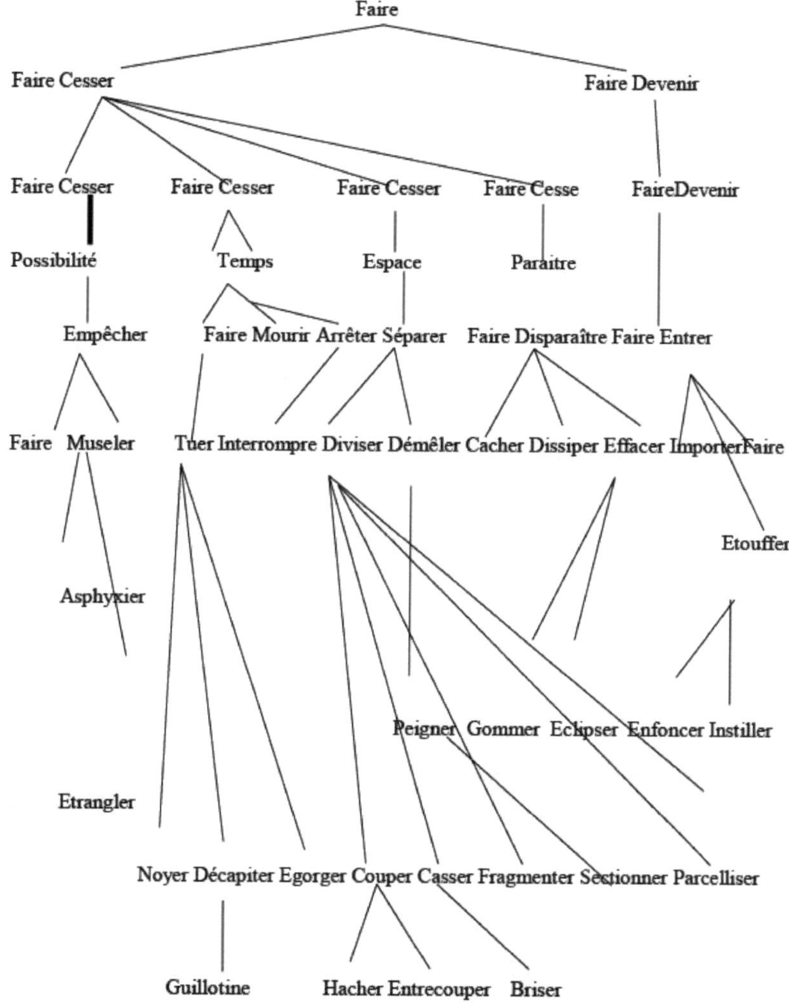

Figura 11: Estrutura da árvore léxico-semântica dos verbos segundo Chibout e Vilnat (1999).

Este diagrama mostra as características semânticas que cada verbo partilha com a classe geral do primeiro verbo. Chibout e Vilnat (1999) baseiam-se no mesmo conceito desenvolvido por Miller & Fellbaum (1991).

A classe superordenada representa o verbo mais elevado da hierarquia, "faire", enquanto o nível intermédio agrupa os verbos do meio. Finalmente, a classe subordinada ilustra os verbos de nível mais baixo, como "cortar" e "quebrar", em

relação ao verbo "separar".
Outra forma taxonómica que Kim & Thompson (2004) representam semanticamente para o verbo "to clean" é uma classificação entre níveis gerais e específicos, como "to polish" e "to brush".
Os traços semânticos podem ser explicados pela constituição de uma rede baseada na proximidade semântica. Na classificação de Le Ny (2005), por exemplo, os verbos "deplacer", "catapulter" e "envoyer" contêm traços semânticos do verbo "deplacer", ou seja, a rede semântica do verbo "deplacer".
Mesmo que os verbos não pertençam ao mesmo conceito semântico, revelam uma relação de aproximação semântica. Este facto foi confirmado por estudos sobre a hierarquização do léxico verbal, que evidenciam a presença de uma proximidade semântica criada a partir da categorização dos verbos.

b. A hiperonímia-hiponímia na organização do léxico: as ligações de co-hiponímia

A relação léxico-semântica entre verbo e conceito foi objeto de um estudo de Duvignau et al (2004). O estudo baseou-se em verbos produzidos por crianças em fase de aquisição da linguagem. O estudo consistiu na análise de 216 enunciados em que o verbo produzido apresentava uma relação não convencional com o verbo-alvo:
"Deshabilles la banane?" / A sua mãe descasca uma banana (numa criança de 2 anos), a diferença de potencial semântico aparente entre "deshabiller" e "banane" resulta do facto de "deshabiller" e "banane" corresponderem a dois campos semânticos diferentes: /humano/ e /vegetal/". (Duvignau & al., 2004 p.4).
Notamos que a relação entre conceito-verbo se baseia na hiponímia e na hiperonímia. O núcleo comum de significado dos dois co-hipónimos extra-conceituais "deshabiller" e "eplucher" é o hiperónimo "enlever", que remete para conceitos semânticos diferentes /humano/ para "deshabiller" e /vegetal/ para "eplucher".
Este tipo de ligação mostra a proximidade semântica entre verbos que não pertencem ao mesmo conceito semântico.
Os co-hipónimos situam-se no mesmo nível hierárquico e são parcialmente sinónimos, uma vez que partilham características semânticas. Por exemplo: "aller" e "conduire" (Duvignaud, 2005) são co-hipónimos intra-conceituais. As ligações hiperonímia-hiponímia são construídas a partir da sinonímia, daí o núcleo de significado comum dos co-hipónimos, que representa o hiperónimo. Foram identificados dois tipos de co-hiponímia com base numa análise da organização do léxico verbal por aproximação semântica Duvignau (2005).
Os diferentes tipos de conceitos verbais derivam dos domínios de ação que representam o núcleo do senso comum (quadro 3).
Se o verbo produzido : "quebrar, briser", faz parte do mesmo conceito semântico e traduz o mesmo hiperónimo (deterioração), falamos de um co-hipónimo intra-conceitual.

Para os verbos "fissurer, deprimer", vemos que pertencem a conceitos semânticos diferentes, mas remetem para o mesmo hiperónimo (deterioração). Ilustram, portanto, os co-hipónimos extra-conceptuais.

	Conceitos de ação	
Objectos de domínio	Deterioração	Reparação
Vidro, placa,	Break, Ebrecher, Feler	Colocar as coisas no sítio,
Livro, papel,	Rasgar, Decoupage, Amassar, Rasgar	Tratar ,
Roupa, vestido, /costurar/	Rasgar, furar, deteriorar,	Reparar, remendar, coser, cerzir
Corpo, psique,... /medicina/	Quebrar, Perfurar, Magoar, Mentir, Deprimir, Desmoralizar, Guilhotinar, Perturbar, Gerar,	Cuidar, vestir, tratar, medicar,
Carro,... /mecânica/	Aceder, amolgar, bater, danificar	Reparar, reconstruir, remontar
Casa /Batimento/	Fissurer, lezard, Detruire, se delabre	Restaurar, reparar, renovar, reescrever

Quadro 3 - Classificação do léxico verbal por aproximação semântica (ligações de co-hiponímia extra e intra-conceito) (Duvignau et al. 2005, p. 5) (citado por M. Manchon, 2011).

Verificamos que todos os verbos representam co-hipónimos com ligações intra-domínio ("decoudre"/"detacher"), ou extra-conceptuais ("detacher"). "dechirer"/"casser". Estas ligações co-hiponímicas foram desenvolvidas por Elie (2005), ilustrando o verbo 'alterer' através de uma estrutura em árvore. No léxico verbal, 'alterer' representa um hiperónimo e é constituído por diferentes conceitos: "roupa", "corpo", "papel". Daí os verbos hipónimos "decoudre" e "denouer", que derivam desta hierarquia.

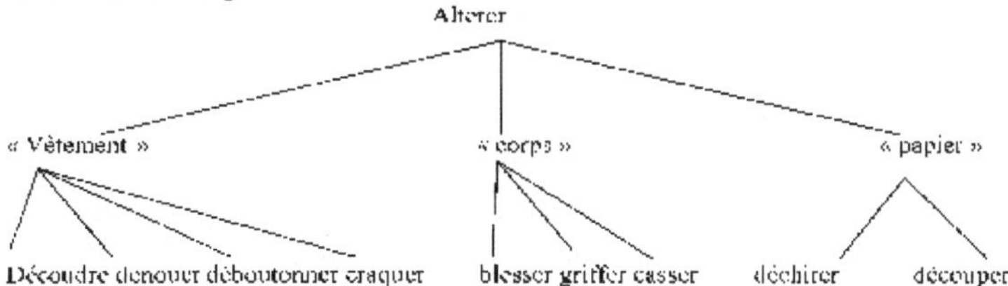

Figura 12: Hierarquia semântica do léxico verbal do verbo "Alterer" (Elie, 2005, p.29).

A presença de flexibilidade cognitivo-semântica reflecte a capacidade de produzir e detetar uma diferença de potencial semântico entre verbos de conceitos diferentes. A diferença de potencial semântico é delimitada por vários domínios, formando uma estruturação lexical de verbos ligados por um "conceito de ação". Duvignau et al (2005) mostram que esta hierarquização se baseia numa relação de co-hiponímia extra-conceitual, que representa aproximações semânticas.

3. A sintaxe na organização do léxico em afasiologia

O aspeto sintático do verbo durante a produção oral é de importância primordial nos estudos afasiológicos (Berndt et al, 1997). Consequentemente, o agramatismo na afasia representa um campo frutífero para o estudo das perturbações da produção verbal. Além disso, a desorganização sintáctica ao nível dos verbos é um sinal de dificuldade na produção verbal na afasia.

De facto, o estudo das relações que o verbo mantém com o agente confirma a presença de uma dimensão sintáctica específica do verbo, incluindo a semântica nos afásicos verbais (Kim & Thompson, 2000; Thompson, 2003).

Podemos comparar o verbo a um núcleo, em torno do qual orbitam os componentes da frase. Se, através da presença de um agente, o verbo atribui como processo um ato, uma propriedade, a um sujeito, falaremos de valência semântica. Os verbos respondem a uma construção sintáctica que não pode ser ignorada, mesmo quando decidimos concentrar-nos na semântica. Existem dois tipos de processo: os verbos de ação e os verbos de estado. Tesniere (1959) associa a noção de processo ao verbo. A informação sintáctica está ligada à informação semântica, e vice-versa.

A valência é quantitativa, atribuindo um número finito de argumentos a um predicado (Grimshaw, 1990). Os verbos de ação mais ricos em actância podem ter um, dois ou mesmo três actantes (monovalentes, bivalentes, trivalentes).

Com a noção de valência semântica, estamos a referir-nos ao conceito de valência da linguística estrutural, também conhecido como estrutura argumental. Por exemplo, um verbo bivalente tem dois actantes: F. Papillaud (2008, p.18) dá o seguinte exemplo: "Le garcon dechire sa feuille". Os verbos bivalentes são verbos com dois actantes que transferem o processo de um agente para um paciente que sofre o processo.

Os agramáticos mostram défices na produção de verbos em relação aos substantivos na nomeação oral; para eles, isto significa que o léxico está organizado por classe de palavras (Miceli & al. 1984; Zingeser & Berndt, 1990). Haveria, portanto, perturbações nas representações léxico-sintácticas do verbo. Thompson et al (1997) mostram que estas dificuldades aumentam quando o número de argumentos ligados ao verbo aumenta. Esta particularidade do verbo explica porque é que, em afasiologia, os estudos se centraram, por um lado, na agramática e, por outro, na sintaxe desta população.

A relação entre a recuperação de verbos e as propriedades da estrutura argumental dos verbos na agramática, na compreensão e na produção oral

Utilizaram um modelo de acesso lexical de Bock et al (1995), adaptado de Bock e Levelt (1994). A fim de separar o acesso lexical em dois subprocessos :

1. Esta escolha de item lexical é designada por "lema". A forma fonológica não é especificada, mas a informação gramatical está disponível. É selecionado um item lexical que corresponde ao que o falante quer dizer.
2. O lema é um lexema formado a partir da forma fonológica que é activada pela

representação lexical.

Com base nos resultados de Thompson et al (1997), eles supõem que existe uma hierarquia de dificuldade na nomeação dos verbos. Quanto maior for o número de argumentos a que os verbos estão associados, mais difícil é a sua nomeação, o que permitiria classificar os verbos de acordo com o critério léxico-sintático. Classificam os verbos com base no número de argumentos associados ao verbo, pelo que assumem que estão hierarquizados numa dimensão léxico-sintáctica.

A longa e exagerada concentração da linguística e da psicolinguística nos problemas de sintaxe contribuiu para mascarar esta necessidade. "O coração da linguagem é o que é dito [...] o que o falante está a pensar, o que quer dizer, e o que o seu interlocutor compreende e retém na sua mente, a pessoa que o ouviu ou leu" Le Ny (2005).

Os estudos tentam correlacionar as características semânticas e sintácticas. Concordamos com Le Ny (2005), que defende a ideia de que a interpretação semântica é cognitivamente mais fundamental do que a descrição sintáctica. No entanto, a sintaxe e a semântica podem corresponder a dois níveis distintos de análise, possuindo o verbo as suas propriedades em cada nível (Tesniere, 1959). Chomsky (1965), defendendo a gramática generativa, considerou o verbo como um elemento sintático.

4. Formas de categorização na produção de verbos em afásicos

4.1 Perturbações léxico-semânticas na produção de verbos na afasia

Os resultados das investigações de Berndt et al (1997), Miceli et al (1984), Williams e Canter (1987) revelam a presença de perturbações léxico-semânticas ao nível da classe verbal na afasia de Wernicke. Além disso, estas perturbações podem ser de natureza sintáctica.

Brading et al (1998) colocaram a hipótese de que na fase de recuperação de verbos em afásicos cuja lesão permanece no lobo frontal e/ou parietal. Estes resultados foram estabelecidos numa população diversificada, não se limitando apenas a desvios gramaticais, mas observando também diferentes tipos de variação semântica.

Na tarefa de completar a história, os afásicos recuperam mais facilmente os verbos que agrupam várias formas semânticas. Isto confirma que os afásicos são melhores a recuperar verbos específicos do que verbos gerais.

A investigação de Breedin et al (1998) centrou-se em todos os tipos de afasia, ao passo que a investigação de Kim & Thompson (2004) se centrou no agramatismo. Os resultados obtidos nos dois estudos são semelhantes. Isto apesar das diferenças nas tarefas e nos estímulos.

O efeito da complexidade semântica está ligado ao défice linguístico durante a recuperação da linguagem nos afásicos. Estas observações foram confirmadas por dois estudos, Kim & Thompson (2004) e Breedin et al. (1998), que se centraram no agramatismo.

Para além disso, Kim & Thompson (2004) consideram que estes resultados são razoáveis, dado que os indivíduos não patológicos obtêm resultados mais baixos em tarefas narrativas e de completamento de frases do que os afásicos. Para eles, de um ponto de vista conexionista, faz sentido que haja mais comodidade na recuperação de verbos semanticamente complexos.

4.2 A relação de co-hiponímia: enunciados não convencionais em afásicos A análise dos enunciados orais revelou um novo tipo de ligação na organização do léxico mental, na classificação entre hiperonímia e hiponímia: as relações de co-hiponímia.

As investigações de Duvignau (2005) revelaram a existência de enunciados verbais não convencionais com um pivot verbal durante a aquisição da linguagem nas crianças, que são a encarnação da relação léxico-semântica de base que constitui a estrutura do nosso léxico. Nos estudos citados, não são tidos em conta os regimes teóricos que regem a organização da fala e do vocabulário nos afásicos.

O conceito de proximidade semântica no léxico surgiu de uma organização geral dos conceitos numa rede semântica. Nesta rede semântica, as palavras estão ligadas por uma relação categorial, como a hiperonímia, a hiponímia e a co-hiponímia. As representações semânticas funcionam como redes no léxico mental. Neste processo de classificação, podem ser classificados termos gerais e termos específicos entre unidades, o que não permite considerar a organização do vocabulário verbal. Esta conceção insere na função cognitiva os conceitos que determinam as mudanças na polissemia e na flexibilidade semântica do léxico mental.

Os verbos estão semanticamente ligados por relações semânticas de hiponímia e hiponímia. A propósito deste facto, Duvignau (2002) estudou este tipo de ligação e mostrou que o verbo também pode ser analisado como uma unidade lexical semanticamente decomponível. A organização do léxico mental é descrita principalmente pelo seu nome. O significado das palavras pode ser decomposto em unidades cognitivas mais pequenas: os traços semânticos.

Duvignau (2005) examinou a organização do vocabulário verbal em função da aproximação semântica e identificou diferentes tipos de co-hiponímia (sinónimos). Na semântica lexical, a investigação centra-se nos verbos, mas mais na sintaxe. De acordo com a investigação, os afásicos recuperam mais facilmente verbos específicos. Outros estudos também forneceram dados sobre a estrutura dos verbos na afasia. No entanto, estes dados não têm em conta os tipos de co-hiponímia causados por perturbações lexicais. Centraremos a nossa investigação no fenómeno que resulta da co-hiponímia: as aproximações semânticas.

Duvignau (2005) considera a organização do léxico verbal por proximidade semântica e distingue diferentes tipos de co-hiponímia. Na afasiologia, a investigação centra-se nos verbos, mas mais numa perspetiva sintáctica. Os afásicos recuperam mais facilmente verbos específicos. Outros estudos forneceram dados sobre a produção de verbos pelos afásicos. No entanto, estes dados não têm em conta os tipos de co-hiponímia que surgem nas perturbações lexicais. Vamos centrar o nosso estudo num fenómeno decorrente da co-hiponímia: a aproximação semântica.

Capítulo 4 Flexibilidade cognitiva na afasia: aproximações semânticas.

1. Características das aproximações semânticas

1.1 Aproximação semântica intra e inter-conceitos

As ligações de co-hiponímia que provocam tensões semânticas entre verbos que não pertencem aos mesmos domínios semânticos levaram-nos a atribuir a estas produções dissociadas do contexto um lugar na hierarquia do léxico verbal e o estatuto de aproximações semânticas.

Uma parafasia semântica em afásicos, estudaremos a produção de verbos em afásicos, a fim de considerar de forma diferente a organização do léxico verbal nesta população.

No capítulo anterior, vimos que o léxico dos verbos é estruturado por proximidade semântica com relações de hiperonímia-hiponímia. Parece que as aproximações semânticas não são produções aleatórias e casuais, mas que correspondem a uma organização hierárquica, provavelmente perturbada, mas que continua por explorar para compreender o seu funcionamento. Vimos que os défices lexicais obrigam os afásicos a implementar estratégias para produzir um verbo semanticamente próximo quando não conseguem produzir o item alvo.

A investigação de Duvignau (2002) demonstrou a presença de "aproximações semânticas com pivô verbal" nas crianças durante a construção do seu léxico. As aproximações semânticas consistem na substituição de um verbo por outro, ambos semanticamente próximos. Descreveremos as características destas aproximações e definiremos os diferentes tipos de relações semânticas que os verbos co-hipónimos podem ter.

A investigação sobre a aproximação semântica pôs em evidência a flexibilidade semântica dos verbos e a flexibilidade cognitiva humana. A utilização de aproximações semânticas demonstra a capacidade de efetuar categorizações lexicais.

Esta noção aplica-se a enunciados verbais, como "je deshabille l'orange" ("Eu dispo a laranja"). A relação lexical entre os verbos é ou uma relação de hiperonímia-hiponímia, por exemplo, o hipónimo "deshabiller" tem o hiperónimo "enlever"; ou é uma relação de co-hiponímia, por exemplo, "deshabiller" e "eplucher" são co-hipónimos, com o significado comum do hiperónimo "enlever".

Distinguimos duas formas de aproximação semântica:

Podem ser do tipo co-hipónimo intra-conceitual, caso em que o verbo emitido pertence ao mesmo conceito semântico que o substantivo com que se combina e em relação à situação extra-linguística descrita, mas não corresponde à realidade da ação. Por exemplo: "a senhora corta a laranja" em vez de "descasca a laranja".

- O aproximante semântico extra-conceitual /deshabiller/ pertence ao conceito semântico "têxtil-hábito", enquanto o verbo-alvo corresponde ao domínio "fruta-laranja". O verbo utilizado pertence a um campo semântico diferente, por exemplo

"la dame, elle deshabille l'orange" para dizer "descascar a laranja". Ou um sinónimo numa relação co-hiponímica extra-concetual com um verbo convencional. O enunciado produzido assemelha-se a uma metáfora com um pivot verbal.
/deshabiller/ e /eplucher/ são co-hipónimos. Ambos convergem para o mesmo hiperónimo /separer/.
Representamos as aproximações semânticas utilizando este esquema

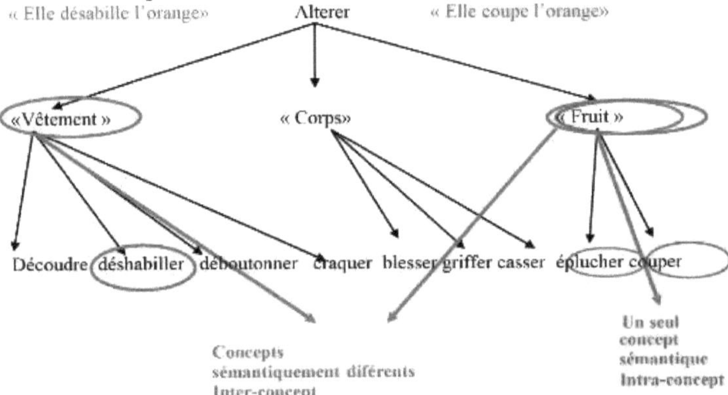

Figura 13 - Representação esquemática das noções de intra e inter-conceitos (Elie, 2008).
Os estudos de Duvignau et al (2008) revelam esta flexibilidade semântica do sistema verbal em crianças durante o desenvolvimento normal e em afásicos com perturbações da lexicalização (54 crianças com idades compreendidas entre os 2 e os 4 anos e 17 adultos afásicos). Os resultados deste estudo mostram que a produção de verbos com co-hiponímia intra e extra-conceitual nas crianças e nos afásicos é maior do que nos adultos controlados, com ainda mais co-hiponímia intra-conceitual.
Os estudos sobre a parafasia semântica nos verbos fornecem pouca informação sobre o léxico dos verbos de ação na afasia. A literatura sobre a noção de aproximação semântica na afasia é escassa.
Este estudo faz parte da primeira investigação sobre a aproximação semântica. Neste sentido, recolhemos um corpus de verbos. Isto foi feito durante uma tarefa de nomeação e reformulação oral de acções.
Eis apenas alguns exemplos:
Co-hipónimo intra-conceitual:
"A senhora tricota um brioche" para a ação "emietter_Brioche
"Ela deforma a folha" para a ação "amassar_folha" Co-hipónimo extraconceito :
"Ela despe a banana" para a ação "eplucher_banane" "Ela destrói a revista" para a ação "dechirer_revue".
Estas observações levaram-nos a atribuir a estes enunciados verbais o critério de

aproximações semânticas por analogia de verbos de ação, segundo a taxonomia de Duvignau (2004). A comparação do aspeto linguístico das crianças e dos afásicos leva-nos a determinar a presença de um desempenho lexical nos afásicos que se traduz por uma flexibilidade léxico-semântica baseada numa conceção extra-concetual da sinonímia.

1.2 A analogia da aproximação semântica entre o afásico e a criança a- Erros e aproximações semânticas na criança

Durante a aquisição da linguagem, a partir dos dois anos e meio de idade, as crianças utilizam palavras com diferentes referentes. Elas estendem demasiado as suas palavras, daí a noção de estatuto metafórico (Duvignau, 2002). Por exemplo :

- Numa forma categórica, "cuillere" para "fourchette".
- Referindo-se à analogia "moto" para "velo". (Clark, 1993 &Bassano, 2000). Os enunciados verbais produzidos pelas crianças representam um discurso erróneo devido ao seu vocabulário pobre (Cordier, F. & Labrell, F., 2000). Além disso, esta forma do primeiro estádio lexical na criança (sobre-extensão analógica) pode assumir um aspeto metafórico.

b- Estado do erro

A noção de aproximação semântica surgiu a partir de uma investigação efectuada por Duvignau § al, (2004) com 100 crianças. Verificou-se que as produções espontâneas das crianças se aproximavam do enunciado adequado em relação ao contexto. Isto explica-se pela presença de enunciados com um aspeto metafórico, por exemplo "je deshabille la banane" (eu dispo a banana) para a ação "peel the banana" (eu descasco a banana), que são considerados erros com base na análise dos substantivos.

Nos seus estudos, Duvignau (2002) afirma que a competência analógica das crianças está presente ao nível dos substantivos e estende-se aos verbos. Duvignau não aceita que se trate de um erro, pois constatou que os adultos utilizam esta competência analógica a partir de uma proximidade semântica quando querem fazer-se entender com os seus filhos de 2-3 anos:

"As crianças não cometem erros: produzem um verbo que transmite o mesmo significado central que um verbo que o adulto teria utilizado" (Duvignau, 2000, p.232).

Duvignau (2003) admite que as aproximações semânticas com pivô verbal na criança são sinónimo de desenvolvimento da aquisição da linguagem em crianças que se encontram no processo de construção lexical, onde se formam as categorias semânticas. Dada a escassez do léxico nesta fase de aquisição, a criança não conhece o verbo-alvo, pelo que, para compensar o seu léxico, utilizará um hiperónimo comum entre o verbo produzido e o verbo-alvo. Esta utilização baseia-se numa categorização geral, sem distinguir os verbos semanticamente próximos; as categorias verbais do seu léxico não estão bem formadas:

Por conseguinte, os enunciados verbais não adaptados ao contexto não assumem o aspeto de metáforas ou de extensões excessivas; representam aproximações semânticas com um pivot verbal (Duvignau, 2003).

Este facto pode ser explicado por uma categorização geral de verbos, como "casser", "dechirer", "decoudre", etc., que estão incluídos no mesmo conceito de "deterioração" (Duvignau, 2003, p. 236).

c. Parafasias semânticas em relação ao estado de erro em afásicos

O estatuto da parafasia semântica é patológico. Este fenómeno resulta de um défice lexical, e as tensões semânticas formuladas pelo afásico com o objetivo de alcançar o significado mais próximo do verbo-alvo podem ser semelhantes às que a criança produz. Os enunciados modalizadores evidenciam uma tomada de consciência do défice lexical que os afásicos possuem, ao contrário das produções das crianças. É o que acontece durante o seu desenvolvimento linguístico (Kemmerer & Tranel, 2000; Bormann & al., 2008).

Estas paráfrases semânticas são consideradas como extensões erróneas sem estruturação léxico-semântica. A análise das respostas após o teste de nomeação oral atribui o estatuto de erro às paráfrases semânticas.

A diferença semântica entre a resposta patológica e a fala normal é uma das razões pelas quais são consideradas erros. A maior parte da investigação em afasiologia considera as parafasias semânticas como erros (Deloche & al., 1996).

d. Paráfrases semânticas com aproximação do pivô verbal em forma de erro

Um grande número de estudos questiona a atribuição do estatuto de erro às sobre-extensões (Duvignau, Gaume & Nespoulous, 2005). Os afásicos usam sobre-extensões para compensar a falta de palavras. Nespoulous afirma que ;

"a lesão cerebral que causa a afasia também causa a afasia.
um défice e cria um handicap comunicativo na vida quotidiana... Mas sim, também... o rafásico - na presença do seu handicap - tentará, e em muitos casos conseguirá, utilizar uma panóplia de estratégias para se adaptar ao seu défice e tentar contorná-lo de modo a satisfazer as suas necessidades comunicativas quotidianas" (Nespoulous, 1996, p. 423).

Neste sentido, a "estratégia paliativa" é utilizada para comunicar porque o afásico não pode aceder naturalmente ao seu léxico; representa uma forma de competência linguística (Duvignau, Gaume & Nespoulous, 2005).

Assim, o conceito de sobre-extensão assumiu o estatuto de estratégia de erro paliativa. Remetemo-nos ao trabalho de (Duvignau & al., 2000, p.177-191) para analisar enunciados verbais cuja estrutura linguística é dotada de uma sobre-extensão semântica do tipo.

Remetemos para o trabalho de Tran (2000, p.177-191), que nos permite abordar, de um ponto de vista léxico-semântico, a questão da estruturação linguística de enunciados verbais como "la dame divise la carotte" ("a senhora divide a cenoura") e "elle deshabille la banane" ("ela despe a banana").

2. Duvignau (2002) demonstrou que o mesmo verbo pode ser utilizado de forma diferente e adquirir um novo significado a partir da ação, dependendo do contexto, preservando o núcleo semântico do verbo alvo. Duvignau define a flexibilidade semântica dos verbos da seguinte forma: "Trata-se [...] de sublinhar o potencial de um verbo utilizado de forma invulgar para se adaptar a um novo ambiente linguístico, mantendo a essência do seu significado, ou, como diz Gentner (1981), preservando o seu significado tanto quanto possível". (Duvignau, 2002, p241): A título de exemplo, o verbo **'demolir'** é utilizado com 27 significados diferentes por 17 crianças. No seu corpus, Duvignau classificou todos os enunciados em que o verbo **'demolir'** foi utilizado, com o objetivo de confirmar a teoria da flexibilidade semântico-cognitiva:

- A pele do tomate é descascada/ sobre um tomate que está **dividido**.
- Oh.the trousers are demolished / mostrando um buraco nas suas calças (**dechirer**).
- Ton manteau, il est demolie/ sobre um casaco aberto, "**deboutonner**".
- Cuidado para não partir os dedos, eh?/ um adulto a cortar cartão com um cortador de caixas "**dói**".

Verificamos que a maior parte dos verbos produzidos partilham o mesmo núcleo semântico com o verbo alvo. Esta preservação do significado deve-se às características semânticas que o co-hipónimo partilha.

Os resultados desta investigação confirmam a presença de uma flexibilidade semântico-cognitiva na produção oral dos afásicos, com base na semelhança dos tipos de enunciados que apresentaram com as crianças durante a aquisição da linguagem. O afásico possui capacidades analógicas apesar do défice de linguagem. Meligne et al (2011) observaram uma produção elevada de verbos genéricos do tipo "remover" para "descascar" em sujeitos não patológicos a partir da mesma tarefa de nomeação oral de acções em todos os estudos incluídos na parte "aprox" do plano (Divignau, 2002).

Esta investigação prova que todos os sujeitos com perturbações semânticas compensam esta falta lexical por aproximações semânticas. Estes enunciados reflectem, portanto, uma deterioração dos processos semânticos do verbo na afasia.

- **Flexibilidade cognitiva**

Duvignau (2002) define a elasticidade semântico-cognitiva dos verbos como : "Esta omnipresença das aproximações semânticas torna-as produções cruciais na medida em que manifestam uma aptidão fundamental: a competência analógica, a apreensão da semelhança na diferença". Esta descrição foi determinada pelo desempenho dos afásicos na construção de aproximações semânticas com um pivô verbal por analogia de ação.

As crianças possuem uma aptidão analógica que lhes dá a capacidade de construir verbos não adaptados ao contexto e cujo significado é aproximado. Estas aproximações semânticas representam uma competência analógica que cria uma elasticidade semântico-cognitiva nas crianças em fase de aquisição da linguagem e nos afásicos.

3. Da pragmática à aproximação semântica

Os usos inovadores contêm frequentemente pistas conversacionais procuradas pelo falante e/ou descodificadas pelos ouvintes que adivinham as estratégias comunicativas utilizadas pelos falantes (Detges & Waltereit, 2002).

A semantização é desencadeada por um uso inovador de uma expressão, que pode ser adotado por um número crescente de falantes, tornando-se assim rotineiro. Estes usos inovadores são designados por 'inferência convidada'.

A semântica e a pragmática diferem, portanto, no grau de convencionalidade de certas funções e conceitos - e é a convencionalidade que representa a ligação diacrónica entre o significado e a significação, um processo a que podemos chamar "semantização".
A convencionalidade surge quando podemos detetar contextos específicos que permitem apenas a nova leitura, os "contextos de comutação", segundo Heine (2002), ou "contextos de isolamento", na terminologia de Diewald (2002).A aproximação, tanto para as modulações ao nível do discurso como para o uso de marcadores especializados de aproximação, mostra claramente que a distinção entre a semântica, isto é, o significado de uma expressão, e a pragmática, isto é, o significado resultante da interação entre significado, contexto e regras comunicativas, não se baseia na distinção entre o que afecta as condições de verdade e o que não afecta (Recanati, 2004, p.134) e que, pelo contrário, o significado nem sempre contribui para as condições de verdade - os conectores são outro exemplo típico (Traugott & Dasher 2002).
O uso frequente destas inferências pode então levar ao enfraquecimento do significado original e à preponderância crescente da inferência (Heine, 2002, p.84). A partir do momento em que a pista é convencionalizada, o novo significado pode aparecer em contextos novos e muito mais variados.
Distinguimos três tipos de semantização, consoante a categoria linguística: lexicalização, gramaticalização e pragmaticalização.
Ao nível sintático, um bom número de marcadores pragmáticos têm um alcance variável, são frequentemente não integrados sintaticamente e permanecem morfemas livres, enquanto os morfemas gramaticais actuam ao nível da proposição, tornam-se obrigatórios e têm um alcance fixo e reduzido, alguns tornando-se mesmo afixos (Brinton, 1996, p, 34; Mosegaard, H., 1998, p, 73-74 & Waltereit, 2002). Este termo é um pouco enganador, uma vez que se trata mais precisamente de um processo de convencionalização ou semantização de funções pragmáticas, ou seja, de procedimentos que organizam a interação linguística. A gramaticalização e a pragmaticalização são geralmente desencadeadas por usos inovadores que um falante cria para atingir determinados objectivos comunicativos.
A gramaticalização é o tipo de semantização mais estudado nos últimos anos, descrevendo o processo pelo qual os lexemas se tornam morfemas gramaticais ou pelo qual os morfemas gramaticais se tornam ainda mais gramaticais.
A gramaticalização e a pragmaticalização podem ser explicadas pela emergência de marcadores pragmáticos, que é frequentemente considerada como um tipo específico de gramaticalização (Auer & Gunthner, 2003 , Brinton, 1996 & Traugott, 1997). Os morfemas gramaticais representam marcadores pragmáticos e pertencem às classes de palavras não lexicais (Mosegaard,H., 1998, p238). Numa perspetiva diacrónica, este termo descreve o processo pelo qual as unidades complexas são integradas no léxico, perdendo a sua transparência morfológica, mas também os processos pelos quais são feitos empréstimos do léxico.

integrado no léxico de uma língua ou através do qual as unidades lexicais se tornam unidades lexicais mais centrais (Mihatsch, 2006, p16-23).

A lexicalização produz lexemas armazenados como unidades relativamente fixas de conceção de conceitos, enquanto as gramáticas, assim como os marcadores pragmáticos, são elementos processuais, ou seja, não concebem conceitos, mas desencadeiam procedimentos muitas vezes inconscientes e automatizados que servem para manipular e orientar a interpretação das unidades linguísticas conceptuais e a sua representação semântica (Blakemore, 1987, Mosegaard, H., 1998, p.244). Expressamos conceitos através de lexemas, um processo que denota o fenómeno da lexicalização, que é o que distingue a pragmaticalização da gramaticalização.

3.1 Estratégias de comunicação e aproximações

Existem aproximações em francês que não representam efeitos pragmáticos. Na maioria dos casos, estas aproximações representam marcadores de estratégia comunicativa. As estratégias aproximativas são muito úteis para os estudos diacrónicos da língua, bem como para compreender os mecanismos cognitivos e comunicativos envolvidos na aproximação lexical. Durante o processo de aproximação, existem outros meios que representam determinadas estratégias comunicativas, como as estratégias praverbais.

3.2 Projeção paradigmática no eixo sintagmático

Uma fonte cognitiva importante para vários subtipos de aproximadores reside nas dificuldades particulares que podem surgir durante o acesso lexical. No que diz respeito ao acesso lexical bem sucedido e não aproximativo, as experiências mostraram que, durante um instante, o sujeito falante ativa vários candidatos lexicais: O acesso lexical não é automatizado, em situações de escassez de palavras, quando temos dificuldade em encontrar uma expressão adequada para um dado conceito ou referente. Isto é verdade para a maioria das situações comunicativas, exceto quando há insegurança no processo de nomeação. Esta invisibilidade já foi descrita por Saussure quando definiu as relações sintagmáticas como relações associativas ou paradigmáticas à revelia (Saussure, 1972, pp. 170-175). O sujeito falante procede normalmente de forma muito rápida para selecionar a expressão mais adequada. Neste caso, o processo de seleção não se concretiza, apenas os efeitos gerados em laboratório, como o priming, testemunham esta seleção prévia. Estas produções podem ser a consequência de uma estratégia paliativa, que contraria o estatuto de erro que lhes é atribuído na literatura.

Duvignau (2002) evidenciou a noção de aproximação semântica através da estruturação do léxico verbal em crianças em processo de aquisição da linguagem. As aproximações semânticas verbais são de dois tipos: intra e extra-conceptuais. As parafasias semânticas que afectam o verbo nos afásicos representam aproximações semânticas verbais. A presença destas aproximações semânticas nos afásicos demonstra a preservação das suas capacidades analógicas, bem como a flexibilidade semântica dos verbos e, de um modo mais geral, a flexibilidade cognitiva dos sujeitos.

Capítulo 5 A denominação oral das acções

1. Nomeação oral de acções e modelos neuropsicológicos

1.1 Definição da denominação oral

Para observar e analisar os diferentes tipos de défices de linguagem afásicos, a nomeação oral representa uma tarefa primordial na análise léxico-semântica da linguagem oral patológica (afasia) (Bock & Levelt, 1994). O seu objetivo é nomear objectos, por meio de instruções aos sujeitos afectados (S. Henrard, 2014).

Neste capítulo, discutimos as diferentes fases do processamento da informação durante a nomeação oral, com referência aos modelos psicolinguísticos e neuropsicológicos da produção oral.

As áreas cerebrais são localizadas por nomeação oral em relação aos diferentes modelos de processamento de informação;

No capítulo 2, descrevemos o sistema lexical com base em diferentes modelos de processamento da linguagem e na abordagem cognitiva das perturbações da nomeação, consoante a extensão da perturbação;

Se o afásico tem dificuldade em recuperar informação semântica e sintáctica (nível do lema), então a deficiência é na codificação semântica, e se a dificuldade é na informação fonológica (nível do lexema), então a deficiência é na codificação fonológica.

A investigação em psicolinguística desenvolveu três níveis de representação durante a nomeação oral (Bock & Levelt, 1994; Dell, 1986; Ferrand, 2001). Para resumir os processos de nomeação de objectos e os seus principais modelos teóricos, remetemos para o trabalho de Hammelrath, C. (2001):

-Identificar os diferentes conceitos relacionados com a imagem.

- A concretização mental da palavra correspondente ao conceito é retirada do léxico mental e compreende: codificação semântico-sintáctica e morfo-fonológica.

A articulação baseia-se na representação fonológica.

Descreveremos as diferentes etapas do processo de nomeação oral com base na investigação neuropsicológica. Os modelos neuropsicológicos de nomeação implicam uma fase adicional, a montante da fase de lexicalização, nomeadamente a fase perceptiva de análise de imagens.

Isto inclui vários níveis de representação:

1.2 As diferentes fases do tratamento da informação

a. Representações visuais estruturais

Todas as representações estruturais são armazenadas na memória de longo prazo, e a ativação deste tipo de representação baseia-se no objeto que corresponde à representação armazenada na memória de longo prazo (Riddoch & Humphreys, 1987). A seleção das características visuais desempenha um papel na construção da perceção. Este é o primeiro nível de reconhecimento; a identificação estrutural dos objectos através da seleção das características visuais correspondentes ao objeto.

Os processos mentais envolvidos na produção lexical representam as fases da procura da palavra a nomear (ver Capítulo 2). Esta procura realiza-se a dois níveis:

semântico e fonológico.

b. Representações semânticas

A taxonomia semântica agrupa a informação sintáctica para decifrar a informação semântica.

c. Representações fonológicas

Ao nível desta representação, interpretamos as diferentes formas fonológicas dos enunciados. Os modelos sequenciais pressupõem um processamento independente, enquanto os modelos conexionistas pressupõem uma interatividade entre etapas. É nesta fase que se interpreta a informação sobre a forma fonológica da palavra. Nem todos os modelos estão de acordo quanto à sequência temporal destas etapas de processamento.

Uma vez criadas estas representações, a fase final consiste na produção lexical.

d. Representações semânticas conceptuais

Uma lesão cerebral pode afetar uma determinada categoria. Uma palavra pode ser representada por várias informações que constituem um conceito (Bierwisch & Schreuder, 1992). Como vimos anteriormente, a noção de categorização determina o sistema semântico (Rosch, 1975): por exemplo, os objectos, vivos/não vivos, em cada categoria são classificados por subcategorias (animais, objectos,).
conhecimento semântico (Bonin, 2003). A análise dos conceitos efectua-se a vários níveis, o primeiro dos quais é visual. A segunda fase diz respeito à representação semântica concetual em relação à palavra a exprimir (Levelt, 1989 & Nickels, 2000). Boyer (2006) apresenta diferentes modelos para as fases de produção de palavras na nomeação oral.

- As teorias "sensorial/funcional" (Silveri & Gainotti, 1988) e "visual/funcional" (Warrington & McCarthy, 1987).

Estas teorias foram postas em causa por não terem sido estabelecidas com base em observações clínicas, dando lugar às teorias clássicas:

- Um subsistema neural no qual os conceitos são classificados sob a forma de categorias; daí a conceção da hierarquia "Animais".

"Vegetação" "objectos" (Shelton & Caramazza, 1999).

- Quando os traços semânticos do conceito estão activos, a representação lexical será activada, por exemplo (gato é um ser vivo, mamífero, felino) (Caramazza, 1997; Dell, 1986; Morton, 1969). Estes traços primitivos distintos são os componentes das representações semânticas "compenciais".

As representações semântica e fonológica reflectem dois processos cujo papel é relevante para a lexicalização (Bonin, 2003). A representação lexical é composta pela representação semântica lexical, que é diferente da representação semântica concetual. A identificação semântica e visual do objeto é tratada ao nível das representações estruturais e conceptuais.

Conceptual.

1.3 Falta de palavras e perturbações da nomeação: modelos neuropsicológicos

As perturbações orais e os distúrbios de compreensão são a consequência de alterações no sistema semântico devidas a lesões cerebrais nos afásicos. Os modelos neuropsicológicos classificaram dois tipos de perturbações (compreensão e produção), que são responsáveis pelas perturbações da nomeação nas lesões cerebrais. Daí a parfasia lexical. Os défices nas representações semânticas ou no acesso a elas estão na origem destas parafasias lexicais ou semânticas. Além disso, uma perturbação no acesso à informação fonológica indica uma alteração do sistema fonológico, o que significa que a informação semântica é preservada.

A falta da palavra (anomia) tem várias definições (capítulo 2). Assim, se nos referirmos aos diferentes modelos neuropsicológicos da produção oral durante a nomeação oral, seremos confrontados com várias apresentações da falta da palavra Tran (2005, p.49). Na nossa investigação, centrar-nos-emos nas parafasias semânticas, bem como na sua origem no sistema semântico ou fonológico.

2. Variáveis que influenciam a nomeação oral

A variável desempenha um papel crucial na determinação da falta da palavra, na nossa investigação, estamos interessados nas variáveis que determinam a denominação oral e que podem afetar a produção oral dos verbos, ou na interação na organização do léxico dos verbos. Explicaremos apenas as variáveis que são relevantes para o nosso estudo. Apoiamo-nos na investigação de Ferrand (1997) sobre a denominação oral, para analisar a falta da palavra.

2.1 Variáveis linguísticas dos estímulos

Boyer (2006) desenvolveu normas psicolinguísticas para explicar as variáveis que afectam a nomeação oral. Na nomeação de acções orais, estamos interessados nas componentes metalinguísticas que afectam a recuperação da linguagem: frequência, idade de aquisição, familiaridade, a
latência e capacidade de imagem.

E variações linguísticas do tipo morfossintático: extensão, classe gramatical, transitividade/intransitividade, morfologia (sufixo, prefixo); semântica: a ligação ao nome da imagem, a concretude.

a. Frequência de utilização

Garett 2002 define a frequência como uma multiplicidade linguística de manifestações em relação a um determinado conceito. Não está relacionada com os processos de identificação visual ou articulatória (reconhecimento de objectos). A frequência de uso, por outro lado, está relacionada com a nomeação. Assim, qualquer estudo do léxico baseia-se nesta variável.

As palavras têm frequências diferentes, de baixas a altas. Em francês, existem vários instrumentos que apresentam tabelas de frequência: Tresor de la langue fran^aise (1971); lexique (New & Pallier, 2001), manulex (Lete et al.,2004), lexique 3 (New & Pallier, 2006). Vários estudos demonstraram o efeito de frequência na nomeação oral de objectos: Ferrand & al. (1997), Humphreys & al. (1988). Durante a nomeação oral, os nomes de alta frequência são nomeados significativamente mais depressa do que os nomes de objectos de baixa frequência.

b. Frequência em afasiologia

Uma produção lexical deficiente pode levar a tempos de resposta longos entre a apresentação do estímulo e a produção. As latências das imagens diminuem em relação à frequência das palavras se esta for elevada (Jescheniack & Levelt, 1994; Goodglass § al. 1984). O efeito da frequência foi observado em diferentes tipos de afásicos (Rochford & Williams, 1965). A diminuição da latência num afásico pode também ser um indicador de recuperação (Croskey & al., 1970).

Podemos avaliar a nomeação oral de objectos a partir da frequência de palavras nos afásicos, sendo que os nomes de objectos com elevada frequência são produzidos mais facilmente (Kay & Ellis, 1987; Zingeser & Berndt, 1988). Na clínica, a frequência será estudada em termos de latência (a partir das características das imagens, observamos diferenças na velocidade de nomeação) e de taxa de respostas correctas. Neste caso, a frequência terá um impacto na recuperação da linguagem.

- **A origem do efeito de frequência**

Outros autores chegaram a conclusões idênticas (Ferrand & al., 1997), cujos resultados tendem a favorecer uma relação entre o efeito de frequência e o léxico fonológico (Lexemes).

Alguns autores tentaram determinar o foco deste efeito de frequência (Ferrand et al., 1997; Humphreys & al. 1988; Jescheniack & Levelt, 1994), procurando saber se o efeito de frequência se situa ao nível do léxico semântico (ativação/recuperação de lemas), do léxico fonológico (ativação/recuperação de lexemas), ou ao nível das ligações entre lemas e lexemas.

- **As fronteiras do efeito de frequência**

As fronteiras permanecem relativas porque o efeito de frequência é uma variável sólida e fiável para os estudos de produção lexical. No entanto, alguns autores valorizam mais o efeito de frequência na nomeação. Observam-se variações, nomeadamente nos indivíduos com mais de 60 anos. Os resultados de muitos estudos sobre a frequência são consequência de uma análise de grupo, que não permite ter em conta as variações interindividuais.

As variáveis individuais também devem ser tidas em conta: nível sócio-cultural e idade. Howard & al (1984) mostram que, em função do efeito da frequência, as pontuações variam de um afásico para outro; para alguns sujeitos, a baixa frequência não tem qualquer impacto na sua produção. De um modo geral, todos os testes de linguagem são normalizados de acordo com critérios individuais. Para Caron (2001), factores individuais como o meio socioprofissional reflectem um nível de educação que desempenha um papel importante na determinação da frequência das palavras.

c-Idade de aquisição

Estudos sugerem que os verbos são adquiridos mais tarde do que os substantivos (Bassano, 2000; Bates & al., 1992; Nickels & al. 1995).

Zevin & Seidenberg (2004) mostram que as crianças adquirem muito cedo as palavras mais frequentes. Isto deve-se ao facto de serem frequentemente expostas a estas palavras desde tenra idade, o que lhes permite adquiri-las mais rapidamente.

Outros investigadores defendem a ideia de que o efeito da idade na aquisição se faz sentir na frequência da nomeação de objectos.

d-Familiaridade

O que liga fortemente a frequência e a familiaridade Segui & al, (1982) demonstraram, através de uma tarefa de avaliação da frequência das palavras, que a frequência subjectiva dada pelos sujeitos correspondia mais frequentemente à frequência em uso (Babin, 1998). No seu estudo, a familiaridade corresponde à frequência subjectiva ligada à experiência que os sujeitos têm das palavras que lhes são familiares.

e-Imageabilidade

Estudos recentes (Bird & al., 2002) mostram a influência do fator de imageabilidade das acções nos afásicos. Cuetos & al (2005) mostram que a aquisição lexical em crianças depende da imageabilidade, que tem um efeito facilitador. Na literatura, os verbos têm geralmente uma menor imageabilidade do que os substantivos, o que provoca dissociações entre substantivos e verbos.

Os estudos de Luzzatti & al (2003) e Jonkers (2007) mostram que os substantivos são mais fáceis de representar do que os verbos. Isto torna mais difícil nomear objectos.

A imageabilidade surgiu quando os estudos se debruçaram sobre as diferenças de desempenho na nomeação oral de substantivos e verbos em afásicos. Trata-se de uma variável que é avaliada com base na facilidade com que um estímulo verbal é apresentado graças a um suporte de imagem.

3. Variáveis específicas dos verbos

Existem outras variáveis específicas dos verbos (Bastiaanse, 2003), tais como a estrutura argumentativa (Jonkers & Bastiaanse, 1996; Kim & Thompson, 2004), que remete para a noção de transitividade, e os papéis temáticos (Druks, 2002), em que cada argumento desempenha um papel temático cujo principal

são o agente, o tema e o objeto.

Na nossa investigação, referimo-nos ao suporte visual na nomeação oral da ação e da manipulação de objectos, a fim de explicar a relação extra-linguística e semântica na nomeação oral. Interessam-nos as propriedades semânticas do verbo e as propriedades instrumentais que se referem a acções que envolvem instrumentos.

Jonkers e Bastiaanse (2007) analisaram dois efeitos não gramaticais que se pensa desempenharem um papel na nomeação de acções orais em afásicos (anómicos e de Broca): a morfologia do verbo (Kiss, 2000) e a estrutura argumental do verbo (Kim & Thompson, 2000; Thompson & al., 1998). Um dos parâmetros semânticos que pode influenciar a produção de verbos é a instrumentalidade. Isto foi demonstrado por vários estudos em afasiologia e a produção verbal nos afásicos é afetada por uma variedade de factores.

-Variáveis extra-linguísticas

Utilizando o vídeo como suporte, pretendemos compreender os factores que influenciam a produção oral de verbos. Estamos particularmente interessados nos factores relacionados com o modo de apresentação visual: estático (imagens) / dinâmico (vídeos). As variáveis extra-linguísticas incluem: o modo de apresentação (visual, tátil, auditivo, etc.), o modo de apresentação, o modo de produção de palavras (escrita/oral) e o tipo de material visual (dinâmico/estático).

a. As propriedades do objeto na determinação semântica do verbo de ação

Foram efectuados vários estudos em inglês sobre fotografias, como o de Fiez e Tranel (1997), traduzido para francês por Bonin & al. (2004), Morrison & al. (2003), e o de Masterson e Druks (1998), baseado em desenhos, traduzido para francês por Schwitter et al. (2004); Szekely et al. (2005).

Foram efectuados vários estudos em inglês sobre fotografias, como os de Fiez e Tranel (1997), traduzidos para francês por Bonin et al. (2004), Morrison et al. (2003), ou com base em desenhos Masterson e Druks (1998), normas em francês por Schwitter et al. (2004); Szekely et al. (2005) e em diferentes línguas (Alario & Ferrand, 1999; Barry et al. 1997; Sanfeliu & Fernandez, 1996). No que diz respeito às normas do material de nomeação oral, também aqui notamos um enfoque no nome, tendo sido realizados poucos estudos normativos sobre a ação.

b. Estudos sobre a ação e a imagem

Os estudos mostraram que as acções mais familiares representam os verbos mais frequentes. Boyer (2006) apresentou material experimental a estudantes investigadores com o objetivo de analisar os resultados da nomeação oral de acções.

Na sua investigação, Boyer (2006) comparou a nomeação oral de objectos e acções, mostrando a presença de factores semelhantes entre acções e objectos: concordância sobre a aparência da imagem, familiaridade concetual e frequência lexical.

Foram encontradas diferenças em variáveis importantes: concordância sobre o nome da imagem, complexidade visual, idade de aquisição e valor da imagem.

A nomeação oral de acções é mais lenta devido à complexidade visual dos estímulos. A complexidade concetual e o processamento visual-percetual podem ter um efeito na nomeação oral.

Para compreender e nomear um acontecimento percebido, temos de antecipar o seu desenrolar, prever o seu resultado e verbalizar a ação que está a ter lugar através de um verbo (Tijus & Zibetti, 2001).

Boyer (2006) sublinhou a importância da criação de uma base de dados de sequências vídeo de ação: "Quanto mais a representação imagética do objeto e da ação corresponder à representação prototípica armazenada na memória de longo prazo, mais rápida e eficazmente se fará esta ligação". Foram desenvolvidos novos padrões psicolinguísticos com base na investigação de Boyer (2006).

a. A imagem dinâmica no reconhecimento de acções

A investigação de Bonin et al (2009) sobre 110 vídeos de ação permitiu estabelecer normas psicolinguísticas para o reconhecimento concetual das acções. Isto é facilitado por imagens dinâmicas (vídeos).

Bonin et al (2009, p.21) afirmam que "os clips parecem corresponder melhor às representações mentais que os participantes formam das acções com base na revogação do seu nome. A identificação perceptiva e concetual das acções pode, em parte, ser facilitada pela sua apresentação em forma de clip".

A identificação das representações semânticas das acções e das imagens é determinada pelas correlações entre os diferentes factores. A investigação de Bonin § al (2009) confirma que as imagens dinâmicas fornecem respostas mais exactas do que as imagens estáticas.

Do mesmo modo, as imagens dinâmicas são mais elevadas do que as estáticas. Isto baseia-se na relação modal imagem-verbo. Este facto corrobora os resultados de Berndt et al (1997) e permite-nos generalizar este estudo.

b. Imagens estáticas e dinâmicas: uma abordagem psicofísica

A representação semântica é diferente da perceção do mundo (Rensink, O'Reagan & Clark, 1997). [6]Este conceito foi desenvolvido por Freyd (1983), que se baseou no fenómeno de MR "representational momentum".

Os resultados da RMN representam características dos nossos esquemas perceptivos. Freyd & Finke (1984) estudaram a rotação de uma forma geométrica quadrada e verificaram que, se a quarta fotografia for idêntica à terceira, o quadrado será distinguido. O conhecimento semântico da forma física permite-nos antecipar o futuro de uma ação; através da assimilação, a representação mental de uma cena é feita adaptando a informação semântica da cena em questão.

A direção do movimento e da ação em relação à ação são armazenadas como representações mentais na memória.

Graças à informação que temos sobre o mundo palpável (objectos), que é armazenada sob a forma de categorias, o nosso cérebro tem a capacidade de fazer imaginações lógicas sobre a continuidade de uma cena e a utilização dos objectos (Tranel § al., 2008).

e.Imagens em afasiologia

Vários estudos tentaram avaliar os substantivos e os verbos através de uma bateria informatizada de erros de palavras BIMM de Gatinol (2008), uma bateria de nomeação de objectos e acções (Drucks & Masterson, 2000).

[7]A nossa investigação baseou-se no afasiograma "Devolve-me as minhas palavras"

6 - **Momento de representação**: **O momento de representação é** um erro pequeno mas fiável na nossa perceção visual de objectos em movimento. Em vez de sabermos a localização exacta de um objeto em movimento, pensamos que ele está um pouco mais à frente na sua trajetória. Por exemplo, as pessoas que vêem um objeto mover-se repentinamente da esquerda para a direita e depois desaparecer subitamente dizem que o viram um pouco mais à direita do que o local onde desapareceu. Embora não seja um grande erro, tem sido observado numa variedade de eventos, desde uma simples rotação até ao movimento da câmara numa cena. O termo "momento representacional" reflectia originalmente a ideia de que o movimento para a frente resultava do facto de o sistema percetivo se ter interiorizado, ou evoluído, para incluir os princípios básicos da física newtoniana, mas agora tratava-se de movimentos para a frente que: continuam um padrão presente ao longo de uma variedade de dimensões, e não apenas de posição ou orientação. Como em muitos domínios da psicologia cognitiva, as teorias podem centrar-se em aspectos ascendentes ou descendentes da tarefa. As teorias de baixo para cima do impulso representacional realçam o papel dos movimentos oculares e da apresentação do estímulo, enquanto as teorias de cima para baixo realçam o papel da experiência do observador e das expectativas do acontecimento que está a ser apresentado.

7 Ver anexo 5, p. 294.

concebido por S. Kacemi, num software de teste computorizado (MTA) adaptado e calibrado pelo Professor Zellal Nacira.
Os protocolos utilizados nas avaliações de nomeação de acções orais baseiam-se principalmente num suporte de imagem e são, portanto, estáticos (fotografias, desenhos a cores ou a preto e branco). Baseiam-se num suporte de ação estático.

f. Auxiliares de afasiologia

Um dos primeiros estudos sobre a influência dos suportes em afásicos foi o de Berndt et al. (1997). A maioria dos estudos sobre o verbo nas lesões cerebrais baseou-se num apoio estático (Berndt et al., 1997; d'Honincthun, 2008; den Ouden & al., 2009; Jensen, 2000; Drucks & Shallice, 2000; Pashek, 2002; Tranel et al., 2008).
Os resultados de vários estudos mostram que não há melhoria do desempenho consoante o meio. Concluem que as dificuldades de nomeação oral nos afásicos não se devem a dificuldades visuais-perceptuais induzidas pelas imagens.

g. A influência do substrato

Honincthun & Pillon (2005) demonstraram, através de um estudo de caso de afásicos com perturbação frontotemporal, que estes tinham uma competência verbal inferior na nomeação oral e que o meio utilizado para a nomeação oral podia alterar os resultados.
No entanto, outros resultados contradizem estes estudos. A nomeação de acções através de um suporte vídeo poderia ser mais eficaz do que uma bateria de testes baseada em acções estáticas (suporte imagem) ou, pelo menos, modificar as competências linguísticas (Honincthun & Pillon, 2005).
O défice verbal desaparece quando o meio utilizado é dinâmico. Drucks & Shallice (2000) e Pashek & Tompkins (2002) afirmam que os vídeos representam uma ferramenta mais adequada e ecológica para investigar a nomeação oral de acções.

h. A influência do apoio nas estruturas cerebrais

A maioria dos estudos baseou-se na observação clínica e neuroantómica de lesões em afásicos (Tranel & al., 2008). Os que abordaram este assunto introduziram-no na fMRI em indivíduos saudáveis através de um tema linguístico mais vasto (den Ouden & al., 2009).
Embora as observações clínicas não nos permitam tomar uma posição clara, a observação das estruturas neuronais através de técnicas de imagem pode esclarecer este assunto. [3]Infelizmente, poucos estudos utilizaram ferramentas de imagem como a fMRI para observar as áreas cerebrais activas durante a nomeação oral de acções. Esta baseia-se em verbos de ação que envolvem objectos manipuláveis.
Manchon et al (2011) especulam que a natureza dinâmica dos vídeos envolve o sistema de neurónios-espelho numa rede fronto-parietal que permite que o modo dinâmico tenha uma eficiência adicional na observação e compreensão das acções.
A investigação mostra que a nomeação de acções a partir de um suporte dinâmico ou estático ativa uma região frontal esquerda comum (pars opercularis) e activações comuns nos gânglios basais.

O modo estático utiliza mais recursos cerebrais executivos. O modo dinâmico recorre a regiões mais posteriores, responsáveis pela produção de verbos, e a uma maioria de activações no hemisfério direito. Os autores concluem que os vídeos são um meio versátil a nível visual-linguístico, uma vez que mobilizam numerosas regiões linguísticas e utilizam as vias visuais dorsais e ventrais, o que não acontece com as imagens.

Um estudo de fMRI (Born & Bradley, 2005; De Jong, 1994; Dumoulin & al., 2000; Malikovic & al., 2007; Riecansky, 2004; Tootell & al, 1995; Tootell, 1995) em voluntários saudáveis mostrou que as áreas cerebrais activadas durante uma tarefa de nomeação de acções orais com base num suporte apresentado em modo estático (imagens) e depois em modo dinâmico (vídeos) mostraram que a produção sensório-motora verbal nas dimensões linguística e visual funciona em paralelo, com base numa tarefa de nomeação de acções orais.

3. - **FMRI** : A ressonância magnética funcional (**fMRI**) **é uma** aplicação da ressonância magnética que fornece uma visão indireta da atividade cerebral. É uma técnica de imagiologia utilizada para estudar a função cerebral.

4. O impacto do processo visual e linguístico da nomeação oral de acções na produção de verbos

4.1 O impacto na língua: observar as acções

A observação de acções "dinâmicas" ativa numerosas estruturas anatómicas (Jeannerod, 2006), nomeadamente as zonas visuais responsáveis pela análise do movimento, como a MT/V5 (Born & Bradley, 2005; De Jong, 1994; Dumoulin & al., 2000; Malikovic & al., 2007).

Kable et al (2005) observaram o papel das regiões cerebrais para ver se eram sensíveis apenas à observação do movimento (estático e dinâmico) ou se a informação concetual das palavras de ação as podia ativar.

As palavras de ação activam as regiões temporais posteriores e os objectos manipuláveis activam o giro temporal médio posterior (Beauchamp & al., 2002; Grezes & al., 2001; Grossman & Blake, 2002). A observação do movimento corresponde a uma organização específica da natureza da ação, o que poderia fazer do modo dinâmico de manipulação dos utensílios uma variável por si só.

4.2 Observação de um objeto manipulado com base em acções dinâmicas

Estudos demonstraram uma possível ligação entre o sistema de neurónios-espelho e a linguagem (Arbib, 2005; Binkosfki & Buccino, 2006; para um resumo, ver Rizzolatti & Buccino, 2005).

O papel no reconhecimento das acções estaria implicado na compreensão das acções através de uma dimensão linguística. Segundo Cunnington & al (2006), quando os participantes observam acções (movimentos dos dedos) num vídeo, obtêm activações parietais inferiores e superiores bilaterais, muito mais extensas à direita; activações no córtex occipital (áreas visuais primárias à volta do sulco calcarino) e nas regiões occipitais médias (área MT). Estudos demonstraram que observar alguém a manusear um objeto também gera activações dorsais nas regiões parietais e temporais (Bonda & al., 1996; Decety & al., 1997; Grezes & al., 2001).

A observação de acções realizadas por outros leva a activações na região parietal ao longo da via visual dorsal, para o planeamento de acções com base na representação espacial e em processos visual-motores.
Cunnington & al (2006) demonstraram a ativação do córtex pré-motor e do lobo parietal posterior quando são realizadas acções com um objeto, e os neurónios-espelho promovem a capacidade de reconhecer acções realizadas por outros. Neste caso, constatam a presença de neurónios-espelho.

4.3 Da linguagem ao visual na área de Broca

A área de Broca está particularmente envolvida na produção da linguagem e na representação visual de objectos. Estudos demonstraram que tem um papel muito mais versátil. A nomeação de um verbo ativa uma rede cortical frontal esquerda, em particular o opérculo frontal (Damásio & al., 2001; Miozzo & al., 1994; Shapiro & Caramazza, 2003; Shapiro & al., 2006; Shapiro & al., 2001).

- O papel da área de Broca na observação de acções e objectos

Ao nível da linguagem, as lesões do opérculo frontal esquerdo dificultam a compreensão de acções que não são realizadas apenas com as mãos (Binkofski & al., 1999). Este processo provoca também activações dorsais nas regiões parietais (Grezes & al., 1998).
O giro frontal inferior esquerdo tem um papel primordial na observação das acções, mais precisamente o bordo mais dorsal da BA 44 está ativo (Molnar & al., 1998). A manipulação de objectos ativa o circuito fronto-parietal: o córtex pré-motor ventral (pars opercularis) e a região do sulco intraparietal.
Buccino & Binkofski (2004) identificaram uma função motora na área de Broca, em particular na pars opercularis, com integração sensório-motora incluindo movimentos complexos da mão (Binkofski & al., 2001; Nishitani & Hari, 2000) e manipulação de objectos (Binkofski & al., 1999; Buccino & al., 2001; Bookheimer, 2002; Gazzola & al., 2007).
Estudos recentes de neuroimagem mostraram que a área 44 não só desempenha um papel na produção da linguagem falada, como também é accionada quando observamos alguém a fazer um movimento com as mãos (Binkofski & al., 1999).

5. A organização modular da linguagem: Dissociações na produção da linguagem

Os estudos têm-se debruçado sobre as dissociações no processamento de categorias específicas de palavras para verbos. Goodglass & al. (1966) postularam a dissociação entre classes de palavras, apoiados por observações clínicas afasiológicas de dissociações duplas no processamento de palavras (Shallice, 1988), quer se trate de défices específicos em categorias semânticas (anime, inanime) ou gramaticais (substantivos, verbos) (ver Boyer, (2006) para uma descrição dos diferentes tipos de dissociações duplas), sendo o verbo estudado principalmente através desta dicotomia. Na sequência do trabalho de Fodor (1986) sobre a "modularidade da mente", foram propostos novos métodos para descrever o fenómeno da dupla dissociação, a fim de revelar a existência de diferentes módulos cognitivos. Vimos no capítulo anterior que o sistema semântico é regido pela noção de categorização (Rosch, 1975) e que, por conseguinte, uma lesão cerebral pode conduzir a um défice seletivo ao nível dos substantivos (Bak & al., 2001).

5.1 Perturbações correspondentes a uma categoria

Estas perturbações são específicas de uma categoria semântica, por exemplo, animais, ferramentas (Caramazza & Shelton, 1998; Hillis & Caramazza, 1991).

Warrigton & Shallice (1984) observaram um défice na produção e compreensão dos seres vivos em dois pacientes que sofriam de encefalite herpética.

Nesta perspetiva, outros estudos têm vindo a apoiar a existência de perturbações específicas da categoria na nomeação e compreensão orais. As perturbações específicas mais frequentemente registadas são as que opõem conceitos vivos (animais, frutos, flores, etc.) aos que não os têm.

conceitos não vivos (ferramentas, mobiliário, etc.).

5.2 Palavras de conteúdo/palavras de função: Dissociações gramaticais

A investigação em afasiologia revela uma ausência (relativa) de perturbações na produção oral de palavras funcionais nos afásicos anómicos (Biassou & al., 1997). Para certas categorias gramaticais nos doentes cerebro-lesicos, existem dissociações específicas nos sujeitos cerebro-lesicos. As palavras de conteúdo determinam o sentido da frase e as palavras de função a sua estrutura, o que se deve ao facto de a frequência lexical tornar sensíveis as palavras de conteúdo e não as palavras de função (Hinojosa & al., 1997). Estas dissociações são geradas entre palavras de conteúdo (substantivos, verbos, adjectivos, advérbios, que são classes abertas de palavras) e palavras de função (pronomes, determinantes, artigos, conjunções, que são classes fechadas de palavras).

Pensa-se que esta dissociação é influenciada por parâmetros como a imageabilidade, sendo as palavras funcionais pouco imageáveis (Bird & al., 2001). As perturbações específicas na produção e compreensão de palavras de conteúdo nos afásicos são induzidas por lesões nas regiões posteriores esquerdas, enquanto as perturbações específicas nas palavras funcionais estão associadas a lesões anteriores esquerdas (Caramazza & Zurif, 1976; Schwartz & al., 1980). Estes resultados são consistentes com uma distinção anátomo-funcional para estas categorias, embora os estudos tenham debatido esta posição. Consideramos esta dissociação como uma distinção entre a semântica (palavras de conteúdo) e a sintaxe (palavras de função) (Friederici & al., 2000; Munte & al., 2001).

5.3 Quebras gramaticais: palavras de conteúdo/palavras de função

Várias dissociações que caracterizam as categorias têm sido descritas em vários estudos com sujeitos cerebro-lesionais. As palavras de função e as palavras de conteúdo estruturam o significado da frase, e a imageabilidade desempenha um papel relevante na rutura gramatical (Bird & al., 2002).

A fMRI demonstrou que as palavras com conteúdos característicos da produção e da compreensão estão relacionadas com lesões na região posterior esquerda e que as perturbações das palavras funcionais estão relacionadas com lesões na região anterior esquerda.

(Caramazza & Zurif, 1976; Saffran & al., 1980). Esta rutura marca a diferença entre a semântica (palavras de conteúdo) e a sintaxe (palavras de função) (Friederici & al., 2000; Munte & al., 2001).

5.4 Sinais observados nos afásicos e na neuroanatomia: A rutura entre substantivos e verbos

a. As diferentes pausas duplas na afasia

As pessoas com afasia apresentam várias rupturas entre substantivos e verbos, e mesmo dissociações. O desempenho dos sujeitos afásicos é variável. Alguns apresentam um bom desempenho na produção e/ou compreensão de substantivos, enquanto que para outros o desempenho parece ser nos verbos (Bates & al., 1991; Caramazza & Hillis, 1991; Chen & Bates, 1998; Micelli & al., 1984; Zingeser & Berndt, 1990).

Os estudos de Goodglass et al (1966) mostram que as perturbações da linguagem na afasia de Broca se manifestam por perturbações na produção de verbos, em comparação com a afasia fluente, que diz respeito à produção de substantivos. As experiências (Saffran & al., 1980) confirmaram a presença de perturbações agramaticais na produção de verbos e de substantivos, e foi com base nesta constatação que surgiu a hipótese de uma perturbação de origem sintáctica para explicar as deteriorações na produção de verbos (Zingeser & Berndt, 1990). Com base na investigação neurolinguística, as diferentes representações lexicais (substantivos/verbos) são independentes de uma organização mental da linguagem que constrói a dupla rutura ou dissociação.

Caramazza e Hillis (1991) assumem que existe uma categoria gramatical de palavras relacionada com a organização lexical e que a organização mental é independente de substantivos e verbos.

b. Lesões específicas de áreas cerebrais

A análise dos resultados dos afásicos mostra rupturas entre o substantivo e o verbo, o que constituiu uma contribuição neuroanatómica para as ciências neuropsicológicas. Os métodos de lesão e de análise imagética tentaram responder à questão de saber se a dupla dissociação gramatical (substantivo/verbo) tem uma relação cerebral específica.

(N. Zellal, 2011), (Arevalo, 2007; Bastiaanse & Jonkers, 1998 ; Berndt & al., 2002; Bird et al., 2000). Algumas destas técnicas atribuíram a produção do verbo ao lobo frontal e a do substantivo ao lobo temporal, e a organização neural das categorias gramaticais é evidenciada por este fenómeno anatómico-funcional (Cappa & Perani, 2003; Damasio & Tranel, 1993; Shapiro & Caramazza, 2003; Shapiro & al., 2006).

Uma investigação utilizando a TMS (estimulação magnética transcraniana) realizada por Shapiro et al (2001) revelou que a estimulação do córtex pré-frontal esquerdo activava a produção de verbos.

Outros investigadores utilizaram uma tarefa de nomeação de acções orais para demonstrar esta categorização (Bastiaanse & al., 1998; Damasio & al., 2001; Cappa & al., 2002; Matzig & al., 2009; Soros & al., 2003).

Miozo et al (1994) demonstraram a importância das partes cerebrais na nomeação oral de acções, verificando que a rede cortical frontal esquerda e o opérculo frontal estavam activos na nomeação oral de acções (Damasio & Tranel, 1993; Damasio et al. 2001; Miozzo et al. 1994; Shapiro & Caramazza, 2003; Shapiro et al. 2006). Outras investigações qualificaram o conceito de dupla discordância (fissão, rutura).

5.5 Fronteiras metodológicas e teóricas

Foram apresentadas objecções ao fenómeno da dissociação (Sieroff, 2001), e o modo de apresentação oral vs. escrito (Goodglass & Stuss, 1979), bem como a variável frequência e, sobretudo, a imageabilidade, podem modificar a dissociação substantivo/verbo.

Luzzati et al. (2006) corroboram este ponto de vista: as numerosas experiências de nomeação de acções, em comparação com os substantivos, foram realizadas com base em imagens, uma vez que os substantivos são mais facilmente imagináveis do que os verbos, o que explicaria certas causas, provavelmente na origem da dupla dissociação, que foram atribuídas por outros investigadores a factores linguísticos inerentes aos estímulos, como a frequência de utilização (Howes, 1964) e a duração (Howard et al., 1984).

Parte prática

Capítulo 1 A nomeação oral de acções com sujeitos afásicos

1. Protocolo experimental

Inspirámo-nos no protocolo experimental de "aproximação semântica" de K. Duvignau, (2004). A primeira parte desta experiência consiste em apresentar 5 casos de afasia representados por 3 tipos diferentes de afasia: Afasia de Broca, transcortical e subcortical, cujo relatório médico revelou um acidente vascular cerebral (AVC isquémico) 19 verbos de ação baseados no software de avaliação destinado às lesões cerebrais, cujo objetivo é avaliar a linguagem oral/escrita "Rendez-moi mes mots "1 concn by

S. [8 910]Kacemi sob a supervisão do Pr. N. Zellal . A segunda parte desta experiência é uma tarefa de nomeação oral fora do contexto da ação de objectos relacionados com cada categoria semântica de verbos de ação.

1.1 Material experimental 19 sequências vídeo de acções com uma duração de 45 segundos, que correspondem a 3 categorias de acções segundo a classificação de J.M. Meunier § al.[11]

Atividade básica	Processo	Dissociação
Comer Beber Dormir Vestir Selaver Maching	Abrir Escrever Luz de acionamento Chamar o parque	Cortar Descascar Romper Destruir Cinzelar

Quadro 1: 19 vídeos de ação.

1.2 Tarefas: Denominação e reformulação das acções

Colocámos cada afásico numa situação de nomeação oral e de reformulação de vídeos de acções.

- Secção explicativa

"Vamos ver pequenos filmes de uma senhora a fazer alguma coisa. Quando ela terminar, ser-lhe-á perguntado "O que é que a senhora fez? O afásico descreve o que fez. Depois, pedimos-lhe que a reformule (que a diga de uma forma diferente, utilizando palavras diferentes).

Mancha de denominação

Instruções quando o resultado da ação é visível: "O que é que a senhora fez?

- Segunda parte da denominação oral

Peça ao afásico para nomear cada objeto da lista: "O que é este objeto? - Para que serve este objeto? O que é que fazemos com este objeto?

O quadro seguinte mostra os objectos relacionados com as três categorias semânticas acima mencionadas:

Atividade básica	Processo	Dissociação
Um prato	Uma chave Uma colher	Uma faca

[8] -Conceção de um programa informático para a avaliação do teste MTA 2002 na afasia de Broca - Estudo comparativo

[9]- S. KACEMI: Investigador, terapeuta da fala na URNOP Professor assistente -A- Universidade de Annaba "Badji Mokhtar" Departamento de Terapia da Fala.

[10] -N.ZELLAL: Professor Emérito, Diretor do Laboratório de Ciências da Linguagem e de Neurociências Cognitivas (Universidade de Argel 2) e Presidente da Sociedade Argelina de Neurociências.

[11]- Meunier. J.M § al (1998). Semântica cognitiva da ação: Contexto teórico [artigo], Persee n°132, pp 2847

Um copo Uma cama	Um carro Uma lâmpada Uma caneta	Um cinzel Um martelo

Quadro 2: Tabela representativa dos objectos nomeados oralmente

2. Critérios de análise

As respostas dos afásicos são analisadas de acordo com três critérios:

2.1 Critérios válidos/inválidos

- **Critérios válidos**

Se a resposta for relevante para o verbo-alvo, dizemos que é uma resposta válida. Por outras palavras, a resposta terá uma relação semanticamente próxima com a ação nomeada.

Por exemplo: produzir o verbo "aller a" para a ação-alvo "conduire - la voiture" é uma resposta válida, porque os verbos "aller a" e "conduire" partilham um núcleo comum de significado/movimento ou processo.

- **Critério inválido**

Se a resposta obtida pelo afásico não for relevante para o verbo da ação-alvo a nomear, trata-se de uma resposta inválida.

Exemplo:

- Sem resposta
- Uma descrição da ação, como por exemplo "ele entra no carro" para a ação "Conduzir o carro" é uma resposta inválida.
- Um gesto é considerado inválido. Mesmo quando o gesto imita corretamente a ação.
- Uma parafasia fonémica é considerada inválida porque a resposta não pode ser identificada. Mesmo que a resposta inclua letras do verbo-alvo "contuig pour conduire".
- Verbos que não têm nada a ver com a ação-alvo, por exemplo, "ele vai para casa".
- A produção do objeto que faz parte da ação "volante" para a ação "conduzir um automóvel".
- Responder com um desenho ou "ca", com ou sem o gesto que designa a ação, ou acompanhado de um verbo "faire ?a".

2.2 Critério concetual / aproximação semântica verbal

As respostas conceptuais e as aproximações semânticas são consideradas respostas válidas.

-Critérios conceptuais

Se o verbo obtido pelo afásico mantiver o mesmo campo léxico-concetual que o substantivo do objeto que realiza a ação, trata-se de um verbo concetual. Não há rutura semântica ou pragmática entre a resposta e o verbo-alvo.

Por exemplo: "Cut" (cortar) para "peel" (descascar).

-Critério de aproximação semântica

Se o verbo resultante criar uma discrepância, uma tensão com a ação-alvo, então esta resposta será reconsiderada como uma aproximação semântica.

Por exemplo: "Steer the car" para "drive the car".

2.3 Aproximação intra-conceito/aproximação inter-conceito -Aproximação intra-conceito

Se a resposta válida for caracterizada por uma diferença de potencial semântico entre o verbo e a realidade descrita, trata-se de uma resposta Intraconceitual aproximada.

O objeto/substantivo relacionado com a ação no vídeo pertence ao mesmo domínio semântico que o verbo aproximador intra-conceitual. Exemplo para a ação: (escrever uma carta) o objeto relacionado com a ação é a "caneta", obteremos a resposta "desenhar" ou "colorir": são aproximações intra-conceituais à pergunta proposta ao afásico: "O que fez a senhora? A utilização deste verbo (desenhar, colorir) em relação à ação apresentada é inexacta e provoca uma diferença de potencial semântico-pragmático.

No vídeo apresentado / escrever uma carta / é incorreto utilizar o verbo "desenhar, colorir" que poderia ser utilizado convencionalmente para outra ação - vídeo: contexto em que ele desenhou uma árvore, por exemplo.

-A aproximação inter-conceitos

É uma resposta válida caracterizada por uma diferença de potencial entre o verbo e o objeto/substantivo. Neste caso, existe uma rutura semântica entre o verbo e o substantivo em questão. O verbo não pertence ao mesmo domínio semântico que o objeto/substantivo em jogo no vídeo. Exemplos: para a vídeo-ação "descascar a banana": "a senhora despiu a banana" - "ela separou, ?a" são aproximações de domínio cruzado à pergunta proposta aos participantes: "O que fez a senhora?".

2.4 Critério dos verbos gerais / verbos específicos

[12] As produções verbais dos afásicos incluem verbos gerais e verbos específicos que estão ligados pela relação hiperonímia-hiponímia **- Verbo específico:** inclui na sua morfologia o objeto a que se refere, ou o instrumento, ou o resultado implícito na ação em causa, como no caso de scier que inclui o instrumento scie.

-Verbo generique um verbo que designa os numerosos campos e objectos, como o corte, que se aplicam ao papel, ao tecido, etc.

3. O papel da frequência dos verbos de referência na produção lexical de sujeitos afectados

A frequência verbal desempenha um papel relevante na produção de verbos. Por outro lado, a frequência tem demonstrado ser um forte fator que influencia a aquisição e a produção da morfologia verbal em L1 e L2 (ver Ellis, 2002 para uma revisão).

A produção de verbos pode ser influenciada pela frequência lexical. Teremos em

[12] Ver : Capítulo III.

conta a frequência lexical dos verbos produzidos pelos afásicos. A frequência dos verbos foi medida utilizando a base de dados lexical gratuita (um sítio criado por Boris New & Christophe Pallier e alojado pela RISC).

4. Amostra representativa: adultos com afasia

Os sujeitos escolhidos eram bilingues e foram entrevistados pela terapeuta da fala S. Kacemi. [13]Os afásicos foram seleccionados com base nos seguintes critérios: 5 afásicos em reabilitação há 6 meses, com diferentes lesões cerebrais na parte posterior da terceira convolução frontal esquerda f3 e nas regiões cerebrais vizinhas, uma interrupção da ligação entre o córtex frontal e uma lesão nos gânglios basais devido a um acidente vascular cerebral isquémico. Todos apresentavam perturbações da lexicalização. Os afásicos seleccionados possuíam as competências necessárias para realizar a tarefa experimental (expressão e compreensão suficientes das instruções, ausência de perturbações visuais ou gnósticas, ausência de perturbações da atenção).

- **.1 Critérios de inclusão**

Escolhemos todos os tipos de afasia com parafasia verbal para mostrar as aproximações semânticas com um pivot verbal. A etiologia da afasia deve ser de origem vascular, ou seja, um acidente vascular cerebral (AVC). De facto, as perturbações cognitivas presentes durante um traumatismo craniano ou uma demência vascular podem dificultar a interpretação dos resultados, uma vez que interferem geralmente com a afasia.

- **.2 Critérios de exclusão**

Excluímos os afásicos com :

- Uma deficiência mental anterior.
- Problemas visuais e perceptivos graves.
- Doenças neurodegenerativas.
- Problemas de audição.
- Dificuldades de compreensão - Dificuldades práticas significativas.

5. Nomeação oral de verbos de ação/objeto (dinâmico vs. estático) em 5 casos de afásicos

5.1 Estudo de caso : M.B

Idade: 60 anos.

Atividade profissional: reforma (engenheiro informático)

Tipo de afasia no momento do teste: Afasia não fluente (afasia de tipo Broca).

[e]**Etiologia e localização da lesão: Acidente vascular** cerebral isquémico no lobo frontal esquerdo (ao pé da 3 convolução frontal - pé de F3) (giro frontal inferior esquerdo).

Observação :

A compreensão de M.B. está preservada e a sua expressão é a seguinte: é capaz de

[13] - Trata-se de uma desestabilização súbita da circulação sanguínea no cérebro, ou seja, do fluxo de sangue que lhe fornece oxigénio. Em 80% dos casos, um acidente vascular cerebral (AVC) resulta da obstrução de um vaso sanguíneo por um coágulo (AVC isquémico).

nomear e descrever os objectos que tem diante de si. A linguagem é interrompida por pausas devidas à falta de palavras ou à síndroma de desintegração fonética, o que provoca uma aspontaneidade.
A partir da nomeação oral de objectos, observamos parafasias fonémicas que seguem frequentemente o padrão silábico e se aproximam da palavra-alvo "fourchette -► rouchette". Parafasias semânticas, em que uma palavra é substituída por outra palavra com uma relação mais ou menos próxima no significado ou no campo semântico: "chávena "► "copo" ou "pires".
e respostas representadas por gestos.
No caso do agramatismo, o afásico escolhe algumas palavras para enunciar, uma a uma, com dificuldades articulatórias, mas é incapaz de as ligar no contexto da frase. Por conseguinte, exprime-se com um fluxo de discurso muito reduzido.
Analisando a produção do afásico M.B., verificamos que ele omite tudo o que serve para construir o contexto da frase, ou seja, as palavras pertencentes às categorias gramaticais maiores, com uma clara preeminência do substantivo, são susceptíveis de serem emitidas, ao contrário das palavras das categorias menores, principalmente as funcionais, que desaparecem, pelo que o défice é morfossintático.
Em M.B., o agramatismo manifesta-se por "redução"; o afásico é parcimonioso com as palavras, procurando transmitir informações significativas em poucas palavras, como no exemplo "Aller midi Orthophoniste" (Ir ao terapeuta da fala ao meio-dia), um estilo de produção semelhante ao estilo telegráfico.

Análise qualitativa

Obtivemos os resultados abaixo a partir das respostas obtidas quando examinámos o afasiograma "Devolve-me as minhas palavras".

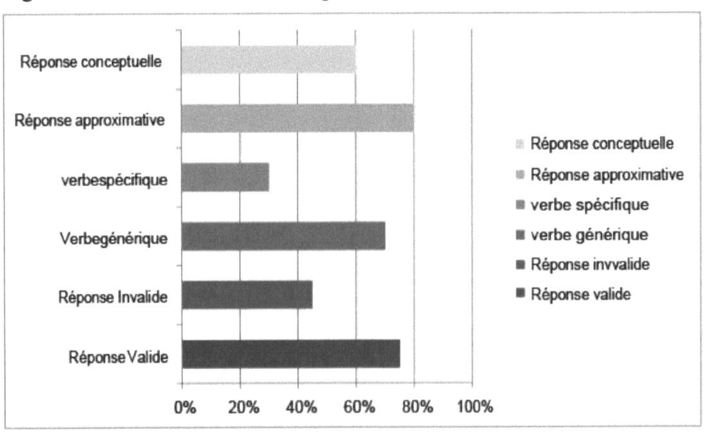

Tipos de respostas obtidas após o exame oral do afasiograma

No decurso da nossa análise, constatamos perturbações inter-sintagmáticas representadas pela ausência de monemas funcionais, pela omissão de palavras de ligação que resultam em 45% de agramatismo, por exemplo, "aqui ... cair ... e aqui ... o hospital ... aqui ... a anestesia ... e aqui ... o vazio ... está acordado". A palavra de

A M.B. é marcada por 50% de paráfrases semânticas; logo, 50% de aspontaneidade, por exemplo, "ehhhh é um copo ehhhhhh não, eu sei que estamos a comer, é uma refeição".

um ehhhh ehhhh assie... ..tte.". Consequentemente, a incapacidade de evocar os objectos a nomear resulta numa ausência de palavras de 75%, que por vezes se traduz numa resposta gestual de 25% (mímica do objeto presente).

Análise quantitativa :

Em relação aos objectos a nomear

Para uma análise quantitativa das respostas válidas e inválidas, apresentaremos uma lista de objectos aos afásicos. Na primeira fase, os objectos são apresentados fora de contexto (ou seja, apresentamos o objeto ao afásico - o objeto não é representado no contexto em que a ação tem lugar - a imagem -) e apresentamos o objeto tal como ele é, pedindo ao afásico que o sinta. A segunda etapa da nossa análise consiste em apresentar imagens de objectos representados no seu contexto de utilização.

Representaremos as respostas válidas com o número 1 e as respostas inválidas com o número 0.

As respostas consideradas válidas são :

- As respostas correspondem exatamente à palavra-alvo,
- Sinónimos aceitáveis,
- Respostas incorrectas mas que se auto-corrigem,
- Respostas com aproximação semântica,

As respostas consideradas inválidas incluem :

-Ausência de respostas,

-Respostas gestuais,

-Parafasia fonémica verbal não relacionada,

-Esboços fonémicos,

-Perífrases,

-Neologismos.

A percentagem obtida foi calculada através do afasiograma "Devolve-me as minhas palavras".

\ Lista Objeto "X	Fora de contexto (objeto palpável presente fora do contexto da ação)		No contexto (imagem estática do objeto na situação de ação)	
	Resposta Válido	Invalides responde	Resposta Válido	Respostas Desativado
Prato		0	1	
Vidro	1			0

Cama		**0**	**1**	
Chave		**0**	**1**	
Culiere	**1**		**1**	
Automóvel		**0**	**1**	
Lâmpada		**0**	**1**	
Caneta	**1**		**1**	
Faca		**0**	**1**	
Martelo	**1**	**0**	**1**	
Número de Respostas	**4**	**7**	**9**	**1**

Quadro 2: Respostas válidas/inválidas ao nome do objeto oral

As respostas são representadas pelos gráficos seguintes:

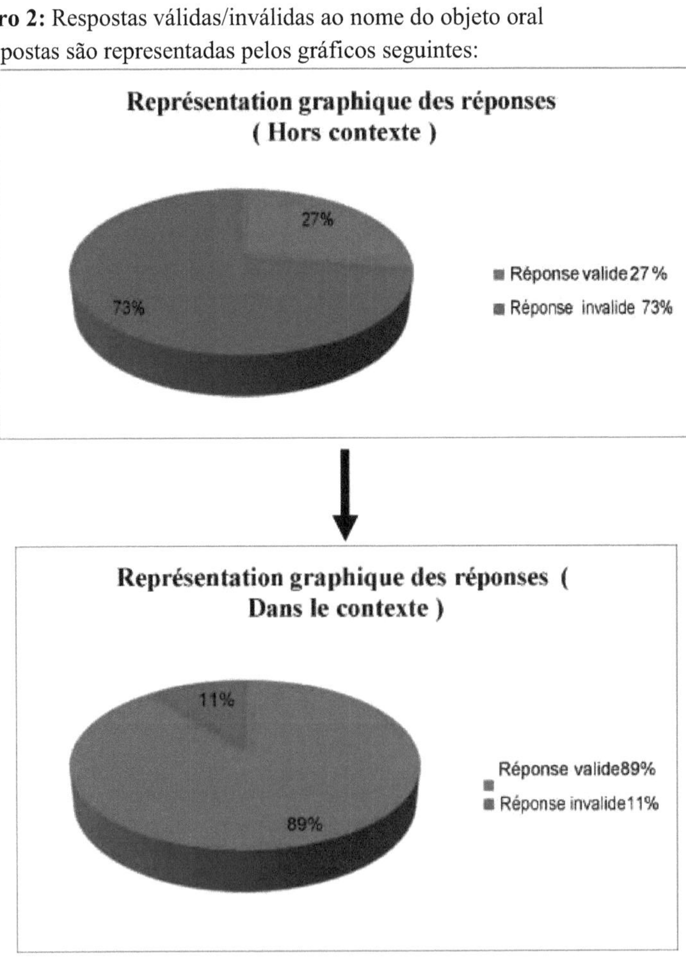

Representação gráfica das respostas válidas/inválidas.

Este quadro mostra que M.B. tem mais dificuldade em nomear objectos que são apresentados fora de contexto (que não estão representados numa situação de uso). Encontrámos 73% de respostas inválidas em comparação com 11% de respostas inválidas ao nomear objectos oralmente no contexto (situação de uso) representado numa imagem estática. O fraco desempenho lexical de M.B. sugere a presença de uma perturbação apragmática contextualmente influenciada.

Análise de representações verbais de acções utilizando um meio dinâmico (vídeo)

Nesta segunda fase da nossa experiência, apresentamos ao afásico vídeos com uma duração de 2 min - 3 min, nos quais a ação é representada em
a utilização do objeto anteriormente designado.

Vídeo apresentado a 1'aphasique	**Respostas por categoria**		
	Atividade básica	**Processo**	**Dissociação**
1- A senhora está a **comer** batatas fritas de um prato. 2- A criança pega num copo para **beber** 3- A senhora **dorme** numa cama branca 4- A senhora **veste** o seu filho 5- A criança **mastiga pastilha elástica** 6-A senhora pega nas chaves para **abrir** a porta 7- O cavalheiro **escreve** uma carta 8- O homem **conduz** um carro vermelho	1- Jantar 2-Válvulas 3- Ressonar 4- Capa 5- Comer	6- Fechar 7- Sorteio 8-Direção	
9- A senhora **acende** o abajur 10- O cavalheiro **chama** o seu amigo telefone.		9- acende 10- Conversa 11- Conservar	

11- A senhora **estaciona o carro** na garagem. 12-A senhora **mexe** a sopa 13-A senhora **cortar** um maçã em dois 14- Ela **descasca** uma tangerina 15- A senhora **parte** o vidro da janela 16- O cavalheiro **para** o jornal 17- O cozinheiro **corta** a cebola		12- Agitar	13- Dividir 14- Deshabille 15-quebra 16 - Recruta 17- Taça

Quadro 3: Representação das respostas à nomeação oral de acções

Na nomeação oral de acções, M.B. mostra claramente que reconhece a ação; dá conhecimento de cada ação apresentada. O contexto que envolve a ação ajuda-o a responder mantendo a categoria verbal do verbo original (por exemplo, para a ação 7 "O homem está a escrever uma carta (o objeto utilizado é o lápis), M.B. respondeu "desenhar", notamos aqui que o verbo "escrever" e "desenhar" fazem parte do mesmo campo semântico.

Notamos que M.B. infere a partir das características físicas dos objectos (para a ação nº 3 "A senhora dorme numa cama branca" o objeto "cama": "é para descansar" ou "a faca" na ação nº 17 é para cortar.

O M.B. refere os elementos descritivos, as características funcionais que são maioritariamente congruentes com a ação e o objeto utilizado na ação (para o carro na ação n.º 8, "para se deslocar", refere também o contexto em que o objeto é apresentado (para o carro: "acho que está na estrada"). Com base nas suas descrições das acções apresentadas, constatamos que 93% dos verbos de ação são identificados, embora ele não possa indicar o verbo exato.

Ao nível da categorização do campo semântico, não se observa qualquer efeito das variáveis da categoria semântica no desempenho de M.B. Note-se que ao nível da categorização do campo semântico próximo, M.B. não apresenta qualquer diferença nas variáveis da categoria semântica.

b. Resultados obtidos com a nomeação de 1 ação utilizando um meio dinâmico (vídeo)

^\Acções	Lista 1	Lista 2	Lista 3	Total

Respostas				
R- Aproximadamente válido Intraconceito	50%	60%	40%	50%
R- Aproximação válida Inter - Conceito	30%	40%	35%	35%

Tabela 4: Respostas aproximadas intra e inter-conceito ao afasiograma "devolve-me as minhas palavras

Antes de analisarmos os resultados obtidos durante a designação oral da ação, recordemos os critérios de avaliação;

Para definir uma ação, o afásico utilizará verbos que têm uma relação com o objeto da ação sem que haja uma relação de sinonímia, pelo que consideramos **estas respostas aproximadas como válidas intra-concetualmente,** por exemplo: os verbos cinzelar e cortar são dois verbos que se referem ao objeto faca na ação "cortar a cebola", cuja ação é diferente.

Os verbos que não se relacionam com o objeto da ação representam respostas **interconceituais aproximadas,** por exemplo: entre "arrancar e descolar", o verbo descolar não se relaciona com o objeto carro para a ação "arrancar o carro".

Relativamente aos verbos gerais e específicos que estão ligados pela relação de hiperonímia e hiponímia. **Um verbo específico** refere-se ao objeto envolvido na ação em causa, como é o caso de scier, que se refere ao instrumento serra.

Um verbo genérico é um verbo que se refere a vários campos semânticos e objectos, por exemplo, o verbo deplacer, que se refere a vários objectos: carro, bicicleta, etc.

Verificamos que as respostas válidas intra-conceito nas três categorias verbais são mais elevadas (50%) do que as respostas válidas inter-conceito (35%). Numerosas expansões aparecem na nomeação oral das acções: M.B. utiliza o verbo "falar" em vez de "chamar" na ação nº 10 e o verbo "dirigir" em vez de "conduzir" na ação nº 8. Assim, M.B. mantém o campo semântico da categoria verbal. Ao referir-se a categorias supra-ordenadas ou sub-ordenadas, as características diferenciadoras de cada categoria verbal são preservadas em M.B.

Os resultados obtidos são representados sob a forma de barras em função dos critérios considerados (válido/inválido; genérico/específico; aproximado/concetual):

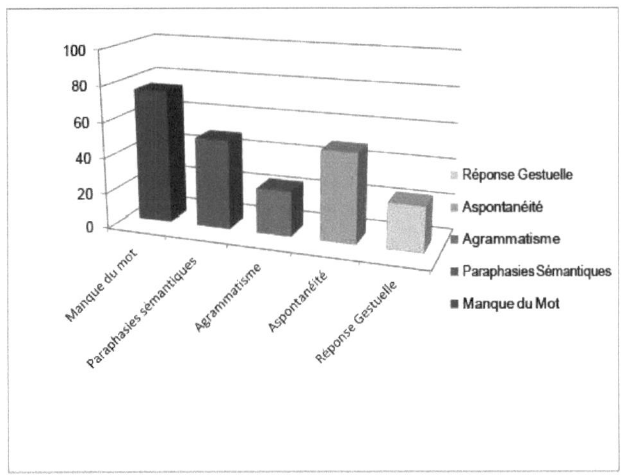

Representações gráficas dos critérios de avaliação

A influência contextual rege esta diversidade verbal, e M.B., consciente dos seus erros, tenta reparar a sua incapacidade de controlar cada um dos verbos que utiliza para descrever cada ação.

A análise do desempenho de M.B. em tarefas lexicais e semânticas de nomeação oral de acções mostra que ele produz 75% das respostas válidas que são relevantes para o verbo-alvo. Por outras palavras, o verbo está semanticamente próximo da ação nomeada.

Por exemplo: na ação n.º 17 "o cozinheiro **cinzela** a cebola", a resposta obtida é "corta", pelo que a dissociação é uma categoria semântica comum aos verbos "cinzelar" e "cortar". A maior parte das respostas de M.B. são válidas, preservando a categoria semântica do verbo original (Mange κ-Dine/ Ecrire ► Dessiner / BriserkCasser).

As respostas inválidas são representadas por gestos, descrições da ação "ele separa a cebola" ou paráfrases fonéticas e representam 45% das respostas. Verificamos que a taxa de respostas válidas é superior à de respostas inválidas, o que resulta numa taxa elevada de verbos gerais (65%) em comparação com 25% de verbos específicos.

O facto de os campos semânticos terem sido preservados ao longo das respostas pode ser explicado pela luta consciente de MB contra esta perturbação pragmática.

A análise é preservada em M.B., porque ele retém os traços diferenciadores de cada categoria semântica dos verbos, mas não é capaz de os sintetizar. Isto ilustra a elevada percentagem de aproximações semânticas (80%) em relação às respostas conceptuais (60%).

5.2 Estudo de caso : J.K

Idade: 53 anos.

Atividade profissional: Professora de francês numa escola privada.

Tipo de afasia no momento do teste: Afasia não fluente (afasia motora transcortical).

[e]**Etiologia e localização da lesão: Acidente vascular** cerebral isquémico no lobo frontal esquerdo (ao pé da 3 convolução frontal - pé de F3) (giro frontal inferior esquerdo).

Observação :

O J.K. é capaz de se exprimir bastante bem quando questionado num diálogo. A sua compreensão é normal. É capaz de responder a perguntas em frases curtas, mas o seu comportamento verbal caracteriza-se por distorções sob a forma de parafasias semânticas. Para exteriorizar o seu próprio discurso, apoia-se fortemente nas palavras do seu interlocutor, aproveitando as suas perguntas. A perturbação é evidente na expressão espontânea. As frases de JK são geralmente curtas, incompletas e com falta de elementos sintácticos.

As pessoas com afasia são incapazes de gerar uma frase e de a formular na sua totalidade: "aqui cai..., mas er... cai fora da água... prato".

. ...euh....c'est bon....a pied jambe.... " Notamos um agramatismo nesta afirmação. Por vezes, J.K. não consegue responder às questões colocadas, baseando-se na repetição através da ecolalia da pergunta. As paráfrases semânticas estão presentes, mas menos pronunciadas do que no primeiro caso.

A compreensão oral de J.K. foi globalmente preservada, com os efeitos da complexidade sequencial e sintáctica. A preservação da compreensão oral de J.K. permite-lhe atuar paliativamente na ausência de palavras. Trata-se, portanto, de uma afasia expressiva derivada de Broca, mas menos grave.

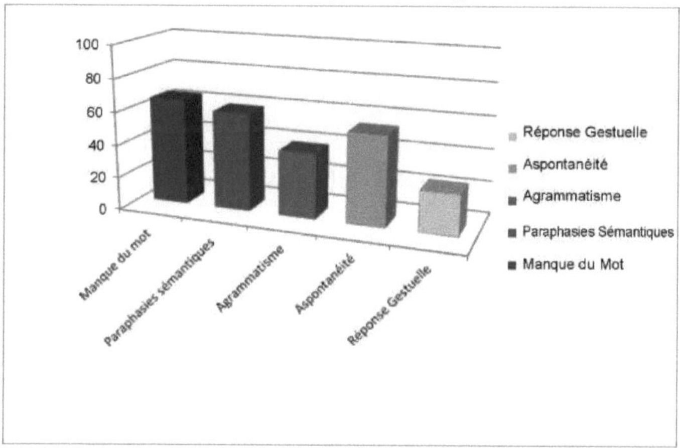

Tipos de respostas obtidas após a prova oral com o afasiograma "devolve-me as minhas palavras

A análise da produção verbal de J.K. revela um a-dinamismo manifestado pela ausência de palavras charneira, justificando 40% de discurso agramatical.

O código linguístico de J.K. é definido por uma análise literal, manifestada por uma confusão semântica, que se traduz em 65% de parafasias semânticas, e por uma apreensão parcial dos significantes, que se traduz em 25% de respostas gestuais, o que representa a dificuldade de J.K. em se projetar na sua linguagem e em utilizá-la como estratégia paliativa.

Análise quantitativa

Em relação aos objectos a nomear

Representaremos as respostas válidas com o número 1 e as respostas inválidas com o número 0.

\ Lista Objectos "X	Fora de contexto (objeto palpável presente fora do contexto da ação)		Em contexto (imagem estática do objeto numa situação de ação)	
	Respostas Válido	Respostas Invalides	Respostas Válido	Respostas Invalides
Prato		0	1	
Vidro	1		1	
Cama		0	1	
Chave		0	1	
Culiere	1		1	
Automóvel		0	1	
Lâmpada	1		1	
Caneta		0	1	
Faca		0	1	
Martelo	1	0	1	
Número de Respostas	4	7	10	0

Quadro 6: Respostas válidas/inválidas ao nome do objeto oral

As respostas são representadas pelos gráficos seguintes:

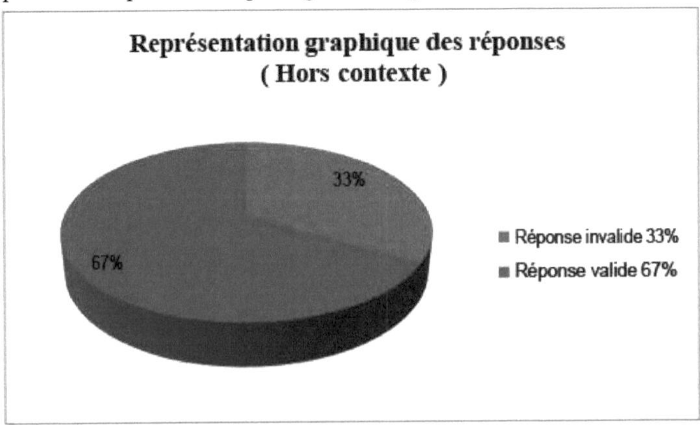

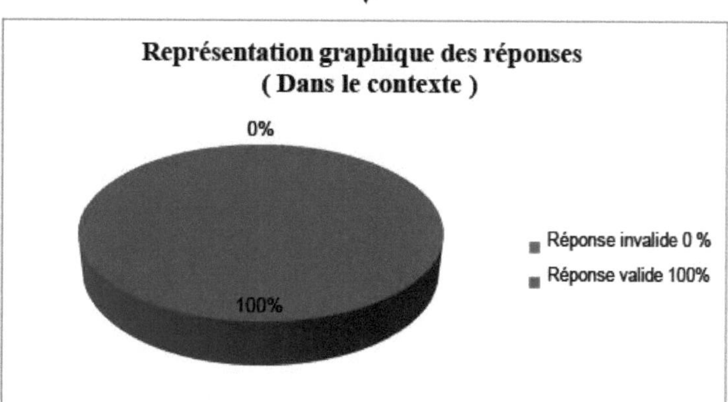

Representação gráfica das respostas válidas/inválidas.

Verificámos que o J.K. apresentou uma taxa de respostas válidas de 100% quando os objectos foram apresentados nos seus contextos. Note-se que a tarefa de nomeação de imagens é mantida, e apenas as tarefas de compreensão lexical são alteradas.

J.K. não parece ter problemas lexicais na produção oral, o que pode ser explicado pela afasia motora transcortical. Os erros cometidos na nomeação de imagens são de natureza semântica (parafasias visuais-semânticas).

Além disso, os erros cometidos ocorrem em itens ou categorias semanticamente relacionados, mas a maioria deles é auto-corrigida.

Análise de representações verbais de acções utilizando um meio dinâmico (vídeo)

Tal como no primeiro caso, esta segunda tarefa consiste em mostrar aos afásicos vídeos com uma duração de 2 a 3 minutos, nos quais a ação é representada através da utilização do objeto previamente nomeado.

Vídeo apresentado ao afásico	**Respostas por categoria**		
	Atividade básica	**Processo**	**Dissociação**
1- A senhora está a **comer** batatas fritas de um prato. **2-** A criança pega num copo para **beber.** **3-** A senhora **dorme no sofá 4-** A senhora **veste** o	1- Deguste 2- Sede 3- Descanso 4- Protege 5- Comer	6- Espalhar	

seu filho **5-** A criança **mastiga** pastilha elástica 6-A senhora leva as chaves para			
abra a sua porta 7- O Senhor **escreve** uma carta 8- O cavalheiro **lidera** um carro vermelho 9- A senhora **iluminar** a sombra dia 10- O cavalheiro **chama a** amiga ao telefone. 11- A senhora está a **estacionar o carro** **(garagem).** 12-A senhora **mexe** o creme de arroz com uma colher de pau. 13-A senhora **corta** uma maçã ao meio 14- **Descasca** uma tangerina 15-A senhora **parte** o vidro da janela 16- O Senhor **para** o jornal 17-A senhora **corta** a cebola		7- Redige 8-Início 9- Trabalhos 10-Discute 11- Protetor 12- Agitar	13- Separe 14- Rasgar 15-Amor 16- Recrutamento 17-Dividir

Quadro 3: Representação das respostas à nomeação oral de acções

O contexto de uso facilitou o reconhecimento da ação por J.K., que a qualifica com uma unidade do mesmo campo semântico "Se reposer pour Dormir". Notamos que J.K. não tem uma perda total de léxico; ele não consegue dominar associações semânticas inúteis.

J.K. apresenta uma perturbação, não ao nível da produção ou da integração dos significantes, mas ao nível da organização dos campos semânticos. Assim, J.K. comporta-se como se só pudesse concentrar-se num dos componentes semânticos do verbo proposto: (Na ação nº 2 "Soif" para "boire", na ação nº 12 "agite" para "remuer" e "divise" para "cisele" na ação nº 17) e a seleção desse componente parece estar ligada, por um lado, ao acontecimento vivido no momento e, por outro, ao stock mais frequente disponível na sua taxonomia semântica.

Observando as características físicas dos objectos à medida que eram utilizados, J.K. pôde projetar-se em aproximações verbais, a partir das quais os verbos Rediger, agiter, abimer foram deduzidos por J.K. com referência aos objectos: Stylo, cuillere e marteau.

.b. Resultados obtidos ao nomear a ação utilizando um meio dinâmico (vídeo)

^\Acções Reponses^\	Lista 1	Lista 2	Lista3	Total
R-Aproximadamente válido Intra Conceito	70%	80%	65%	72%
R-Aproximadamente válido Inter - Conceito	40%	50%	35%	%42

Quadro 7: Resultados das respostas aproximadas intra e inter-conceito ao afasiograma "devolve-me as minhas palavras

Ao nomear a ação utilizando um meio dinâmico (vídeo), obtivemos uma percentagem mais elevada de respostas válidas intra-conceito (72%) do que de respostas válidas inter-conceito (42%).

J.K. apresenta uma indisponibilidade vocabular que se reflecte em rupturas organizadas segundo uma hierarquia que, além disso, prova que a integração das palavras não está totalmente perdida. Os comportamentos de aproximação intra-conceitual traduzem-se nas seguintes respostas: "rediger" na ação nº 7, "abimer" na ação nº 15 e o verbo "se reposer" na ação nº 3. Notamos também que a maioria dos verbos obtidos por J.K. são verbos genéricos que exprimem uma referência a vários campos semânticos e objectos.

Os resultados obtidos são representados sob a forma de barras com base nos critérios considerados (válido/inválido; geral/específico; aproximado/concetual):

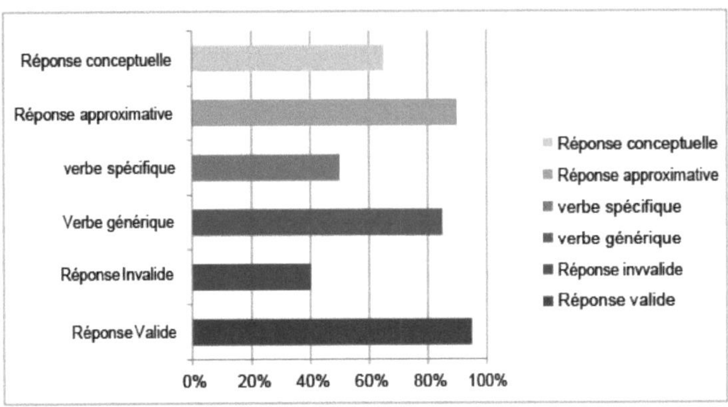

Representações gráficas dos critérios de avaliação

A observação dos resultados dos testes de nomeação de acções orais confirma todas as constatações que acabámos de fazer:

Tendo em conta os resultados obtidos, podemos deduzir que a perturbação apresentada pelo J.K. é de origem semântico-lexical; observamos neste diagrama 95% de respostas válidas, o que prova que a compreensão do J.K. está preservada.

A nomeação das imagens revela substituições entre palavras semanticamente relacionadas: "Deguster" por "comer" na ação nº 1, "rediger" por "ecrire" na ação nº 8 e "proteger" por "garer" na ação nº 11.

Ao estudar as respostas de J.K., verificámos que ele apresenta adinamismo ou aspontaneidade. O incentivo à palavra, a programação do discurso, falta sobretudo quando J.K. tem de iniciar sozinho a descrição da imagem ou da ação. Além disso, J.K. compensa a sua falta de palavras com a procura de fórmulas mais ou menos correctas, com a preocupação constante de estreitar ao máximo as ligações entre as palavras, para manter a unidade do conjunto codificado. Daí os 85% de verbos genéricos resultantes de uma referência a vários campos semânticos e objectos, como por exemplo os verbos "guiar", "funcionar" e "cortar", que remetem para objectos diferentes.

Observamos uma nova organização em J.K., que não é arbitrária, e que representa a luta ativa e consciente, conduzida por este afásico, contra o enfraquecimento do controlo coexistente sobre as suas produções, resultando numa taxa de 95% de respostas aproximadas.

5.3 Estudo de caso : T.S

Idade: 59 anos.

Atividade profissional: Executivo na Air Algerie

Tipo de afasia no momento do teste: Afasia fluente (afasia subcortical).

Etiologia e localização da lesão: Acidente vascular cerebral isquémico nos gânglios basais (tálamo, putamen, pallidum, núcleo caudado).

Observação :

A produção oral de T.S. caracteriza-se por fluência, linguagem espontânea

logopénica (pausas, hesitações), incoerência verbal e execução alterada do discurso. A nomeação oral de objectos apresenta uma produção significativa de parafasias verbais " train к une plaque d'electricite qui ne parle pas". As suas
O discurso parece desorganizado (perturbação espácio-temporal), com uma riqueza particular nas descrições de acções ou de objectos que indicam uma compreensão preservada.
O afásico tem a capacidade de associar as palavras que pronunciou *(o terapeuta da fala: "Como está desde a última vez que o vimos?", o afásico: "Bem, não posso comentar isso").*
Por conseguinte, não constatámos qualquer perturbação significativa ligada ao agramatismo.

Análise qualitativa

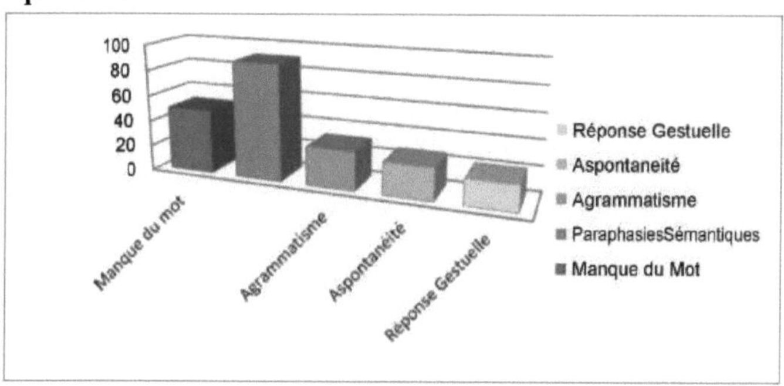

Tipos de respostas obtidas após o exame oral do afasiograma

Com base no exame oral do afasiograma, constatamos que a perturbação mais significativa em T.S. é a parafasia semântica com foco verbal, com uma taxa de 95% que reflecte a fluência. A produção oral de T.S. não foi totalmente perturbada, resultando em 30% de agramatismo. A tarefa de nomeação oral reflecte descrições de cada item, pelo que se registou 50% de falhas de palavras, o que representa 25% de aspontaneidade e 20% de resposta gestual.

Análise quantitativa

Em relação aos objectos a nomear

\ Lista Objeto	Fora de contexto (objeto palpável presente fora do contexto da ação)		No contexto (imagem estática do objeto na situação de ação)	
	Respostas válidas	Invalides responde	Respostas Válido	Respostas inválidas
Prato	1	0	1	
Vidro	1		1	0
Cama		0	1	0
Chave		0	1	
Culiere	1		1	0
Automóvel		0	1	

Lâmpada	1		1	
Caneta	1	0	1	
Faca				
Martelo	1			
Número de Respostas	6	4	7	3

Tabela 9: Respostas válidas/inválidas ao nome do objeto oral com base no afasiograma

As respostas obtidas são representadas pelos gráficos seguintes:

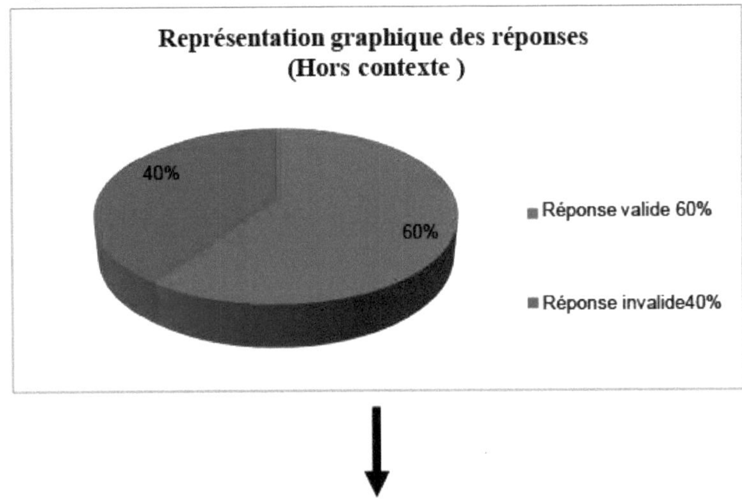

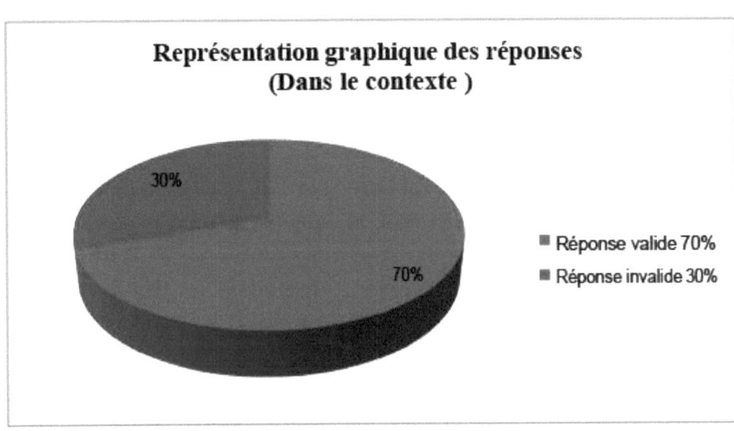

Representação gráfica das respostas válidas/inválidas.

A análise destes resultados mostra que S.T. tem um bom desempenho tanto nos testes de produção lexical como nos de compreensão, o que indica que S.T. se refere ao contexto para compensar a sua perturbação sem afetar o sistema semântico. Os erros observados entre as modalidades auditivas e entre os lados expressivo e recetivo sugerem um défice de armazenamento, no qual as representações semânticas são degradadas.

Em média, a S.T. produziu 70% de respostas válidas próximas da palavra-alvo e 30% de respostas inválidas. O número de respostas válidas aumentou após a apresentação do objeto no seu contexto de utilização.

Análise de representações verbais de acções utilizando um meio dinâmico (vídeo)

Vídeo apresentado ao afásico	**Respostas por categoria**		
	Atividade de Base	**Processo**	**Dissociação**
1- A senhora **come** batatas fritas de um prato quadrado. **2**- A criança pega num copo para **beber** 3- A senhora **dorme** 4- A senhora veste-a criança 5- A criança está a **mascar** pastilha elástica 6-A senhora está a pegar nas chaves para **abrir** a porta 7- O cavalheiro está a **escrever** uma carta 8- O cavalheiro está **a conduzir** um carro vermelho 9- A senhora **acende** l'abat dia 10- O cavalheiro	1-Cozinha 2-Deguster 3- Dormir 4- Recuperar 5- Mord	6- Empurrar 7- Desenho 8- Encomenda 9- Declenche 10-Telefone 11-Etincele	
liga para a sua amiga ao telefone.		12- Melange	13- Quebra 14- Separado 15-

11- A senhora está a **estacionar o carro** na garagem. 12-A senhora está a **mexer** a sopa 13-A senhora está a **cortar** uma maçã ao meio 14-A senhora está a **descascar** uma tangerina 15-A senhora está a **partir** o vidro da janela 16- O senhor **rasga** o jornal 17-O talhante **corta** a carne			Break 16- Quebra 17- Quebra

Quadro 10: Representação das respostas à nomeação oral das acções

Para manter a unidade do conjunto de códigos, o T.S. compensa a sua perturbação produzindo verbos que são semanticamente próximos da palavra-alvo. A linguagem de T.S. é desarticulada por parafasias semânticas.

A análise das representações verbais das acções com um suporte dinâmico mostra que a interpretação dos verbos de ação por parte de S.T. é desorganizada, impedindo a produção de palavras adequadas ao contexto da ação. O T.S. substitui cada verbo estando perfeitamente consciente disso. Além disso, verificamos que a perceção da ação por parte do T.S. revela uma produção oral de aproximações semânticas. Referindo-se às características da ação, o afásico representa a ação 1 "A senhora está a **comer** batatas fritas num prato quadrado" pela palavra "cozinha", que corresponde ao campo semântico do verbo "comer". Para as acções 15, 16 e 17, vemos que S.T. atribui o mesmo verbo "partir" a três acções diferentes. Assim, o S.T. remete para a mesma categoria verbal (dissociação) dos objectos martelo, faca e corte para produzir o verbo "partir".

Resultados obtidos com a nomeação de 1 ação utilizando um meio dinâmico (vídeo)

^\Acções Respostas	Lista 1	Lista 2	Lista3	Total
R- Aproximação válida Intraconceito	73%	65%	77%	72%
R-	47%	35%	45%	%42

Aproximadamente válido Interconceito				

Quadro 11: Resultados das respostas aproximadas intra e interconceito ao afasiograma "devolve-me as minhas palavras

Ao nomear a ação a partir de um meio dinâmico (vídeo), obtivemos uma percentagem mais elevada de respostas válidas intra-conceito (72%) do que de respostas válidas inter-conceito (42%).

O T.S apresenta indisponibilidade de vocabulário, que se reflecte em rupturas organizadas segundo uma hierarquia que prova também que a integração de palavras não está totalmente perdida.

Os comportamentos de aproximação intra-conceitual reflectem-se nas respostas obtidas: "rediger" na ação nº 7, "abimer" na ação nº 15 e o verbo "se reposer" na ação nº 3. Verificamos ainda que a maioria dos verbos obtidos por J.K. são verbos genéricos reflectindo uma referência a vários campos semânticos e objectos.

Os resultados obtidos são representados sob a forma de barras com base nos critérios considerados: (válido/inválido geral/específico; aproximado/concetual):

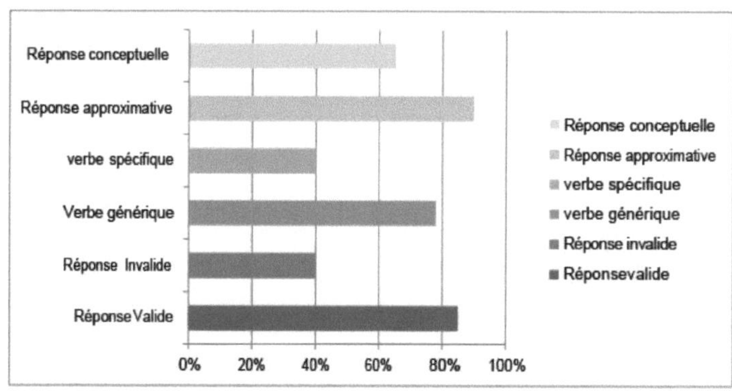

Representações gráficas dos critérios de avaliação

Verificamos que a T.S. produz uma elevada percentagem de verbos gerais válidos e de aproximações. Registamos um uso significativo do verbo "quebrar".

De facto, a maioria dos participantes utiliza este verbo de forma aproximada para várias acções. O uso não é considerado convencional porque há uma discrepância entre o verbo e os objectos da ação ou a situação de referência.

No entanto, as respostas são de natureza válida, uma vez que o verbo citado tem características comuns com as do verbo esperado. Mencionámos anteriormente que, quando estão em causa dois domínios semânticos, se trata de aproximações extra-conceituais e que, quando existe um desfasamento entre o verbo e a situação de referência, se trata de aproximações intra-conceituais.

5.4 Estudo de caso: A.R

Idade: 59 anos.

Atividade profissional: Executivo na Sonatrach

Tipo de afasia no momento do teste: Afasia fluente (afasia motora transcortical).

Etiologia e localização da lesão: Acidente vascular cerebral isquémico nos gânglios basais (tálamo, putamen, pallidum, núcleo caudado).

Observação :

O A.R. apresenta uma compreensão preservada, uma solicitação e iniciação verbais espontâneas, até mesmo uma aspontaneidade verbal, e uma redução quantitativa das palavras, o que reflecte a sua falta de palavras.

Notamos que as frases produzidas por A.R. são curtas, incompletas e carentes de elementos sintácticos, daí o agramatismo; "*aqui a sepultura". Mas euuuuuuh... prato... euh é bom a pé...*".

A sua expressão é a seguinte: é capaz de nomear e descrever os objectos que tem à sua frente. A linguagem é interrompida com pausas por falta de palavras ou por síndroma de desintegração fonética, o que provoca uma aspontaneidade. Na nomeação oral dos objectos, notam-se parafasias fonémicas que seguem frequentemente o padrão silábico e estão próximas da palavra-alvo.

Trata-se, nomeadamente, de "rouchette de garfo", de paráfrases semânticas em que uma palavra é substituída por outra palavra da língua com uma relação mais ou menos estreita em termos de significado ou de campo semântico "chávena" -▶ "copo" ou "pires" e de respostas representadas por gestos.

Análise qualitativa

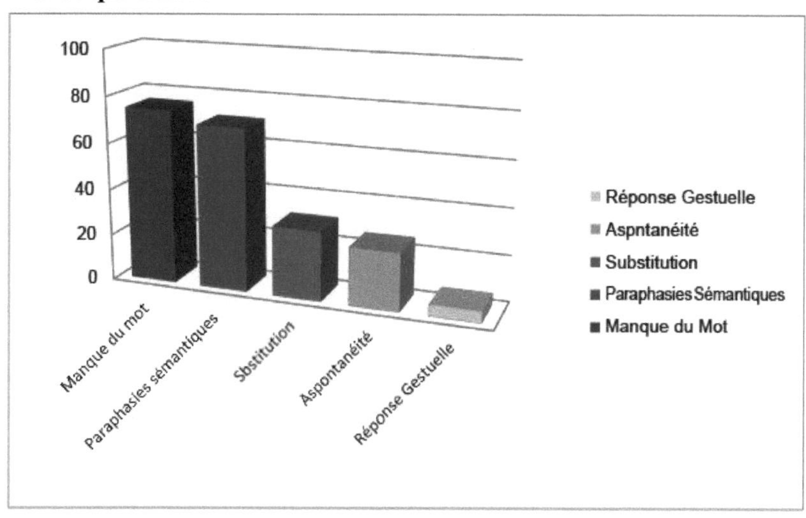

Tipos de respostas obtidas após o exame oral do afasiograma

A.R. apresentou uma percentagem muito baixa de respostas gestuais (5%), seguida de substituições e espontaneidade (20%). Estes resultados demonstram a fluência da linguagem neste tipo de afásico que procura compensar a sua perturbação lexical através de parafasias semânticas com um pivot verbal de 75%.

Análise quantitativa :

Em relação aos objectos a nomear

\ Lista Objeto	Fora de contexto (objeto palpável presente fora do contexto da ação)		No contexto (imagem estática do objeto na situação de ação)	
	Respostas Válido	Invalides responde	Respostas Válido	Invalides responde
Prato		0	1	
Vidro	1		1	0
Cama		0	1	0
Chave		0	1	
Colher	1		1	
Automóvel		0	1	
Lâmpada	1	0	1	
Caneta		0	1	
Faca	1			
Martelo				0
Número de Respostas	4	6	7	3

Quadro 12: Respostas válidas/inválidas para o nome do objeto oral a

Do afasiograma

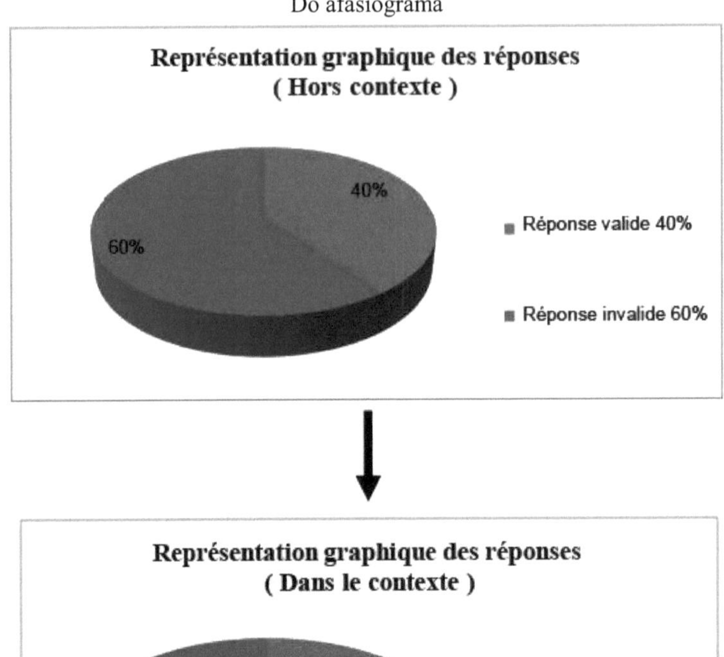

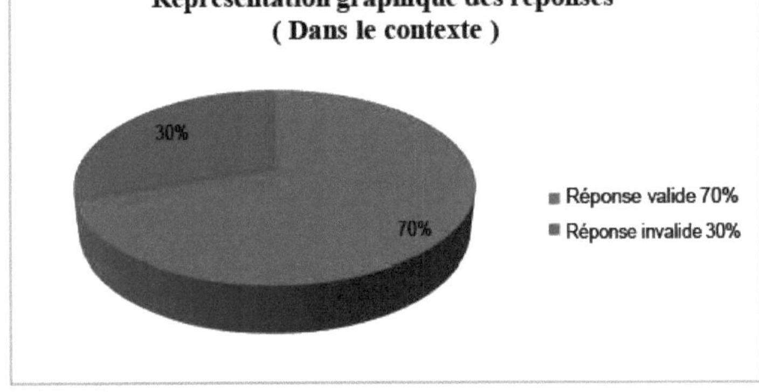

Representação gráfica das respostas válidas/inválidas.

Esta análise mostra que o número de respostas válidas (70%) aumentou após a apresentação do objeto no seu contexto (vídeo ação-objeto).

Este resultado evidencia a capacidade do A.R. de analisar a ação para categorizar o objeto a nomear.

Análise das representações verbais das acções em relação ao vídeo apresentado

Vídeo apresentado a 1'aphasique	**Respostas por categoria**		
	Atividade de base	**Processo**	**Dissociação**
1- A senhora está **a comer** batatas	1-Jantar 2-Deglutição	6- empurrar 7- Desenho	

fritas de um prato quadrado. 2- A criança pega num copo para **beber** 3- A senhora **dorme** 4- A senhora **veste** o seu filho 5- A criança **mastiga** pastilha elástica 6-A senhora pega nas chaves para **abrir** a porta 7-O cavalheiro **escreve** uma carta 8-O cavalheiro **conduz** um carro vermelho 9-A senhora **acende** o candeeiro 10- O cavalheiro **telefona ao** seu amigo. 11- A senhora	3- Descanso 4- Embrulho 5- Mordida	8-Veiculador 9- Prima 10-Telefone	
estacionar o carro (garagem). 12-A senhora **mexe** as natas 13-A senhora **corta** uma maçã ao meio. 14- Ela **descasca** uma tangerina 15- A senhora **parte** o vidro da janela 16- O senhor **rasga** o jornal 17-O cozinheiro **corta** a cebola		11-etincele 12 voltas	13- Separado 14- retirar a pele 15- cortar 16- destruir 17- separado

Quadro 13: Representação das respostas à nomeação oral de acções

A.R qualifica a ação com base no contexto da ação, remetendo para unidades dos mesmos campos semânticos para nomear a ação "diner pour manger". Com base nesta análise, verificámos que A.R. não apresenta associações semânticas inúteis, daí a sua preservação do léxico. Por conseguinte, A.R. está a sofrer uma perturbação ao nível do campo semântico e não ao nível da integração do significante.

É por isso que A.R. utiliza uma estratégia paliativa, concentrando-se apenas num dos componentes semânticos do verbo proposto: na ação n.º 2 "Avaler" para "boire", na ação n.º 13 "separer" para "couper en deux" e "dessiner" para "ecrire" na ação n.º 7, esta escolha é feita com base no acontecimento vivido no momento, por um lado, e no stock mais frequente disponível na sua taxonomia semântica, por outro.

A.R. projecta-se em aproximações verbais a partir das quais os verbos: "Rediger", "agiter", "abimer" foram deduzidos através da observação das características físicas dos objectos: caneta, colher e martelo e das suas utilizações.

Resultados obtidos com a nomeação de 1 ação utilizando um meio dinâmico (vídeo)

^""■"-Acções Respostas	Lista 1	Lista 2	Lista3	Total
R-Aproximadamente válido Intraconceito	70%	60%	75%	68,33%
R-Aproximadamente válido Inter - Conceito	45%	30%	40%	38, 33 %

Quadro 14: Resultados aproximados
das respostas intra e interconceito
do afasiograma "devolve-me as minhas palavras

Observamos uma produção elevada de verbos genéricos, que representam as respostas intra-conceito aproximadas (68,33% para as três categorias semânticas).
No que diz respeito às respostas válidas de aproximação inter-conceitual, a percentagem não é tão elevada, o que pode ser explicado pela capacidade de reunir objectos que pertencem a categorias distintas com base em propriedades físicas ou funcionais comuns.

A R.A. revela uma indisponibilidade de vocabulário que se reflecte em perturbações organizadas segundo uma hierarquia que prova, aliás, que a integração das palavras não está totalmente perdida. Os comportamentos de aproximação intra-concetual reflectem-se nas respostas obtidas: "rediger" na ação n.º 7, "abimer" na ação n.º 15 e o verbo "se reposer" na ação n.º 3. Constatamos também que a maioria dos verbos utilizados por A.R. são verbos gerais, reflectindo uma referência a vários campos semânticos e objectos.

Ao nomear a ação a partir de um meio dinâmico (vídeo), obtivemos uma percentagem mais elevada de respostas válidas intra-conceito (72%) do que de respostas válidas inter-conceito (42%).
Os resultados obtidos são representados sob a forma de barras com base nos critérios considerados: (válido/inválido; genérico/específico; aproximado/concetual) :

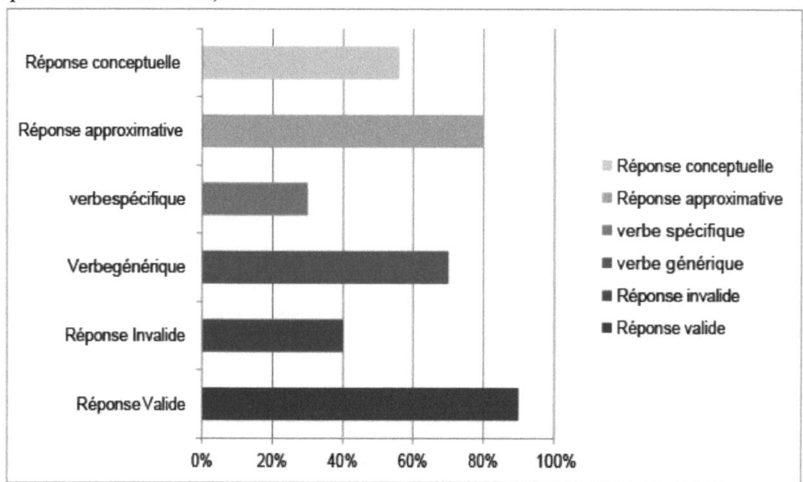

Representações gráficas dos critérios de avaliação

Verificámos que A.R. produziu uma percentagem elevada de 75%-80% de verbos genéricos e aproximações que representavam respostas válidas (85%). Podemos concluir que a linguagem na afasia subcortical é caracterizada por uma maior quantidade de verbos genéricos e aproximações do que noutros perfis de sujeitos em processo de reaquisição da linguagem.

5.5 Estudo de caso: R . F

Idade: 65 anos.

Atividade profissional: Médico de clínica geral

Tipo de afasia no momento do registo: Afasia fluente (afasia subcortical).

Etiologia e localização da lesão: Acidente vascular isquémico nos gânglios basais (tálamo, putamen, pallidum, núcleo caudado).

Observação

A linguagem oral do R.F. caracteriza-se por uma fluência e uma hipofonia (correção transitória). Durante a nomeação oral, observámos parafasias semânticas verbais, preservação da compreensão e um discurso desorganizado (perturbação da cronologia). Por outro lado, a produção oral caracteriza-se por uma perda de significado verbal, reflectindo uma alteração das representações semânticas. O R.F. tem dificuldade em articular os sons.

O afásico tem a capacidade de ligar as palavras que pronunciou *(o terapeuta da fala: "Como está desde a última vez que o vimos?", o afásico: "Bem, não consigo pronunciar isso").*

Por conseguinte, não observámos qualquer agramatismo significativo.

O **R.F.** apresenta ecolalia reflectindo uma incapacidade de responder às questões colocadas e observou-se a presença de parafasia semântica, mas esta não foi significativa. O desempenho do R.F. foi paliativo à ausência de palavras, devido à preservação da compreensão oral.

Análise qualitativa

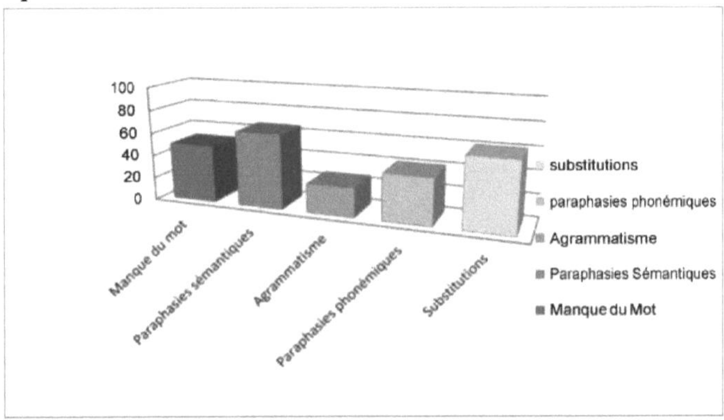

Tipos de respostas obtidas após o exame oral do afasiograma

O afasiograma revela 50% de pobreza lexical e 25% de ausência de conectores lógicos, justificando um discurso agramatical. A prova de nomeação oral revela uma taxa de 65% de parafasia semântica, o que explica os 60% de substituições lexicais; nota-se uma confusão de fonemas em R.F. que se traduz em 40% de parafasia fonémica.

Análise quantitativa

Em relação aos objectos a nomear

\ Lista Objeto	Fora de contexto (objeto palpável presente fora do contexto da ação)		No contexto (imagem estática do objeto na situação de ação)	
	Respostas Válido	Respostas Invalides	Respostas Válido	Respostas Invalides
Prato	1			0
Vidro	1		1	
Cama		0	1	
Chave		0	1	
Culiere	1		1	
Automóvel		0	1	
Lâmpada	1		1	

Caneta		0	1	
Faca	1			0
Martelo	1			0
Número de Respostas	6	4	7	3

Tabela 16: Respostas válidas/inválidas ao nome do objeto oral com base no afasiograma

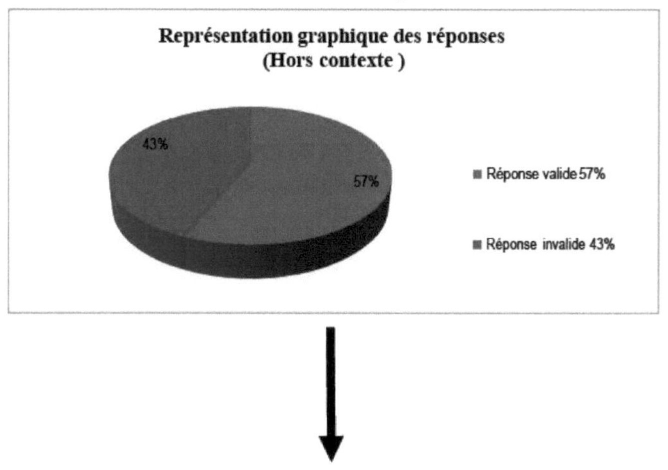

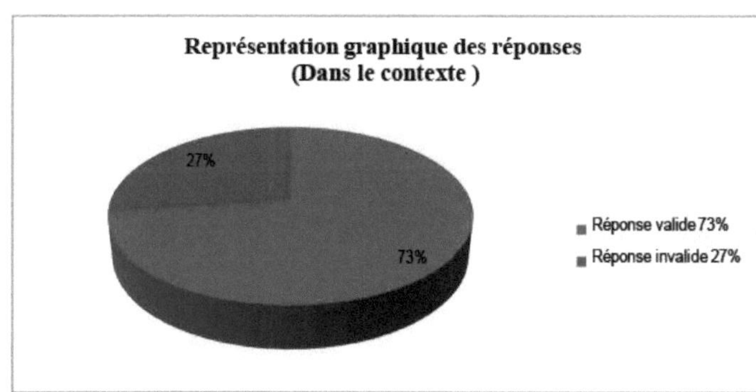

Representação gráfica das respostas válidas/inválidas.

Apenas 43% dos itens foram identificados como objectos apresentados fora do contexto. R.F. mostra claramente que não reconhece a utilização de objectos fora do seu contexto de utilização: "9a ne me dit plus rien du tout... je ne sais pas... j'en ai jamais vu". Ele fornece poucos conhecimentos sobre os objectos que lhe são apresentados.

Depois de apresentar o objeto no seu contexto, verifica-se que este contexto o ajuda muito a responder e a deduzir muitas das características físicas dos objectos (para o prato: "é para comer" ou para a caneta: "não é para saber"). Os elementos que

fornece nem sempre são congruentes com as características do objeto apresentado (para o carro: "para transportar doentes", para a faca: "para comer", etc.).
Estes resultados mostram que o R.F. se refere ao contexto da imagem para nomear os objectos apresentados e tem um bom desempenho, o que nos leva a concluir que o R.F. não tem uma perturbação do sistema semântico.
R.F. fornece elementos descritivos ricos e pormenorizados. Estes são, na sua maioria, congruentes com a imagem e dizem respeito às propriedades funcionais do objeto apresentado na imagem, bem como a características físicas como a cor do automóvel:
"Nem sempre são coloridos, podem ser brancos ou vermelhos", o tamanho (sempre avaliado de forma adequada, quer verbalmente quer através de um gesto), e as características funcionais (para o carro, "é para ir para o trabalho"). Refere também o contexto em que o objeto é apresentado (para o prato: "9a costuma ser colocado na mesa da cozinha"), a sua familiaridade e frequência (para a chave: "9a também é conhecido").
No que se refere às descrições que ele faz das imagens (objectos presentes no seu contexto), constatamos um desempenho de 73% de respostas válidas, o que prova que os objectos são identificados, embora ele não possa dizer o nome exato do objeto.

Análise das representações verbais das acções em relação ao vídeo apresentado

Vídeo apresentado ao afásico	**Respostas por categoria**		
	Atividade de Base	**Processo**	**Dissociação**
1-A senhora está **a comer** batatas fritas de um prato quadrado. 2-A criança leva um copo para **beber** 3- A senhora **dorme** numa cama branca 4- A senhora **veste** o seu filho 5- A criança está a **mascar pastilha elástica** 6-A senhora está a pegar nas chaves para **abrir** a porta	1-Cozinha 2-Deguster 3- Dormir 4- Capa 5- Mordida	6- Espaço 7- Traço 8-Controlo 9- Declenche 10-Falar 11-etincele 12- Melange	13-quebra

7-O senhor está a **escrever** uma carta 8- A senhora estaciona o **seu** carro (estação) 9- A senhora **acende** l'abat Jour 10- O cavalheiro **telefona ao** seu amigo. 11- A senhora **acende o** l'a Bajour 12-A senhora **mexe** as natas			
13-A senhora **corta** uma maçã ao meio 14- **Descasca** uma tangerina 15- A senhora **parte** o vidro da janela 16- O senhor **rasga** o jornal 17-O cozinheiro **corta** a cebola		14-arach 17 fatias	15- Quebra 16- Quebra

A análise das representações semânticas do R.F. revela uma desorganização verbal que o impede de produzir os verbos adequados em relação aos contextos da ação. O R.F. mostra claramente que reconhece a ação; dá conhecimento de cada ação apresentada. Observamos que o R.F. mantém a categoria verbal do verbo original referindo-se ao contexto da ação (por exemplo, para a ação n°2 "A senhora come batatas fritas de um prato (o objeto utilizado é o prato), o R.F. respondeu "cozinhar", observamos aqui que o verbo "cozinhar" e "comer" estão no mesmo campo semântico.

Consciente dos seus erros, R.F. apresenta uma produção oral caracterizada por aproximações semânticas.

R.F analisa as propriedades físicas dos objectos (para o objeto "faca" na ação n.º 17 "O cozinheiro **corta** a cebola", responde: "serve para cortar" ou na ação n.º 10 serve para (para o objeto "telefone": serve para "falar").

As características funcionais ajudam principalmente o R.F. a produzir respostas válidas e aproximadamente congruentes com a ação e o objeto utilizado na ação (para o carro na ação nº 8 "ir para o trabalho", evoca também o contexto em que o objeto está presente (para o carro: "acho que está na estrada").

Resultados obtidos com a nomeação de 1 ação utilizando um meio dinâmico (vídeo)

'''\Acções Respostas ''''''\	Lista 1	Lista 2	Lista3	Total
R- Aproximadamente válidoIntra Conceito	65%	70%	85%	73.33%
R- Aproximadamente válido Inter - Conceito	30%	45%	35%	36.66%

Ao nomear a ação a partir de um meio dinâmico (vídeo), obtivemos uma maior percentagem de respostas intra-conceito válidas (73,33%) do que de respostas inter-conceito válidas (36,66%). Os comportamentos de aproximação intra-conceito reflectem-se nas respostas obtidas: "rediger" na ação nº 17, "ciseler" na ação nº 15 e o verbo "se reposer" na ação nº 3, notamos que R.F. se refere às propriedades funcionais dos objectos para se aproximar do objeto a nomear.

Estes resultados mostram que o R.F. obtém melhores resultados quando a ação é apresentada através de um meio dinâmico, o que realça a importância do contexto na nomeação da ação.

Os resultados obtidos são representados sob a forma de barras com base nos critérios considerados: (válido/inválido; geral/específico; aproximado/concetual):

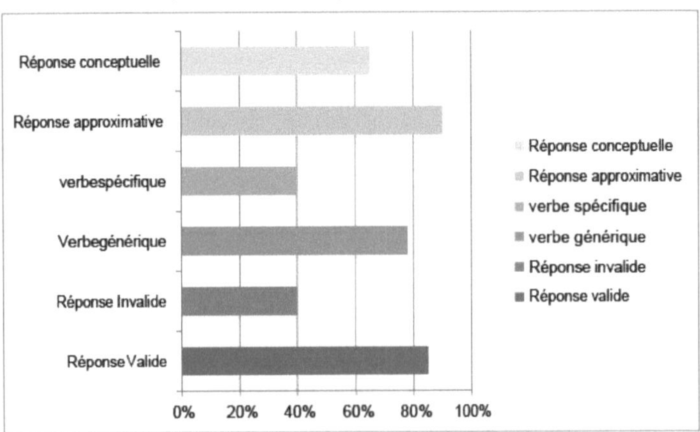

Analisando o desempenho do R.F. em tarefas lexicais e semânticas de nomeação oral de acções, verificamos que ele produz 85% de respostas válidas que são relevantes para o verbo-alvo, o que representa uma relação semanticamente próxima com o verbo original (a ação a nomear).

Por exemplo: na ação n.º 17 "a cozinheira **corta** a cebola", a resposta obtida é "corta", pelo que a dissociação é uma categoria semântica comum entre os verbos "cortar" e "cortar".

No geral, as respostas do R.F. são válidas, preservando a categoria semântica da ação apresentada. As respostas inválidas são descrições ou paráfrases fonémicas e representam 40% das respostas.

A taxa de respostas válidas é mais elevada do que a de respostas inválidas, o que explica a elevada taxa de verbos gerais (67%) contra 40% de verbos específicos. Esta desorganização pragmática explica-se pela análise da ação por parte de R.F., daí a conservação dos campos semânticos. Isto ilustra a elevada percentagem de aproximações semânticas 87% contra 62% de respostas conceptuais.

6. Discussão dos resultados

De um ponto de vista psicolinguístico, os resultados obtidos evidenciam a observação dos componentes da língua na sua interação. Do ponto de vista semântico, os resultados corroboram as nossas hipóteses iniciais sobre o papel preponderante do contexto (imagem dinâmica) na determinação da ação, que se manifesta em aproximações semânticas.

No que diz respeito à categorização semântica, este estudo de caso permitiu-nos determinar a relação entre a nomeação oral de objectos e acções.

Estes resultados confirmam a nossa hipótese da existência de uma categorização semântica preservada nos afásicos durante a nomeação oral de acções. Os resultados mostram que os afásicos têm a capacidade de nomear acções com base no seu conhecimento das propriedades dos objectos.

Estes resultados estão relacionados com a capacidade de verbalização, enquanto capacidade de exprimir explicitamente aspectos do conhecimento, através de um processamento metalinguístico.

A este respeito, parece que certos aspectos da linguagem são mais facilmente explicáveis, nomeadamente o conhecimento semântico.

No que diz respeito à análise dos verbos gerais e dos verbos específicos, os afásicos produzem verbos específicos quando o objeto está presente no contexto da ação. Os afásicos recuperam e produzem mais facilmente verbos genéricos, devido à forte representação semântica que os caracteriza.

A nomeação oral das acções permitiu-nos analisar a representação semântica dos verbos de ação nos afásicos. Durante a ação, o objeto pode ser manipulado, o que ativa o sistema semântico que permite ao afásico reconhecer a categoria semântica do verbo de ação. Assim, a nomeação de verbos de ação com manipulação de objectos activará uma região frontal que participa no processo de nomeação, bem como na compreensão da ação. Estas observações coincidem com os resultados de Lebrun & Buyssens (1982).

Conseguimos distinguir entre o conceito concreto e abstrato, ou seja, o objeto nomeado fora do seu contexto de uso e no seu contexto de uso (a partir de uma imagem), reflectindo os processos envolvidos no acesso às representações

semânticas das palavras que o referem e às propriedades funcionais dos objectos.
Numa tarefa de categorização semântica que compara respostas válidas aproximadas com respostas inválidas aproximadas que podem ser ambíguas (vários significados possíveis), as palavras abstractas foram associadas a um perfil de ativação cerebral mais difuso do que as palavras concretas (Pexman, Hargreaves, Edwards, Henry, & Goodyear, 2007).
Assim, os resultados deste estudo de caso em afásicos fornecem provas a favor do envolvimento de regiões e circuitos de controlo motor no processamento semântico de palavras de ação. As representações semânticas destas palavras que descrevem acções incluiriam em parte as áreas pré-motoras e motoras, pelo que estas áreas seriam activadas para facilitar o acesso às representações léxico-semânticas das palavras. Estes resultados são congruentes com alguns estudos que mostram um défice no processamento dos conceitos de ação na patologia motora (afasia) (Lebrun & Buyssens, 1982), (Van Elk, Van Schie & Bekkering, 2009).
A análise das respostas baseadas na nomeação oral de acções permite-nos deduzir que o reconhecimento do campo semântico específico do verbo de ação remete para a análise das propriedades funcionais dos objectos pelos afásicos, ou seja, para uma produção oral de natureza sensório-motora.
Assim, o processamento intacto do significado das palavras de ação após lesões motoras explica por que razão a lesão das regiões de controlo motor não conduziria a um défice global das palavras que descrevem acções e dos processos de recuperação dessas palavras na memória. As redes neuronais envolvidas no processamento semântico das palavras de ação incluiriam, portanto, áreas pré-motoras e motoras, uma vez que estas regiões contribuem para facilitar a recuperação destas palavras.

Capítulo 2 Interpretação cognitiva dos resultados

1. Perturbações da compreensão

A análise fonético-fonológica da mensagem linguística (descodificação dos sons da língua) não é perturbada. Por conseguinte, os 5 casos de afasia não apresentam surdez verbal. Os testes que avaliam os níveis de compreensão (nomeação de imagens, nomeação oral de acções) foram aprovados, o que justifica as estratégias paliativas semanticamente próximas.

As tarefas que exploram o nível fonológico (decisão lexical) foram bem sucedidas. Os testes de nomeação foram caracterizados por um efeito de frequência. A classificação categorial e o julgamento da sinonímia são efectuados com sucesso, o que demonstra a ausência de surdez para o significado das palavras. Os afásicos activam automaticamente representações semelhantes às das palavras-alvo. A compreensão oral dos 5 afásicos foi, portanto, preservada, e não observámos qualquer défice semântico central que pudesse causar perturbações independentemente da modalidade de entrada ou de saída .

A compreensão e/ou a produção de verbos é menos fraca do que a de substantivos e palavras funcionais (preposições, determinantes).

a tradução do estilo telegráfico em afásicos e o seu agramatismo.

Como resultado, o efeito da classe gramatical na produção oral dos afásicos é muito significativo. No diagrama abaixo, representamos os distúrbios de compreensão:

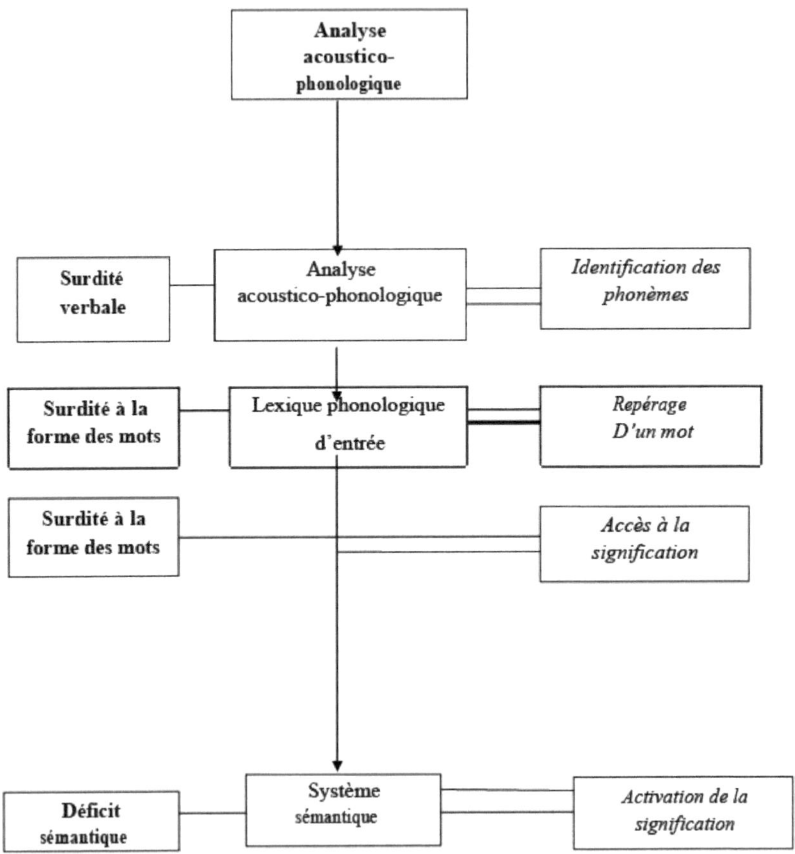

Representação de pessoas com perturbações da compreensão

2. Perturbações centrais da produção oral

2.1 Desorganização léxico-semântica

A análise das produções orais dos 5 afásicos revelou perturbações léxico-semânticas causadas pela ausência de palavras, indicando uma incapacidade de comunicar eficazmente, ou mesmo não comunicar.

Numa tarefa de nomeação oral, o afásico passa por vários processos: a análise visual é uma fase em que o objeto é identificado como familiar para perceber as formas estruturais;

-Ao nível do sistema semântico, as diferentes representações correspondentes aos objectos são activadas sob a forma dos diferentes traços que os caracterizam;

- A codificação fonológica, ou o léxico fonológico, e a planificação e a montagem dos fonemas são activados para recuperar as representações fonológicas (gestos articulatórios).

2.2 Danos no sistema lexical

As propriedades semânticas são degradadas por perturbações

representações semânticas. Os afásicos apresentam uma perturbação da nomeação oral, reflectindo uma lesão do sistema lexical que se manifesta por parafasias semânticas ou ausência de resposta. A observação de casos clínicos mostra que os substantivos são menos afectados do que os verbos nos 5 afásicos.

Verificámos uma diferença nas respostas entre objectos em contexto e fora de contexto (nomeação oral de objectos e nomeação oral de acções - itens animados e não animados). A recordação de alguns aspectos que caracterizam as propriedades funcionais do objeto tem um efeito no acesso às representações semânticas dos itens (Warrington & Shallice, 1980).

2.3 Deficiência na produção léxico-fonológica

Neste nível, o sistema semântico está intacto, pelo que não há défice de compreensão. Os afásicos compreendem as instruções do terapeuta da fala, mas não conseguem nomear o objeto ou a ação, com base na análise das respostas válidas aproximadas obtidas.

3. Falta de acesso à forma fonológica

A análise das produções orais revela uma dissociação entre as classes gramaticais: os verbos são melhor evocados do que os substantivos.

Durante a nomeação oral, os afásicos produzem verbos semanticamente próximos, o que se explica pelo facto de as representações correctas dos itens-alvo e dos itens vizinhos com características semânticas comuns estarem activas no sistema semântico.

O item que partilha características semânticas comuns é ativado em vez do item-alvo quando a representação fonológica e semântica deste último deixa de estar acessível: a ação "desenhar" é produzida em vez da ação "escrever". Segundo Ellis e Franklin (1992), o défice fonológico do léxico gera paráfrases semânticas ou aproximações semânticas.

4. Perturbações da sintaxe

lestVerificámos que todos os afásicos apresentam um agramatismo relevante, ligado ao acesso lexical sem dificuldades semânticas associadas.

Isto resultou numa representação diferente no léxico mental de substantivos e verbos (Miceli & al., 1984; Caramazza & Hillis, 1991). O défice no processamento dos verbos é causado pela desorganização sintáctica, resultando em agramatismo (Zingezer & Berndt, 1990).

5. Sistema semântico ou memória semântica de longo prazo

Os verbos de ação produzidos pelos afásicos correspondem a um nível básico em que os itens-alvo de uma categoria têm o maior número de atributos em comum: a ação "cortar"; o nível superordenado: "dissociar"; e o nível subordinado que contém as diferentes variantes de uma classe: "cinzelar, cortar, separar, dividir".

Os afásicos mostram confusão, por um lado, entre as relações de inclusão (dissociar-► cortar ->■ cinzelar) e, por outro lado, entre as palavras do **mesmo** nível (termos coordenados: jantar).

A conceção categorial dos conceitos é confirmada pela presença de anomalias categoriais nos afásicos. Assim, a informação difunde-se de um conceito para outro numa rede semântica para construir modalidades. A partir da análise quantitativa e qualitativa do estudo de caso, constatámos que a noção de acessibilidade do conceito funciona do nível mais geral ao mais específico (Warrington, 1987).

Os resultados obtidos durante a nomeação oral de acções confirmam que os afásicos se referem ao uso do objeto analisando a ação para associar os conceitos de cada objeto à ação-alvo.

Isto explica por que razão a proximidade semântica de dois verbos de ação será tanto maior quanto mais relevante for o número de características que partilham. Por conseguinte, a intensidade do processo de ativação varia em função da força da ligação entre a unidade de origem e as unidades vizinhas que geram a transmissão da ativação de um conceito para outro.

A arquitetura do sistema lexical é um fator importante na interpretação das perturbações léxico-semânticas dos afásicos.

A interpretação cognitiva permitiu assim deduzir que a ausência de palavras não se limita a uma ausência de resposta ou a erros semânticos, e compreender o papel da categorização semântica na construção de aproximações semânticas pelo afásico.

6. Moderação da produção e dos nomes orais

Na produção da linguagem, passamos por três etapas cognitivas: concetualização, formulação e articulação (Segui & Ferrand, 2000).

Referindo-nos às respostas dos afásicos, deduzimos que a intenção comunicativa é determinada pelas mensagens correspondentes às estruturas conceptuais, para que se exprimam verbalmente - trata-se da fase *de concetualização*, que representa o "pré-verbal".

A aproximação semântica observada nos 5 afásicos prova que a formulação que traduz as estruturas conceptuais numa mensagem linguística está desorganizada. São necessárias duas etapas para selecionar o léxico mental:

-Quando recuperámos palavras semanticamente adequadas ao conceito da mensagem, verificámos uma maior taxa de respostas intra-conceito aproximadas.
Para selecionar a palavra-alvo, o afásico passa por um processo de categorização semântica, a fim de escolher entre várias palavras semanticamente relacionadas (do mesmo campo semântico), o que explica a confusão dos afásicos e a produção de parafasias verbais semânticas; esta etapa representa a **codificação semântica e sintáctica.**
-Encontrar a forma fonológica correcta da palavra relacionada com o conceito do objeto representa a fase de "formulação", que é a codificação **fonológica ou articulação.**
-Natureza das dissociações entre categorias semânticas
As respostas dos 3 tipos de afasia sugerem que o seu conhecimento se baseia em experiências sensório-motoras analisadas durante a interação com a ação.
Estas aproximações semânticas reflectem o facto de o conhecimento dos objectos não estar dissociado dos episódios em que os afásicos interagiram durante a nomeação oral das acções. Vários argumentos apoiam efetivamente a teoria das experiências sensório-motoras na formação e no acesso aos conceitos de objeto. **7 Categorização e sobre-extensão** A observação do comportamento verbal dos afásicos face a categorias funcionais explica a construção de categorias verbais. Isto prova o papel do contexto na construção de novas categorias verbais adaptadas a situações particulares.
Durante a segunda fase do nosso estudo (apresentação do objeto no seu contexto com apoio dinâmico), observámos o papel da interação com o contexto e as propriedades interaccionais dos objectos.
Estes resultados mostram que a forma como os afásicos interagem com o contexto de ação é um fator-chave na estruturação das categorias verbais. As perturbações de categorização observadas nos afásicos são estruturais (organização concetual).
Em termos de acesso lexical, verificámos que os itens eram mais fáceis de aceder quando eram apresentados no seu contexto de utilização durante a nomeação oral.
Os 5 sujeitos afásicos tendem a "contextualizar" as suas respostas com base na tarefa de nomear oralmente as acções (Hilaire. A 2000).
Durante a tarefa de nomeação de objectos orais, observámos que: -Os sujeitos afásicos utilizarão estratégias de "contextualização" semelhantes às observadas na ação.
- A presença de um efeito contextual nos 3 tipos de a p h a si e s
(a instrução) e a categoria sobre os critérios utilizados para realizar a tarefa de inclusão categorial.
- A relação entre as propriedades funcionais dos objectos reflecte-se nas aproximações semânticas, através da produção de verbos genéricos.
Esta interpretação baseia-se no trabalho de categorização (Caramazza, A. & Hillis, A.E. 1991). A relação entre acções e objectos reflecte-se no discurso, durante uma tarefa de inclusão categorial, por um uso diferente de marcadores verbais em

comparação com os verbos originais e, em particular, por uma diferença marcada entre respostas.

- Extensões excessivas e flexibilidade cognitiva

Ao analisarmos as características linguísticas das sobre-extensões, observamos que este fenómeno resulta, por vezes, de uma analogia da ação realizada "a senhora protege o seu filho" pela ação "a senhora veste o seu filho" ou "ele desenha uma carta" pela ação "ele escreve uma carta".

Esta construção lexical é o resultado de uma flexibilidade cognitiva devido às capacidades de analogia que os afásicos possuem. O afásico não tem o termo exato para descrever uma ação (ação A), por exemplo, "rasgar o jornal", mas tem a capacidade cognitiva de fazer uma analogia entre a ação A e uma outra ação B, por exemplo, "partir uma janela", apropriando-se do verbo "partir", preservando a mesma categoria semântica.

8. A influência da ação no processamento de conceitos de objectos manipuláveis

A comparação dos dados das etapas do nosso estudo baseadas na nomeação oral dos objectos confirma que a simples visão de um objeto manipulável reactiva a informação motora a ele associada.

Neste estudo, os afásicos categorizam os objectos manipuláveis através da análise da ação, enquanto os afásicos produzem respostas válidas mais aproximadas, preservando a categoria semântica do verbo.

Verificámos que o desempenho das respostas válidas foi diferente durante a nomeação oral das acções, o que prova que, para categorizar os objectos, o afásico degrada a ação realizada pelo objeto.

Os afásicos realizam uma tarefa de decisão lexical sobre o verbo-alvo. O mesmo objeto alvo pode ativar vários verbos de ação nos afásicos.

Os resultados mostram que a escolha lexical dos afásicos é mais rápida quando a ação é observada e o objeto é apresentado no seu contexto de utilização, confirmando assim o impacto da reativação da informação motora no acesso ao conceito.

Além disso, os resultados obtidos na nomeação oral de objectos mostram que as competências motoras e o tratamento concetual dos objectos manipuláveis são construídos com base em representações estáticas ou dinâmicas das acções.

Ao nomear acções baseadas em objectos, observámos que os cinco participantes utilizaram as mesmas categorias verbais.

As respostas relativas aos objectos a nomear estão associadas à ação observada pelo afásico. Os participantes classificam os objectos mais rapidamente quando induzem um input compatível com a utilização do objeto apresentado.

No nosso estudo, verificámos que estas aproximações semânticas estão associadas a representações dinâmicas de acções que são utilizadas para interpretar as acções. Assim, quando a palavra está ausente, os afásicos mimetizam o uso de objectos manipuláveis.

A nomeação oral dos objectos-alvo foi categorizada pelos falantes afásicos com base nas acções observadas. De facto, o efeito de facilitação foi observado na segunda parte da nossa experiência: os alvos associados foram identificados e categorizados mais rapidamente do que os alvos não associados, particularmente quando a ação foi nomeada a partir de um suporte dinâmico.
É também de notar que o reconhecimento da ação pelos afásicos é menos acentuado na primeira experiência (nomeação oral do objeto) do que na segunda experiência (nomeação oral da ação).
Assim, a influência da reativação das experiências motoras no processamento concetual de objectos manipuláveis foi demonstrada em afásicos com base em produções verbais.
De facto, o objeto-alvo é claramente identificável durante a nomeação oral da ação (vídeo), uma vez que a mímica corresponde a um objeto específico (por exemplo, uma pessoa a serrar). A interpretação alternativa segundo a qual o efeito das propriedades funcionais se deve a uma pré-ativação do próprio objeto e não da ação não pode ser rejeitada. Os resultados obtidos tentaram, no entanto, demonstrar a influência da ação no acesso aos conceitos de objeto nos afásicos.
Em conjunto, estes resultados verbais mostram que as representações de objectos e de acções induzem automaticamente a reativação das experiências motoras que lhes estão associadas. O processamento de conceitos de objectos manipuláveis é influenciado por informações relacionadas com a ação.
Isto traduz-se na construção de verbos específicos. Isto leva-nos a projetar este fenómeno em todos os objectos manipuláveis. Estes argumentos apoiam o papel crucial da ação com objectos na formação e no processamento de conceitos de objectos manipuláveis. Ao nomear oralmente objectos no seu contexto "sem ação", os afásicos observam como o terapeuta da fala movimenta o objeto.
Na segunda parte da nossa experiência, "nomear objectos sem ação ou movimento", o terapeuta da fala limitou-se a apresentar o objeto ao afásico para que este o nomeasse. Verificámos que os afásicos nomeavam os objectos explicando as acções e referindo-se a cada objeto.
Estes resultados revelam uma clara recuperação da linguagem para os objectos de teste congruentes com a ação realizada durante a fase de familiarização na condição "ação". Por outro lado, não foi observada qualquer diferença entre as escolhas para os dois objectos de teste nas condições "sem ação" e "sem ação, sem movimento".
Os resultados obtidos mostram que a experiência sensório-motora do afásico influencia a formação das categorias de objectos.
Podemos assim sugerir que o conhecimento contextual e funcional desempenha um papel crucial na recuperação dos verbos de ação nos afásicos. Quando o uso de objectos manipulados é analisado pelo afásico, o conhecimento contextual e funcional é mais facilmente acessível para esses objectos. Consequentemente, isto reflecte as ligações entre a experiência motora e o conhecimento sobre o contexto de utilização e a função dos objectos.

8.1 A interação entre o conhecimento contextual e funcional Ao analisar as normas de associação verbal para as propriedades funcionais dos objectos em adultos com afasia, verificámos que os afásicos mantinham uma relação hiperónima com a ação-alvo.

Outros atributos genéricos são comuns à maioria das categorias em causa, por exemplo, "tem rodas" para "veículo" na produção de verbos genéricos.

Ao mesmo tempo, outros traços semânticos da categoria estão presentes, por exemplo, "avião" para "veículo", que agrupam o mesmo campo semântico "meio de transporte". Com base nestes resultados, confirmamos que o tratamento de um conceito sobreordenado equivaleria ao tratamento de categorias funcionais de objectos. Este, por sua vez, activará as informações sensório-motoras que lhes estão associadas.

A informação contextual é transmitida através da reativação de conceitos subordinados (hipónimos). Neste caso, os afásicos criam interacções sensório-motoras para as ligar ao significado da informação contextual, facilitando assim o acesso aos conceitos subordinados.

Por exemplo, o contexto da cozinha representado na imagem permitiria associar vários objectos (por exemplo, copo, garfo, escorredor, prato, colher) que experiências motoras diferentes não permitiriam agrupar diretamente.

Quando os afásicos determinam se o objeto da imagem pertence à categoria mencionada, vários factores são manipulados: a categoria pode estar no nível básico, por exemplo, para o objeto "martelo" que representa um nível sobre-ordenado na categoria "ferramentas" correspondente ao nível sub-ordenado, a imagem pode corresponder a um objeto isolado ou a uma cena (isto é, vários objectos num contexto), e o objeto índice pode ou não pertencer à categoria mencionada.

Os resultados das respostas aproximadas mostram uma interação entre o nível do conceito e o tipo de imagem: a produção de verbos genéricos no nível básico é significativamente observada quando o objeto é apresentado no seu contexto, em comparação com uma apresentação do objeto isolado. Além disso, quando o objeto a categorizar é apresentado numa imagem inadequada, o desempenho categorial dos afásicos regride, produzindo mais respostas inválidas.

Os afásicos fazem uma escolha categórica sobre o objeto, quer ao nível básico, por exemplo, "um tipo de prato", quer ao nível superior, "um tipo de utensílio".

Consequentemente, o efeito do contexto interage com o nível de categorização necessário. As informações relacionadas com a ação são mais susceptíveis de ajudar o afásico a aceder a conceitos de nível básico, enquanto as informações contextuais são mais susceptíveis de facilitar o acesso a conceitos superiores.

Estes resultados são coerentes com as variações de resultados observadas entre as respostas aproximadas inter-conceito e intra-conceito. Em conjunto, estes resultados sugerem que o agrupamento de acções variadas realizadas com objectos é facilitado pelo contexto em que os objectos são encontrados, em particular as cenas em que as interacções com os objectos têm lugar e, consequentemente, isto ajuda o afásico a aceder aos conceitos ordenados dos objectos presentes. Estas aproximações semânticas representam estratégias centradas na utilização da informação contextual e podem, por conseguinte, ser consideradas como facilitadoras da compreensão de conceitos sobre-ordenados (hiperonímia) em adultos com lesões cerebrais.

As relações entre a ação e a função dos objectos reflectem as respostas interconceptuais aproximadas quando se nomeiam objectos com base na ação. Observámos que o conhecimento dos afásicos sobre a função dos objectos emerge das acções analisadas desses objectos.

Os afásicos apresentam uma confusão de verbos de ação que prova a presença de uma dupla dissociação neuropsicológica entre a nomeação das acções e a função dos objectos.

Ao nomear objectos de um suporte dinâmico (ação) para avaliar os conhecimentos dos afásicos, a instrução era determinar o objeto a partir do vídeo da ação. As respostas aproximadas obtidas sob a forma de verbos gerais e específicos em relação à ação-alvo pertencem ao mesmo contexto da categoria semântica dos objectos apresentados. Por conseguinte, os sujeitos afásicos são mais capazes de analisar os objectos relacionados com a manipulação.

As observações dos afásicos sobre a manipulação e a função do objeto activam categorias semânticas semelhantes, embora algumas destas categorias pareçam ser mais fortemente activadas quando o conhecimento sobre a manipulação é preservado no afásico. Comparámos a recuperação do conhecimento sobre a função do objeto utilizando uma tarefa de correspondência de acções. Observámos que todas as categorias semânticas de ação referentes ao objeto alvo estão activas em ambas as condições, "função do objeto" e "manipulação do objeto".

No entanto, as respostas inter-conceito aproximadas (ver Capítulo 6) não são activadas durante a nomeação oral de objectos fora de contexto.

Isto significa que a recuperação de verbos de ação em afásicos dependerá da "manipulação" e da "função", e que a recuperação do conhecimento sobre a função não parece ser sustentada por uma rede semântica específica (Canessa et al, 2008*)*.

O conhecimento da função é recuperado a partir do conhecimento das propriedades do objeto quando a associação verbal é feita com a ação adequada ao objeto-alvo. Isto explica a produção de verbos genéricos.

Esta ativação representa classicamente informações sobre o tratamento de objectos. Esta análise é por vezes interpretada por gestos correspondentes à utilização do objeto alvo, ou por uma descrição da ação (por exemplo, martelo - gesto de agarrar com toda a mão). Estes resultados são interpretados pela ativação do sistema semântico do afásico e demonstram a capacidade dos afásicos para analisar a utilização de diferentes objectos.

8.2 Processamento concetual de objectos

Os resultados da nomeação oral de objectos no contexto de adultos com afasia representam informação relacionada com a ação, que influenciou o acesso aos conceitos de objectos manipuláveis, como as ferramentas e utensílios que usamos todos os dias. Estes resultados verbais são consistentes com a ativação de regiões do sistema visuomotor durante o processamento concetual destes objectos (Barde., § al 2007).

Nos afásicos que estudámos, verificámos que o acesso ao conhecimento funcional dos objectos era preservado pela presença de respostas inter e intra-conceptuais aproximadas ("para que serve?"), ao passo que o conhecimento sobre os objectos é largamente prejudicado.

Estes dados neuropsicológicos sugerem que o recrutamento de informação motora é concomitante com, mas não necessário para, o acesso à função de objeto.

No entanto, esta interpretação merece alguma reflexão. Em primeiro lugar, sabemos que o conhecimento funcional dos objectos está relativamente preservado nos afásicos, devido à sua capacidade de descrever as acções apresentadas. Este facto pode ser explicado por uma desorganização funcional a nível cerebral e pelas estratégias compensatórias utilizadas.

Após a fase de recuperação e/ou reaprendizagem, os 5 afásicos realizam uma tarefa de emparelhamento entre vídeos que representam acções e objectos. A partir das representações semânticas dos objectos, seleccionam o objeto que corresponde à ação. Verificámos que o desempenho global dos afásicos era inferior quando nomeavam oralmente um objeto fora do contexto, em comparação com quando nomeavam um objeto a partir de uma imagem estática que representava o contexto do objeto.

As células cerebrais são muito melhores no reconhecimento de objectos em imagens estáticas através de descrições estruturais e funcionais do que no reconhecimento de objectos quando estes são apresentados fora de contexto. Isto significa que têm a capacidade de analisar o potencial de processamento concetual dos objectos, reactivando novas estratégias de aproximação.

Estas estratégias permitem-lhes representar os verbos de ação. No nosso estudo, pudemos compreender como os afásicos analisam o contexto dos objectos para reativar o seu conhecimento concetual.

Podemos assim comparar estas estratégias de aproximação com a reaquisição de novos conhecimentos sobre objectos funcionais.

Este conhecimento concetual sobre os objectos reúne diferentes tipos de informação, nem todos sistematicamente determinados por categorias semânticas. Isto leva o afásico a distinguir entre conhecimento funcional específico e geral, o que resulta na produção de verbos de ação gerais e específicos. As propriedades funcionais específicas dos objectos desempenham um papel crucial na identificação das acções.

Por exemplo, o facto de cortar e de ter uma lâmina seria fundamental para o conceito de "faca". Estes atributos funcionais específicos estariam também muito próximos da informação motora, como a ação de cortar.

Além disso, os conhecimentos relativos aos objectos durante a nomeação oral fora de contexto seriam mais gerais, como o facto de uma faca servir para cortar alimentos na cozinha, o que poderia ser assimilado ao conhecimento contextual. No entanto, verificámos que as funções específicas e gerais dos objectos raramente são dissociadas quando se avalia o conhecimento funcional (a nomeação oral de acções).

É possível imaginar que o conhecimento funcional específico da ação está mais próximo da informação contextual sobre os objectos. Por conseguinte, parece importante distinguir entre estes dois tipos de conhecimento funcional aquando da avaliação dos afásicos.

As experiências motoras dos afásicos desempenham um papel crucial na compreensão das acções. Os afásicos reactivam a sua informação sobre os objectos manipuláveis remetendo para outras formas de conhecimento sobre objectos familiares, que estão associados a outras formas de informação sensório-motora, incluindo a informação visual e estrutural, para aceder ao conhecimento sobre a utilização do objeto (Barde., § al 2007). Esta informação multifuncional está intimamente ligada à linguagem aproximada dos afásicos.

Capítulo 3 Interpretação léxico-semântica dos resultados

1. Recuperar o léxico

De um ponto de vista linguístico, durante a recuperação da linguagem, o afásico cria novas estratégias para nomear a palavra-alvo no contexto de forma muito rápida e implícita.

Para estabelecer um novo referente e uma representação mental correspondente, os afásicos utilizam uma variedade de pistas contextuais, a partir do momento em que são confrontados com uma tarefa de nomear acções baseadas no objeto em questão. Para recriar uma rede lexical, associam estas novas palavras a palavras já armazenadas na memória semântica. O afásico vai aperfeiçoar as suas representações semânticas, associando cada vez melhor as palavras da sua rede lexical para criar estas aproximações semânticas. Desta forma, a sua capacidade de recuperar as palavras armazenadas melhora.

- **Acesso a glossários e organização**

Os resultados obtidos pelos afásicos mostram a presença de vários modelos de acesso lexical no adulto. Para dar conta dos processos envolvidos na produção da fala e na identificação de palavras, distinguimos modelos que são consistentes com três tipos de representações envolvidas no acesso lexical e na recuperação de palavras: representações semânticas, sintácticas e fonológicas. Assim, o acesso ao léxico envolve duas fases, e a ativação de uma fase resulta na ativação de outra;

-A seleção de entidades abstractas que reúnem as propriedades sintácticas das palavras, representando os lemas. Para selecionar o lema alvo, é ativado um conjunto lexical para recuperar o léxico. Isto cria relações entre as palavras.

- Após esta fase, as formas fonológicas adequadas ao lema-alvo *(lexemas)* são activadas e seleccionadas, de modo a ativar a codificação fonológica.

A seleção do lema-alvo permite a codificação fonológica através da atribuição de lexemas apropriados ao lema-alvo, o que leva à nomeação do item, traduzindo um processo serial do lema ao lexema.

Estes tipos de processos conduzem à produção da fala, o que foi comprovado pelos trabalhos de Levelt (1989) em psicolinguística. A produção de uma palavra ou de um substantivo oral envolve várias etapas: o reconhecimento do objeto, a ativação do substantivo e a articulação da palavra. Isto refere-se à interpretação cognitiva das aproximações semânticas no afásico que traduz a produção de palavras, que passa pela concetualização (o conceito da ação em relação ao objeto a nomear); uma fase de formulação (recuperação da informação lexical de acordo com o conceito do objeto e adequada à codificação sintáctica e fonológica do lema).

2. A falta de uma palavra

A espontaneidade, as perífrases, a circunlocução, o atraso na evocação da palavra e os comportamentos de aproximação observados nos 5 afásicos reflectem a ausência da palavra.

Para além das consequências dos mecanismos fisiopatológicos, as perturbações cognitivas (o reconhecimento visual dos diferentes objectos apresentados aos cinco casos de afasia mostra que estes não sofrem de agnosia visual) podem refletir a falta de palavras no afásico. A ecolalia (repetição descontrolada de palavras ou frases) pode ser o resultado, em alguns afásicos, de uma abordagem comportamental da falta de palavras. De um ponto de vista linguístico, a alteração do processo lexical está na origem da falta de palavras, o que foi comprovado nas investigações de Caramazza & Hillis (1990); Hillis *et al.* (1990).

Existem dois tipos de alteração, consoante o nível linguístico afetado:

-Dificuldade em recuperar a informação semântica ("colher" para "prato", "porta" para "chave", "tesoura" para "faca"), caso em que se observa uma alteração da codificação semântica ou dos lemas. Daí a dificuldade do afásico em armazenar ou aceder às palavras, o que reflecte uma dificuldade semântica.

-Observamos uma perturbação da codificação fonológica, se o nível lexémico estiver afetado, resultando numa dificuldade de acesso à forma fonológica da palavra, que pode ir até à parafasia ou à ausência de resposta, sem qualquer perturbação da compreensão.

3. Conhecimento preservado nos afásicos

A análise dos casos mostra que a recuperação de palavras se baseia na informação linguística preservada dos afásicos. Eles utilizam estratégias denominativas mais ou menos eficazes, consoante o conhecimento lexical que conservam.

Distinguimos três tipos de estratégia:

Estratégias baseadas na forma fonológica e morfológica da palavra-alvo.

- Estratégias que se relacionam com a semântica da palavra-alvo, com base no contexto em que o objeto é apresentado.

-Observámos que as pessoas com afasia utilizam estratégias não verbais (gestos, mímica, onomatopeias) para compensar as suas dificuldades.

As respostas obtidas pelos afásicos permitiram-nos distinguir entre estratégias *linguísticas* e não linguísticas em relação ao conhecimento que o afásico possui.

Os modelos de acesso lexical podem ser utilizados para explicar estratégias puramente linguísticas.

Os resultados mostram que a nomeação de objectos nos afásicos depende da sua experiência. A relação do afásico com os objectos a nomear é um critério relevante na nomeação correcta do item apresentado, como demonstrado na investigação de Tran (2007).

Nas parafasias semânticas, deduzimos aspectos interessantes das estratégias semânticas, que reflectem a avaliação do défice nos processos de acesso lexical e de seleção lexical.

A perturbação ocorre na seleção lexical, particularmente ao nível do lexema, quando a forma recuperada é fonológica e articulatoriamente correcta ao nível do lexema.

Tomemos o exemplo da representação lexical de "carro": vários elementos compõem a sua representação semântica (quatro rodas, meio de transporte, viagem, meio de deslocação, etc.). Consequentemente, se um dos sub -

Se o conjunto de características não estiver ativo, o afásico fará uma seleção lexical errada (mota em vez de carro), o que explicará o défice a este nível de seleção. Este tipo de parafasia reflecte uma estrutura composicional das representações léxico-semânticas.

4. Representar o processamento do sistema semântico

No que diz respeito ao processamento do conhecimento semântico, observamos estratégias por parte dos afásicos que remetem para noções conceptuais, permitindo-lhes compreender a linguagem e o nosso meio ambiente (objectos, acções, rostos, sons, etc.). O contexto em que os objectos apresentados aos afásicos são utilizados, bem como a sua forma, a sua cor e a finalidade das acções, permitem-lhes chegar à sequência de acções em que se inserem, o que explica as aproximações semânticas produzidas pelos afásicos.

As perturbações da nomeação que analisámos referem-se a dificuldades em identificar e atribuir um significado aos estímulos do ambiente, quer estes assumam a forma de palavras, objectos, acções ou acontecimentos.

Os resultados das aproximações semânticas nos afásicos mostraram-nos que existe uma distinção entre perturbações "semânticas" e "conceptuais" e que esta diferença reflecte uma conceção diferente da representação do significado.

Ao nível "semântico", os afásicos retêm o significado, emprestado da linguística, "significado das unidades linguísticas e da sua combinação". Estudos efectuados por (Bierwisch & Schreuder, 199, Malt, Sloman, Gennari, Shi, & Wang, 1999, Tranel, Kemmerer, Adolphs, Damasio, & Damasio, 2003 ; Vigliocco, Vinson, Lewis, & Garrett, 2004) mostram que o sistema "léxico-semântico" representa, assim, o significado das unidades lexicais na memória de longo prazo; por conseguinte, não diz respeito apenas às actividades de produção e de compreensão da língua.

Observámos que os afásicos analisavam semanticamente cada objeto, ação e suas dimensões, o que representaria o conjunto dos conceitos não verbais do "sistema concetual". Isto explica a relação direta entre o sistema "léxico-semântico" e o "sistema concetual".

Nesta mesma perspetiva, pudemos distinguir entre o "sistema semântico verbal" e o "sistema visual" em termos de respostas inter e intra-conceituais, tal como desenvolvido por Paivio (1978), que distingue entre um sistema "verbal", que traduz o significado das palavras, e um sistema semântico "imagético", que diz respeito às propriedades visuais dos objectos e das acções imagináveis.

Verificámos que as respostas obtidas revelam uma relação entre as diferentes características semânticas do sistema semântico/concetual. Nesta perspetiva, cada propriedade semântica é representada por um "nó" (Hillis & Caramazza, 1995; Jackendoff, 1987; Masson, 1995; Miller, & Johnson-Laird, 1976) e a ativação de um conjunto diferente de "nós" corresponderia a cada conceito. Por exemplo, a representação concetual de "carro" activaria o conjunto de nreud-traits (é um objeto) , (tem quatro rodas) , (é feito de metal) , (é usado como meio de transporte).

5. Avaliação e natureza das perturbações semânticas

Os afásicos que produziam respostas aproximadas na nomeação oral de objectos e acções não apresentavam perturbações semânticas. A apresentação de uma tarefa de nomeação a partir de uma imagem permitiu estabelecer uma relação entre as dificuldades de nomeação oral de objectos fora de contexto e as dificuldades de recuperação da forma lexical. O afásico apresentava dificuldades de nomeação e défices na nomeação de objectos, o que se verificava quando nomeava oralmente fora de contexto.

Vimos que, ao nomear objectos em contexto, os afásicos produzem circunlocuções ou perífrases, paráfrases verbais (especialmente paráfrases semânticas), ou mesmo nenhuma resposta. Na tarefa de nomeação oral de objectos fora de contexto, os afásicos podem abster-se de responder ou podem descrever o uso de outro objeto que tenha uma relação semântica com a palavra de teste.

Referindo-nos aos resultados para a nomeação oral de acções, compreenderemos que estes resultados inferiores estão também ligados a um desempenho pré-semântico que afecta a componente das representações estruturais dos objectos.

Do mesmo modo, os défices na nomeação ou na verificação do reconhecimento de objectos na imagem (em contexto) podem dever-se a um défice de representação semântica no afásico.

A avaliação dos nossos resultados confirmará a preservação do processamento semântico nos afásicos que estudámos. Assim, a apresentação de objectos por nomeação oral (fora de contexto/em contexto) é uma tarefa de decisão lexical auditiva ou visual (palavras/ação).

Os resultados deficitários nestas tarefas de nomeação oral (respostas inválidas) podem ser úteis para compreender o perfil patológico da linguagem do afásico e/ou para testar níveis perceptivos mais precoces, ou seja, níveis acústicos/fonológicos nos tipos de afasia que estudámos.

6. Sobre-extensão: um fenómeno compensatório da ausência de palavras nos afásicos

O fenómeno linguístico observado em adultos com afasia, "parafasia semântica com pivô verbal", envolve a produção de substituições lexicais entre itens ligados por um conceito semântico. A falta de uma palavra no afásico é compensada por uma substituição de uma palavra (verbo) com uma relação de proximidade semântica (resposta válida aproximada) com a ação a nomear, constituindo sobre-extensões categoriais (respostas intra-conceito válidas aproximadas) ou sobre-extensões analógicas (respostas inter-conceito válidas aproximadas).

-Na extensão da categoria

A análise dos nossos resultados neste estudo, baseado na nomeação de imagens dinâmicas versus imagens estáticas, revela que as substituições de palavras (verbos) obtidas são do mesmo conceito semântico: "engolir" por "comer", "destruir" por "rasgar", "ressonar" por "dormir".

-Extensões excessivas analógicas

A capacidade de estender as palavras também diz respeito a verbos que partilham uma relação semântica, mas que não se referem ao mesmo conceito semântico, tal como descrito por R. Jakbson (1963, p. 58): "his approached identifications are of a metaphorical nature". Estas sobre-extensões analógicas dizem respeito às respostas inter-conceptuais aproximadas: "despir - o mandarim" para "descascar - o mandarim", o afásico faz uma analogia da ação observada a partir do vídeo e atribui um verbo específico "despir".

Do que precede deduzimos que a falta de palavras nos afásicos se deve a uma dificuldade de acesso ao léxico, ligada ao número limitado de palavras de que o afásico dispõe.

É nesta conceção que Nespoulous (1996) introduz a noção de "estratégia paliativa" para substituir o estatuto do erro: "Sim, a lesão cerebral que dá origem à afasia também dá origem a um défice e cria um handicap comunicativo na vida quotidiana. Mas sim, o afásico - na presença do seu handicap - tentará, e em muitos casos conseguirá, utilizar uma panóplia de estratégias para se adaptar ao seu défice e tentar contorná-lo de modo a satisfazer as suas necessidades comunicativas quotidianas" (Nespoulous, 1996, p. 423).

Este conceito funciona a um nível pragmático, ao qual se juntam outros factores de natureza léxico-semântica e cognitiva. Assim, as sobre-extensões representam um conceito paliativo no processo comunicativo do afásico para substituir o estatuto do erro.

6.1 A relação léxico-semântica entre as extensões sur

A análise linguística das sobre-extensões mostra que estas produções permitem enriquecer as concretizações sintácticas e que se baseiam, na maioria das vezes, numa relação léxico-semântica de co-hiponímia inter-conceitual entre verbos (Duvignau, 2003; Duvignau & al., 2004).

Por exemplo, o verbo "engolir" está numa relação interconceptual co-hiponímica com o verbo a denommer "comer".

Verificamos que os afásicos produzem parafasias semânticas ao pôr em jogo este tipo de relação léxico-semântica, que representa um dos modos de organização do léxico.

Estas sobre-extensões categoriais têm uma relação de co-hiponímia ou hiperonímia-hiponímia entre conceitos.

Aqui distinguimos entre :

* "Engolir para beber

► Co-hiponímia intra-domínio entre "Beber" e "Engolir" (hiperónimo = Comer) para a categoria de atividade de base.

* "Break" para "Break

► Co-hiponímia intra-domínio entre "Break" e "Break" (hiperónimo = Deteriorar) na categoria dissociação.

* "Parler" para "Telephoner

► Co-hiponímia intra-domínio entre "Talk" e "Telephoner" (hiperónimo =

Call) na "categoria de atividade de base".

* "capa" para "vestido

► Co-hiponímia de domínio cruzado entre "cobrir-se" e "vestir-se" (hiperónimo = "proteger-se") na categoria "atividade de base".

* "Desenhar para escrever

Co-hiponímia de domínio cruzado entre "Escrever" e "Desenhar" (hiperónimo = Criar) na categoria "processo".

* "Direção" para "Condução

► Co-hiponímia de domínio cruzado entre "Direct" e "Drive" (hiperónimo = "mover") na categoria "processo".

* "cut" para "slice

► Co-hiponímia de domínio cruzado entre "Cut" e "Slice" (hiperónimo = "dividir") na categoria "processo".

Verificamos que todas as sobre-extensões se apresentam sob a forma de cohiponímia ou hiperonímia-hiponímia, o que significa que as produções lexicais dos afásicos fazem parte do mesmo sistema linguístico categorial.

Perante esta falta de palavra, o afásico não desenvolve estratégias aleatórias; pelo contrário, cria uma espécie de para-sinonímia em relação ao objeto que utiliza; o resultado desta sobre-extensão é aquilo a que chamaremos aproximação semântica (Duvignau, 2003).

Como Duvignau demonstra na sua investigação, o estatuto do erro é posto em causa pela abordagem léxico-semântica das sobre-extensões.

6.2 Estratégia de estruturação macro-lexical

As categorias semânticas do discurso estão globalmente preservadas nos nossos cinco afásicos, e até sobre-empregadas na produção espontânea do discurso. Concluímos que a utilização de aproximações semânticas permitiu compensar, ao nível da macroestrutura lexical, a falta de elaboração ao nível da microestrutura verbal. Quando as representações semânticas já não são tão facilmente acessíveis, as categorias semânticas aproximadas são utilizadas preferencialmente, de modo a estabelecer uma ligação com estratégias paliativas de organização pragmático-discursiva. Esta hipótese foi testada por meio de análises qualitativas durante a tarefa de nomeação oral de acções.

7. Respostas válidas

O estudo da variável respostas válidas corrobora as tendências descritas para a categoria global dos verbos de ação. De um ponto de vista qualitativo, a análise muito parcial dos diferentes tipos de respostas válidas utilizadas e das substituições semânticas ilustra estratégias paliativas específicas da categoria de verbo a nomear durante a nomeação oral de acções, como o recurso frequente a descrições do uso dos objectos presentes.

No que diz respeito às respostas aproximadas, observámos que eram bastante comuns nos corpora afásicos, mas em formas neutras ou fracas (paráfrases semânticas).

Por outro lado, a referência aos objectos presentes é feita mais por meios lexicais do que por verbos de ação. Este facto está de acordo com as tendências já mencionadas em relação à categorização.
O exame detalhado das respostas válidas confirma, mais uma vez, que o recurso ao contexto dos objectos apresentados é mais uma caraterística da produção espontânea. Verificámos que, após a observação das acções durante a segunda tarefa de nomeação oral, os afásicos apresentaram uma maior precisão lexical.

7.1 Verbos gerais e verbos específicos

A partir da análise qualitativa, observámos que certos verbos são utilizados preferencialmente, como "ser" em descrições de acções e em construções elementares com um verbo copulativo ou um presente. Por outro lado, alguns casos de afasia (afasia de Broca) tendem a utilizar um verbo por defeito, com um valor geral (como fazer ou tomar), em vez do verbo específico requerido. Esta escolha paliativa permite melhorar a estruturação semântica da ação em torno de um predicado verbal, que pode não ser semanticamente preciso, mas que está bem presente e serve assim de pivô.
Em particular, verificámos que, globalmente, os cinco casos de afasia estudados manifestam uma disfunção que afecta os mecanismos de inflexão verbal e utilizam formas menos específicas para codificar e inserir na matriz léxico-semântica (objeto-ação), como as formas não finitas ou básicas do infinitivo. Esta simplificação da morfologia verbal é uma caraterística do estilo aproximativo, tal como definido por Duvignau (2002).
Além disso, observámos variabilidade nas respostas inter-conceituais aproximadas: em geral, quando o objeto a nomear é apresentado fora do seu contexto de uso, os verbos são usados de forma genérica, ou seja, respostas inter-conceituais aproximadas.
E vice-versa: quanto mais espontâneo é o discurso, menos específicos são os verbos, ou seja, mais frequentemente aparecem numa forma básica não-finita ou finita (não-finita, frequentemente no infinitivo, ao lado de formas verbais finitas no presente simples que são relativamente menos frequentes).

7.2 Estratégias paliativas e procedimentos de reformulação

A redução da capacidade dedicada aos processos de codificação entre os verbos de ação e o objeto a utilizar durante a codificação em contexto tem consequências para a qualidade da semântica.
Deste ponto de vista, a variabilidade das respostas aproximadas inter-conceito e intra-conceito, para cada uma das variáveis léxico-semânticas estudadas, revela a existência da disfunção subjacente e a análise das diferentes propriedades funcionais dos objectos.
Os aspectos quantitativos e qualitativos que caracterizam a semântica resultam, em grande parte, de estratégias de formatação dos constructos a produzir.
A variabilidade das respostas aproximadas reflecte claramente os procedimentos de adaptação utilizados pelos sujeitos afásicos para melhorar a qualidade léxico-

semântica dos seus enunciados.

De facto, observámos que, de um modo geral, a estruturação lexical dos verbos de ação nas produções afásicas ganha em correção semântica quando as representações verbais são analisadas com recurso a um suporte dinâmico.

E vice-versa: na produção mais livre, a produção oral dos afásicos caracteriza-se por construções intercaladas (em termos de quantidade), ou seja, pela ausência de palavras e de formas não canónicas (em termos de qualidade).

Na nossa opinião, isto deve-se provavelmente ao facto de o afásico criar uma formulação menos precisa, que é muito clara na produção espontânea.

Estratégias paliativas morfo-lexicais

As estratégias paliativas, que se baseiam em morfemas convenientes que são preferencialmente usados, melhoram significativamente a qualidade da sintaxe (como as construções em torno dos pivôs "to take" e "for" ou o uso do presentativo "it is" ou construções sintácticas mínimas (c;i va ou c'est bien).

Desta forma, a qualidade da sintaxe é melhorada por paliativos morfo-sintácticos que podem ser sistematizados para que a sua mobilização se torne rotineira. Acrescente-se que outras estratégias paliativas deste tipo poderiam certamente ser descritas através de análises qualitativas mais aprofundadas.

- Procedimento de autocorreção e reformulação

Os procedimentos de reformulação e de auto-correção pareceram-nos mais característicos da nomeação oral dos verbos de ação, reflectindo a capacidade de distinguir entre as diferentes propriedades funcionais dos objectos referentes a cada ação. Permitem melhorar a qualidade da construção léxico-semântica dos verbos de ação.

Como resultado, a elocução verbal torna-se mais fluente, levando a uma aceleração do ritmo verbal. Por outro lado, na produção espontânea (nomeação oral de objectos fora de contexto), os processos de reformulação são menos característicos.

Mais precisamente, esta aproximação semântica dos enunciados afásicos melhora à medida que a tarefa ganha em precisão concetual induzida pela ação e visada pelo locutor afásico. Os sujeitos preferem utilizar estratégias de estruturação não adaptativas na produção espontânea (i.e. adaptações preventivas). Por outro lado, quando nomeiam oralmente objectos a partir de um suporte estático referente ao contexto, tendem a utilizar estratégias auto-correctivas ou mesmo reflexivas (i.e. adaptações correctivas explícitas ou silenciosas).

- Precisão verbal e estratégias paliativas

Com base em análises conceptuais e funcionais dos objectos apresentados aos afásicos, observámos uma melhoria da fluência verbal. Isto foi conseguido através de simplificações semânticas aproximadas.

Assim, na designação oral de objectos no contexto de utilização a partir de uma imagem estática:

Há menos recurso ao estilo telegráfico, que reflecte a falta de palavras, os enunciados são mais longos e mais elaborados, e a qualidade léxico-semântica

melhora à custa de um fluxo verbal mais lento (ou seja, menos fluência);
A construção lexical apoia-se, nomeadamente, em morfemas apropriados para exprimir a utilização funcional dos objectos (como a preposição pour) e em estruturas pivot (como "Levar o objeto X para Z", por exemplo). Na nomeação oral de objectos nos seus contextos funcionais, observamos uma melhoria global da fluência verbal e/ou da qualidade léxico-semântica das produções verbais.

7.3 Adaptar os verbos de ação e as estratégias de reformulação

Em situações de nomeação oral de acções a partir de um suporte dinâmico (vídeo), as formulações são de "melhor qualidade léxico-semântica e morfossintáctica", a favor de estratégias metalinguísticas:
Para conseguir a precisão semântica dos verbos de ação, o recurso a procedimentos de auto-correção ou de reformulação é mais caraterístico das tarefas de nomeação de acções orais do que a análise concetual das propriedades funcionais dos objectos de cada ação;
Este desempenho de auto-correção observado nos 5 afásicos (ou aproximação semântica), ocorre em relação a um abrandamento do fluxo verbal (fluência verbal) que reflecte o processamento léxico-semântico das acções a nomear.
Por outras palavras, a fluência verbal é inversamente visada devido ao tempo suplementar de processamento provavelmente dedicado a procedimentos reflexivos sobre o que é produzido. As pausas vazias ou preenchidas, que se alongam e se multiplicam, são provavelmente necessárias para adaptações correctivas, o que, de facto, torna o fluxo verbal mais lento.

7.4 A relação entre os verbos de ação e a categorização

Em várias tarefas de categorização, os resultados que obtivemos a partir da nomeação oral de acções permitem-nos investigar a relação entre conhecimentos explícitos verbalizáveis. Eles confirmam a estreita relação entre a capacidade de categorização e o desempenho na verbalização.
Os resultados para os sujeitos afásicos mostram que as respostas obtidas correspondem aos campos semânticos das categorias criadas e são preservadas. Além disso, os resultados da análise das produções orais mostram a presença de uma relação entre os componentes semânticos, mas não para os componentes prosódicos e sintácticos. Assim, os sujeitos afásicos exprimem verbalmente as suas respostas relativamente a categorias semânticas.
Estes resultados são interessantes em relação às observações feitas nas páginas precedentes. Estes resultados reforçam a nossa hipótese de uma hierarquia linguística, em que a semântica constitui, por ordem ascendente, o primeiro nível de dificuldade para os sujeitos com afasia. Por conseguinte, os sucessos da nomeação oral de acções são apoiados por padrões semelhantes que observamos entre os comentários dos afásicos e a taxa de representação semântica obtida. Assim, observamos um efeito de aproximação semântica nas respostas dos afásicos.
Assim, observamos uma clara melhoria na recuperação dos verbos de ação nos

afásicos, fazendo referência ao contexto de cada ação apresentada. Estes resultados também confirmam a hierarquia de dificuldade de três níveis para a patologia da linguagem: o sucesso dos comentários é claramente melhor para a componente semântica, menos bom para a componente prosódica e muito deficiente para a sintaxe, o que reflecte a elevada percentagem de agramatismo nos 5 afásicos.

Verificámos que a verbalização está relacionada com o processamento do conhecimento metalinguístico. Como resultado, o conhecimento semântico sobre os objectos nos afásicos é mais preservado do que outros aspectos da linguagem. Consequentemente, os sujeitos afásicos têm mais dificuldade em produzir as categorias semânticas da linguagem do que os aspectos formais.

Chapitre 4 Interpretação pragmática dos resultados

1. Aproximação de um ponto de vista concetual

A interação cognitivo-semântica permitiu-nos estabelecer uma distinção clara entre significado e significante, entre pragmática e semântica, que foi observada em praticamente todas as produções orais dos afásicos que estudámos. Estes meios linguísticos paliativos servem para esbater as fronteiras categoriais do elemento linguístico que modificam. Os afásicos compensam frequentemente a sua falta de palavras com gestos ou descrições de objectos manipuláveis. Estas estratégias paliativas representam implicaturas conversacionais Grice (1979) que traduzem expressões não convencionais ou metáforas, porque não são produzidas em relação ao contexto. Por exemplo: na ação nº 14 "Ela **descasca** uma tangerina" o afásico responde "**arrancar** a pele da tangerina" este verbo de ação não está no seu contexto de enunciação, produzido pela forma não convencional da expressão linguística.

O objetivo deste estudo é fazer a distinção entre significado e significante, pragmática e semântica, utilizando uma amostra de marcadores de aproximação lexical. Identificaremos as estratégias comunicativas e os processos de reinterpretação semântica que levam à emergência de marcadores de aproximação na nomeação oral de verbos de ação.

A produção oral dos falantes afásicos é caracterizada por uma série de estratégias paliativas, o que torna os seus enunciados pouco claros.

Os resultados obtidos nos cinco casos de afasia mostram uma função mais específica de aproximação lexical ao nível dos verbos de ação, que deve ser distinguida das funções semelhantes de aproximação semântica ao nível do enunciado (verbos de ação vs. objeto).

Os aproximadores que observámos operam ao nível dos verbos de ação, enquanto que, ao nomear objectos fora do contexto, verificámos que o número de respostas válidas diminuía.

No caso das respostas aproximativas intra-conceito, a relevância semântica dos verbos de ação é reduzida. Além disso, no caso das respostas aproximativas interconceituais, a carga semântica dos verbos de ação é reduzida. Ao nomear um objeto oralmente a partir de um suporte estático, observamos uma aproximação lexical, reflectindo a influência contextual na representação semântica.

Desta forma, o contexto dos objectos representa um catalisador para a atenuação da falta de palavras e da força ilocucionária do objeto. Isto permitirá ao afásico transportar a ideia para uma aproximação lexical.

Os resultados obtidos permitiram distinguir entre meios de aproximação que servem para indicar um uso flexível de um lexema e meios de aproximação semântica como ("diner" e "cuisiner" para a ação "manger").

Limitar-nos-emos a analisar alguns meios centrais de adaptação linguística, ou seja, os aproximadores lexicais. A aproximação lexical ao nível da nomeação oral dos objectos (nos seus contextos de uso) não é explícita e é construída com base em

informações extralinguísticas.
Neste caso, as afasias que analisámos não fazem qualquer distinção concetual entre pragmática e semântica.
O significado do objeto apresentado pode assim adquirir um significado mais específico, mais geral, metafórico ou aproximado.
Do mesmo modo, a interpretação aproximada pode ser desencadeada por meios para-verbais, como a forma do objeto ou a cor da imagem apresentada. Estes efeitos pragmáticos não fazem parte da semântica dos lexemas.
No entanto, a função aproximativa tende a ancorar-se no significado de certas expressões que esbatem o sentido da palavra produzida e que elas modificam, como "grosso modo", ou "coisas do género", como "Para usar".

2. Da pragmática à semântica

O processo pelo qual o significado literal das palavras produzidas pelos afásicos é modificado (ou especificado linguisticamente) pelo uso dos objectos presentes.
Observámos três fenómenos que convergem na aproximação do significado nos 5 afásicos: especificação, aproximação e extensão, reflectindo os resultados de um processo que se adapta à maioria das palavras, daí a pragmática.
O conceito de objeto corresponde a representações mentais de acções, traduzindo assim os verbos de ação como elementos codificadores de significado. Ao nomear a ação utilizando um meio dinâmico (vídeo), observámos uma elevada percentagem de respostas aproximadas intra-conceito. Estes resultados mostram que o conceito comunicado pelo uso de um objeto é diferente do conceito codificado por palavras. Por outras palavras, a denotação linguística das palavras é especificada por esses conceitos (contexto).
No que diz respeito aos verbos gerais, a maior parte dos verbos obtidos pelos afásicos são casos de alargamento semântico, em que uma palavra é utilizada para transmitir um significado mais geral, conduzindo assim a uma extensão semântica da denotação linguística. Isto explica a transferência metafórica de significado e, por conseguinte, a aproximação semântica.
A partir das respostas obtidas durante a nomeação oral de acções, encontramos uma variedade de aproximações semânticas que reflectem uma extensão de significado. Esta extensão de sentido é relativamente aplicável a uma ação dos afásicos e representa uma denotação linguística categorial.
Observamos que as respostas obtidas pelos afásicos na ação n.º 1 ("comer batatas fritas") são as seguintes: "dine", "cuisine" e "deguste". Vemos que estes verbos conservam o campo semântico da categoria verbal em relação ao verbo original.
Estas expansões referem-se a categorias supra-ordenadas ou subordenadas, e os afásicos conservam os traços diferenciadores de cada categoria verbal. Esta observação é válida para cada ação apresentada.
Existem diferentes graus de aproximação semântica, como no caso das acções 16 e 17, em que as respostas obtidas foram "partir", "cortar" e "separar" em vez dos verbos "rasgar" e "cinzelar".

Observamos que certos verbos correspondem a um nível mais geral, reflectindo uma relação hiperonímica (categorias supra-ordinadas) e formam a categoria mais inclusiva; por exemplo: o verbo "partir" representa uma extensão categorial formada a partir da análise da ação "rasgar o jornal" pelo afásico, relacionando o objeto da ação "tesoura".

3. A pragmática dos verbos de ação

A explicação pragmática (lexical) é a razão pela qual um tal processo pode ocorrer. Por outras palavras, qual seria o resultado, para a cognição e a comunicação, da existência de um repertório plástico de expressões aproximadas? A função dos verbos genéricos seria a de criar percursos semânticos preferenciais nos afásicos: quanto mais o verbo genérico é usado, mais o percurso é marcado e conhecido e, portanto, mais acessível é o seu significado. O facto de as aproximações semânticas traduzirem metáforas, cujo uso e, portanto, cujo significado se generalizou, não é crucial aqui. O que é essencial é a ideia de um caminho preferido. Os falantes afásicos produzem verbos de ação metafóricos, como "undress", "tear off" para "peel off", que demonstram a sua capacidade de juntar objectos que pertencem a categorias distintas com base em propriedades físicas ou funcionais partilhadas (Winner, 1995; Gelman & al, 1998; Bassano, 2000).

No que diz respeito ao desenvolvimento do léxico verbal, observámos que os afásicos têm uma competência analógica baseada na nomeação oral de acções, que consiste em comparar diferentes acções, o que é essencial para a recuperação da linguagem e do desenvolvimento cognitivo.

Os resultados obtidos mostram que estes falantes afásicos têm uma flexibilidade semântico-cognitiva que lhes permite compensar a falta de palavras.

Ao analisarmos as aproximações semânticas produzidas pelos cinco afásicos, verificámos que apresentavam sobre-extensões erróneas a partir de verbos, adjectivos e substantivos objectos. Estas aproximações semânticas são também criadas por referência a uma competência de analogia que reflecte a sua flexibilidade cognitiva. Por exemplo, obtivemos o verbo "dividir" para a ação de "cortar uma maçã" graças à identificação de uma analogia do tipo "Dividir uma maçã".

Estas aproximações semânticas reflectem manifestações linguísticas desta competência cognitiva, que pode ser definida como a acentuação de um termo lexical, quer em relação ao seu contexto linguístico, quer em relação ao seu contexto pragmático, dando assim origem a dois tipos de aproximação (Duvignau, 2002):

-Aproximações semânticas interconceituais na ação "descascar uma tangerina", o afásico responde com a seguinte frase: "ela descasca uma tangerina". Trata-se de uma descrição do verbo de ação "descascar" que mobiliza uma discrepância entre o conceito semântico "dissociação" associado ao lexema aproximativo "descascar uma tangerina" e o conceito semântico "pele" associado à ação "descascar uma tangerina".

A relação entre o lexema aproximado 'arracher' e um lexema convencional 'peler' é, então, uma relação de co-hiponímia interconceitual, em que os co-hipónimos se encontram numa relação de sinonímia, apesar de não pertencerem ao mesmo campo semântico: 'dissociation ^ corporel' (Duvignau, 2003; Duvignau et al. 2007). Esta relação de co-hiponímia inter-conceitual (como entre 'eplucher' e 'arracher') é o núcleo linguístico daquilo a que Gentner (Gentner et al. 2001) chama, ao nível concetual, a relação de identidade parcial entre predicados relacionais (como entre eplucher e arracher) de domínios conceptuais distintos.

-As aproximações semânticas intra-conceptuais na ação "a senhora protege o seu carro (garagem)" são produzidas para descrever "a ação de estacionar o seu carro numa garagem", o que remete para a diferença entre o conceito "a senhora protege o seu carro (garagem)" e "a senhora protege o seu carro (garagem)".

"Neste caso, o lexema aproximado produzido, "proteger", está numa relação co-hiponímica com o item esperado "garer", embora possa pertencer ao mesmo conceito semântico. Aqui, o lexema aproximado produzido, "proteger", está numa relação co-hiponímica com o item esperado "garer", embora possa pertencer ao mesmo conceito semântico. Já não se trata, portanto, de uma relação de sinonímia, mas sim de uma relação de troponímia intra-conceitual que provoca uma tensão pragmática.

Isto deve-se à inadequação do verbo troponímico para designar a ação em causa. As aproximações semânticas observadas nos afásicos reflectem, portanto, uma manifestação lexical da analogia concetual (Lakoff, 1992; Gibbs, 1994; Glucksberg e Keyzar, 1990).

4. Projeção paradigmática no eixo sintagmático

Durante o acesso lexical, surgem aproximações semânticas que estão dentro da capacidade cognitiva dos afásicos. Os afásicos projectam a estrutura de um domínio concetual na estrutura e nas características funcionais do objeto da ação. Esta projeção conduz a metáforas sob a forma de aproximações semânticas, designadas por processo metafórico por Lakoff e Johnson (1980), baseadas na identificação de semelhanças estruturais entre o objeto da ação e o domínio concetual.

O falante afásico, querendo comunicar a ação de "descascar uma tangerina", produz um enunciado metafórico utilizando o verbo "arrancar a pele da tangerina", exprimindo assim uma dissociação semântica de categoria verbal.

Os afásicos fazem uma analogia comparando a ação observada "Descascar uma tangerina", para a qual perderam a categoria verbal por referência a uma ação previamente memorizada, com a entrada lexical "Descascar a casca da tangerina".

Para explorar estas aproximações semânticas a nível lexical, distinguimos dois tipos de relações entre lexemas:

- A relação sintagmática entre o verbo e o objeto: o verbo V1 está numa relação sintagmática com o objeto se o termo V1 puder aparecer num maior ou menor número de contextos sintácticos de V2; Exemplo: o verbo "eplucher" está numa relação sintagmática com o termo "mandarim". A relação paradigmática entre verbos: o termo t1 está numa relação paradigmática com o termo t2 se o termo t1 puder ser substituído pelo termo t2, sem alteração fundamental de significado, num maior ou menor número de contextos sintácticos; Exemplo: o termo "peler" está numa relação paradigmática com o termo "eplucher".

Com base nesta análise, observamos uma relação de semelhança ao nível concetual entre "descascar uma tangerina" e "arrancar a tangerina", que permitiu aos falantes afásicos resolver o nível linguístico através de aproximações semânticas sob forma metafórica.

O nível concetual permite que os afásicos elaborem o input analógico da ação "Descascar uma tangerina" como "Retirar a tangerina". Para compreender esta falta de representação do nível concetual, referimo-nos ao cruzamento semântico do eixo paradigmático da aproximação semântica (ex.: "devetir").

O eixo sintagmático do objeto utilizado na ação e o termo utilizado pelo afásico criam uma tensão semântica.

No eixo paradigmático, o afásico apoia-se na semelhança entre entidades lexicais. No eixo sintagmático, o afásico apresenta uma desorganização entre os elementos linguísticos da frase, o que explica o seu agramatismo. O verbo "Devetir, arracher" cria uma tensão semântica em relação ao contexto do objeto utilizado.

5. Aproximação semântica à pragmática

A evolução de novas funções pode então conduzir a funções puramente processuais como marcadores meta-discursivos que assinalam o uso de figuras ou outras marcas ou o trabalho de formulação, e a funções atenuantes ao nível da ilocução. Observámos nesta investigação que a linguagem do afásico apresenta uma dissociação entre o ato locucionário (fonético, fático, sintático, semântico; linguístico) e o ato ilocucionário (pragmático) através do ato perlocucionário (o ato de informar, descrever, etc.) (Austin, 1962).

De acordo com a investigação de Olson (1970), o significado das palavras em enunciados verbais é determinado pelos objectos que denotam; o objeto, o espaço e o tempo constituem o contexto.

Deste ponto de vista, o processo de atribuição categorial (incluindo a ação) resulta das propriedades físicas dos objectos, seguidas das de natureza cognitiva, que desempenham um papel fundamental na informação recolhida para interpretar o enunciado em termos de ação no afásico.

Os aproximadores operam em vários níveis linguísticos, o ponto de partida para a emergência dos marcadores de aproximação descritos encontra-se nas estratégias comunicativas e cognitivas (escolha de uma resposta provisória semelhante ao conceito do objeto-alvo por analogia, categorização, comparação), típicas dos fenómenos de pragmaticalização. Assim, as aproximações representam elementos linguísticos híbridos.

É evidente que as mudanças que produzem a maioria dos aproximantes analisados nesta investigação representam, pelo menos, o início da pragmaticalização. A estrutura do discurso afásico é caracterizada por uma evolução das funções aproximantes dos verbos de ação

Ao nível sintático, tanto os aproximadores semânticos como a sua utilização são relativamente fixos e de âmbito limitado, porque modificam categorias lexicais, embora pertençam frequentemente à mesma categoria linguística.

As aproximações semânticas assemelham-se então a morfemas gramaticais, tal como os determinantes, que operam ao nível da proposição e têm um âmbito fixo e reduzido.

Ao mesmo tempo, servem para orientar a interpretação de um enunciado e reflectem o trabalho envolvido na sua formulação, pelo que têm também um elemento processual que representa o significado concetual de outro elemento do discurso.

Chapitre 5 Natureza das dissociações semânticas e concetualização

1. Explicações sugeridas

Para demonstrar as dissociações categoriais, utilizámos a nomeação ou a categorização de objectos com base numa apresentação visual do próprio objeto ou de uma ação do objeto; a nomeação com base numa apresentação verbal, que se processa à maneira de uma adivinha; a nomeação de um objeto apresentado; a interrogação verbal sobre as propriedades de um objeto [e distinguimos depois entre perguntas relativas à taxonomia, como "isto é um carro? " ou "questões funcionais" como "este objeto rola?", e finalmente questões "sensoriais" ou "perceptivas" como "tem uma das rodas?]

Para identificar os objectos e testar a associação semântica, utilizámos a correspondência multimodal (por exemplo, ligando o objeto à sua possível ação).

Em geral, o desempenho dos afásicos nas tarefas de nomeação oral, nomeação de acções e resposta a perguntas é correto, pelo menos num determinado modo de apresentação, e são estas tarefas que são mais bem utilizadas para diagnosticar a perturbação de categoria.

Observámos que o fenómeno mais frequentemente observado nos afásicos com défices categoriais é o comprometimento seletivo da categoria dos objectos.

A construção das dissociações semânticas nos afásicos é definida com base nas características semânticas dos objectos. Isto explica a desdiferenciação geral das representações semânticas que ocorre nos défices categoriais.

Os efeitos desta desdiferenciação seriam intensos em tarefas que envolvessem, por exemplo, objectos de categoria mais difícil de separar do ponto de vista das suas características funcionais.

Consequentemente, o conceito de objeto e a representação semântica da ação estão intimamente relacionados, ou seja, as aproximações semânticas devem-se ao conceito de objeto em relação à sua ação.

As respostas obtidas pelos casos de afasia mostram que a analogia visual das descrições funcionais dos objectos presentes perturbaria o processamento semântico das categorias semânticas, sem uma seleção dos traços semânticos a partir das descrições estruturais.

A ideia dominante é, portanto, que a organização categorial da memória semântica deriva dos papéis respectivos desempenhados pelas informações provenientes de diferentes canais sensoriais na formação das representações utilizadas nas tarefas semânticas.

Identificámos dois comportamentos de categorização em particular nos afásicos que estudámos: a categorização taxonómica e a categorização temática.

A parafasia semântica pode resultar da taxonomia. É o caso quando o afásico agrupa diferentes objectos (ou imagens) com base em características comuns que podem ser designadas por um termo comum (por exemplo, um cinzel pode ser associado a uma faca porque ambos partilham as características de espécimes da categoria taxonómica dos objectos cortantes).

A nomeação oral de acções permitiu-nos identificar os diferentes elementos de uma categoria temática que estão ligados entre si por relações de analogia espacial ou temporal (por exemplo, o objeto "prato" pode ser associado a uma "colher" se o tema for cozinhar). A maior parte dos cruzamentos semânticos que observámos caracterizam-se pela pluriapropriação (ou seja, a escolha de vários associados que instanciam relações categoriais diferentes para o mesmo alvo).

Os resultados obtidos evidenciam a presença de dificuldades na justificação das escolhas ou a falta de coerência na escolha das palavras ao nomear oralmente os objectos. Assim, os afásicos podem produzir várias respostas correspondentes a uma mesma classe de categorização (taxonómica, por exemplo), sem no entanto se aperceberem do elo comum entre essas diferentes associações.

Assim, distinguimos duas formas de variabilidade nas respostas dos afásicos. A primeira, avaliada pelo teste de nomeação de objectos orais fora de contexto, é uma variabilidade espontânea a que chamamos pluriparing, guiada pelas características do objeto.

A segunda corresponde à flexibilidade categorial (Maintenant & Blaye, 2008) e exigiria um controlo top-down e, portanto, representações mais precisas das relações categoriais. De facto, numa situação de emparelhamento objeto-ação, os afásicos podem deixar-se dirigir pelos primers semânticos constituídos pelas acções em relação aos objectos apresentados: as respostas são assim produzidas caso a caso, com base em associações específicas.

A manutenção da utilização de um comportamento de categorização não é, portanto, exigida, nem pelas instruções nem pela estrutura do teste que propusemos. O afásico que associa um carro a uma garagem e à ação de "estacionar" é considerado como tendo produzido um emparelhamento temático e um emparelhamento taxonómico para o mesmo objeto e, portanto, como tendo demonstrado uma forma de flexibilidade de resposta.

No entanto, o contexto da ação em causa não exige de modo algum a natureza da relação (temática/taxonómica) que observamos através de um determinado emparelhamento.

Estudámos a flexibilidade categorial através da ação, a fim de analisar as diferentes aproximações semânticas na categorização.

Os nossos resultados mostram que os afásicos são capazes de demonstrar uma escolha taxonómica e temática durante a tarefa de nomear oralmente acções em relação a objectos. Podemos, portanto, deduzir que eles têm a capacidade de construir relações categoriais de forma controlada.

Além disso, foi demonstrada uma assimetria entre estas duas relações, no sentido do acesso à compreensão da relação temática, com base na nomeação oral de objectos estáticos nos seus contextos.

Assim, no nosso estudo, observámos um desenvolvimento da flexibilidade categorial nos afásicos e um efeito do tipo de relação, a favor da relação temática. Na nomeação oral de objectos fora de contexto, os afásicos mantêm o uso de uma relação semântica (temática ou taxonómica) entre o objeto e o seu contexto de uso. Depois, na segunda fase (nomeação oral de objectos no seu contexto de uso), a tarefa é a mesma, mas é introduzida uma interferência pela presença de um associado que instancia uma relação semântica diferente da esperada e, finalmente, na terceira fase da nossa experiência de nomeação oral de acções. Trata-se de passar a uma análise do objeto com base na sua ação para denominar o verbo. Os seus resultados mostram que a flexibilidade categorial se desenvolve com um efeito da relação a favor da relação temática. Pudemos também mostrar que as capacidades de manutenção nos afásicos se desenvolvem mais durante a nomeação oral precoce das acções. Observámos, portanto, uma relação entre o conceito de ação e a dissociação semântica em relação ao desempenho da flexibilidade categorial.

2. Influência da força de associação nas escolhas de correspondência na afasia

Observámos que a associação entre objectos e ação dependeria do conceito de uso de objectos "[...] da coocorrência de objectos no mundo real e, portanto, da experiência de cada indivíduo com os objectos" (Scheuner, 2003, p. 205). As forças de associação podem assim variar de um afásico para outro para o mesmo objeto, dependendo do contexto de utilização de cada objeto em questão. Por exemplo, um afásico que tenha um carro e o utilize regularmente para se deslocar, dará mais peso à associação entre estes dois elementos (carro e deslocação) do que um afásico que não tenha carro.

O estudo de 5 casos de afasia revelou a influência da categorização na evolução da recuperação dos verbos de ação.

Assim, os resultados obtidos neste estudo permitiram-nos mostrar o papel relevante das forças de associação nas escolhas de nomeação de objectos orais dos afásicos. Quando as dissociações produzidas pelo afásico correspondem à mesma relação categorial (temática ou taxonómica), as escolhas do afásico são guiadas pelas forças de associação, e as respostas aproximadas são o item julgado fortemente associado aos objectos presentes. A maior frequência de escolhas temáticas em relação às escolhas taxonómicas é observada nestes afásicos apenas nos casos em que os temas dos objectos são julgados como estando mais fortemente relacionados com o objeto presente do que os associados taxonómicos. Observamos uma flexibilidade categorial na nomeação de objectos apresentados nos seus contextos de uso, sendo necessário manter o uso de um primeiro comportamento de categorização (temático). Além disso, quando a nomeação oral de acções leva à utilização de um outro comportamento (taxonómico). Trata-se de uma forma de "concetualização relacional".

-Desenvolver a concetualização das relações

A criação de aproximações semânticas pelo afásico implica um desenvolvimento da categorização, que se constituiria pelo acesso a diferentes comportamentos de categorização (taxonómicos ou temáticos), representados pela observação da ação e do seu objeto, ou seja, a concetualização destas relações.

Ao nível das relações categoriais, observamos a concetualização dos objectos que unem os elementos de diferentes categorias taxonómicas (como utensílios de cozinha e objectos cortantes, por exemplo), pelo que a concetualização da relação reflecte a analogia espácio-temporal que une os elementos de uma mesma categoria temática. A nossa investigação mostrou-nos que, para utilizar comportamentos de categorização flexíveis, é necessário ter conceptualizado as relações envolvidas (temáticas e taxonómicas).

Mostrámos uma sincronia no desenvolvimento destas duas capacidades, com base nas aproximações semânticas produzidas pelos afásicos e nas relações que podem ser utilizadas de forma flexível.

Assim, utilizámos uma abordagem correlacional para avaliar o desempenho da flexibilidade categorial dos 5 casos de afasia, bem como o seu nível de concetualização das relações a partir da nomeação oral de acções, a fim de identificar as associações utilizadas (resposta inter-conceito e intra-conceito).

Através dos nossos resultados, pudemos determinar se a concetualização permitiria explicar o desempenho dos afásicos num teste de flexibilidade categorial, excluindo o desempenho de associação. Em suma, analisámos o desenvolvimento da flexibilidade categorial nos afásicos, para mostrar as relações taxonómicas e temáticas.

Com base nos resultados anteriores, observámos o efeito do conceito e das características funcionais do objeto na distinção das relações temáticas. Conseguimos identificar um preditor deste desenvolvimento da flexibilidade categorial. As escolhas categoriais dos afásicos na recuperação verbal são influenciadas pela força de associação. Este fator está menos envolvido no seu desempenho em flexibilidade categorial, uma vez que a concetualização das relações semânticas estudadas (temáticas e taxonómicas) disponíveis para os afásicos pode ser um bom preditor das suas capacidades de flexibilidade categorial.

O conceito de um objeto durante a sua manipulação desempenha um papel relevante na concetualização que será efectuada e utilizada. O processo de concetualização implica uma representação explícita das propriedades e do funcionamento de uma classe de objectos, de uma atividade ou de um fenómeno.

O desenvolvimento da flexibilidade categorial e a capacidade de concetualizar as relações semânticas são dois factores importantes na criação de comportamentos de categorização.

No que diz respeito ao desenvolvimento da flexibilidade categorial, os nossos resultados confirmam que os afásicos possuem uma capacidade de desenvolvimento da flexibilidade categorial. Também mostraram uma melhoria significativa do desempenho na criação de relações semânticas durante a nomeação. Por outro lado, observamos dificuldades particulares no uso controlado e flexível da relação taxonómica durante a nomeação oral de objectos fora de contexto.

Mais especificamente, os cinco casos de afasia que estudámos conseguiram manter o uso das duas relações semânticas numa situação sem interferência, confirmando assim o acesso às associações.

O afásico mantém uma relação semântica na nomeação oral fora de contexto, e adopta uma relação taxonómica, que já não é fonte de erro. Os resultados obtidos mostram a presença de flexibilidade cognitiva no uso das relações semânticas nos afásicos. O teste que escolhemos para a nomeação oral de acções e objectos exigia que o afásico fizesse duas escolhas consecutivas de associados (taxonómicos e temáticos) para o mesmo alvo, mas não implicava a manutenção do uso de um tipo de relação (semântica). O estudo destes casos de afasia mostrou que os afásicos consideram globalmente que duas imagens tematicamente relacionadas estão mais fortemente associadas do que duas imagens taxonomicamente relacionadas.

Este resultado confirma que os critérios temáticos são mais facilmente analisados pelos afásicos do que os critérios taxonómicos. Isto significa que a dissociação léxico-semântica (verbo-objeto) afecta o nível taxonómico, uma vez que os afásicos criam paráfrases semânticas quando nomeiam acções oralmente.

A utilização controlada da categorização temática e taxonómica representa uma dissociação.

A flexibilidade categorial afecta vários níveis de discordância e concetualização, que são exigidos respetivamente pelas tarefas de emparelhamento de escolha forçada e pelo nosso teste de flexibilidade categorial. Os afásicos necessitam de dois níveis de variabilidade nas suas respostas: a correspondência múltipla, que requer pouco controlo e pouca concetualização, e a flexibilidade categorial, que requer um controlo descendente e, portanto, uma concetualização suficiente das relações.

Os nossos resultados mostram que as forças de associação não influenciam significativamente o desempenho da flexibilidade.

Conseguimos distinguir o desempenho da flexibilidade categorial na afasia com base na concetualização das relações semânticas, analisando as respostas inter e intra-conceito, com referência à relação taxonómica ou à relação temática com a relação taxonómica. A concetualização permitiria o desenvolvimento da flexibilidade categorial e optimizaria ou favoreceria o desenvolvimento da recuperação lexical verbal nos afásicos.

No teste de nomeação oral de acções com flexibilidade categorial, o afásico mantém o uso da relação taxonómica. Na nomeação oral de objectos nos seus contextos, os estímulos propostos (conceito do objeto) envolvem verbos específicos e representam a presença de flexibilidade concetual. Esta situação pode ser mais difícil para os afásicos, uma vez que estes têm dificuldade em fazer associações temáticas em comparação com as associações taxonómicas.

Através das suas respostas aproximadas, os afásicos passam da relação temática, melhor conceptualizada pelo plus, para a relação taxonómica, menos acessível.

A flexibilidade categorial pode e facilita a recuperação de verbos de ação em afásicos e a generalização de categorias através da seleção de informação e do reforço das associações caraterística-categoria.

Neste estudo, verificámos que os afásicos tiveram de reativar uma nova teoria relativa à utilização de um objeto manipulável. As

No primeiro caso, o falante afásico apresenta uma interpretação particular do objeto ao nomear um objeto oralmente fora do contexto e, no segundo caso, uma outra interpretação do mesmo objeto ao nomear oralmente uma ação. Ambas as interpretações se centram numa parte diferente do objeto. Durante a recuperação, as características funcionais dos objectos representados pelos estímulos de transferência são apresentadas aos afásicos, que devem analisar a categoria11 de cada objeto. Entre os estímulos de transferência, um item era consistente com uma das interpretações do objeto, um segundo item era consistente com a outra interpretação e um terceiro item era inconsistente com ambas as interpretações. Os resultados mostram que os afásicos projectam a mesma categoria que o objeto a nomear.

Estas aproximações semânticas são uma evidência da readaptação linguística na afasia e mostram que as acções dos objectos facilitam a recuperação dos verbos de ação e a generalização das categorias através da seleção da informação e do reforço das associações caraterística-categoria. É essencial estudar a contribuição do conceito para a nomeação oral na afasia. Isto para compreender a influência do conhecimento que o afásico possui na formação de conceitos, bem como o processo de atualização de teorias em função da categorização. De um modo geral, a afasia apresenta uma dificuldade em associar a oposição entre o processamento analítico e a nomeação lexical, devido à possível interdependência entre estes dois modos. Quanto mais dois objectos têm uma analogia funcional, maior é a probabilidade de partilharem muitas propriedades e maior é a probabilidade de algumas dessas propriedades partilhadas serem utilizadas para o processamento analítico. Assim, o afásico analisará as dimensões estruturais e funcionais dos estímulos que representam as propriedades estruturais e funcionais dos objectos presentes, ambos com características emergentes que são nada mais nada menos do que dimensões dos estímulos processados pela memória semântica.

3. Natureza das dissociações

Observámos nos nossos cinco casos de afasia uma dificuldade em encontrar a palavra correspondente a um determinado referente (iconográfico), apesar da sua capacidade de reconhecer o objeto que lhes é apresentado. "Sei-o mas não o consigo dizer", dizem muitas vezes, imitando o objeto ou a sua ação enquanto fazem o gesto de utilização do objeto em questão (uma faca, por exemplo). O resultado é uma dupla dissociação entre a gestão dos referentes extra-linguísticos e a gestão dos signos linguísticos. **-Dissociações na análise das duas faces do signo linguístico** Verificamos que os afásicos analisam e compreendem perfeitamente o conteúdo que pretendem transmitir (o significante), ao mesmo tempo que têm dificuldade em aceder aos itens lexicais do seu léxico mental (o significado) - uma desorganização pragmática entre as duas faces do signo linguístico. Este fenómeno pode ser explicado pela diferenciação das perturbações léxico-semânticas nos afásicos (Jl. Nespoulous, 2016). Por outras palavras, eles têm um problema de acesso à língua, sem perturbações semânticas.

Quando os afásicos se apercebem de que a palavra que produziram não corresponde ao significado que pretendem transmitir aos outros, lançam-se em sucessivas autocorrecções, com diferentes graus de sucesso, que reflectem/ traem a plena consciência do seu problema de lexicalização, resultando na produção de aproximações semânticas.

4. Factores cognitivos e estrutura de categorias na recuperação da linguagem em afásicos

A partir da denominação oral de ação, observámos que o conceito de objeto é uma representação mental de uma categoria cujas múltiplas funções são categorizar, compreender o mundo, fazer inferências, explicar e raciocinar, aprender, comunicar e combinar.

Através dos nossos resultados, observámos a análise do conceito de ação pelo afásico, de acordo com a capacidade de seleção para a categorização dos estímulos multidimensionais a serem categorizados.

A partir da representação concetual, o afásico tenta criar características relevantes do objeto e da sua utilização para compensar a falta de palavras, o que resulta em aproximações semânticas. Ao nomear oralmente um objeto fora de contexto, o afásico identifica as dimensões do objeto para as categorizar, filtrando-as e, se as características não forem relevantes, generalizando as respostas (verbo geral).

Por exemplo, se os estímulos são características relacionadas com a forma do objeto ou com a sua função, podem ser apresentados exemplos de cada uma destas duas categorias em termos de tamanho, cor e relação entre forma e função. Os aspectos conceptuais reflectem geralmente estímulos que não representam entidades do quotidiano, mas sim formas simples compostas por dimensões elementares (forma, cor, posição, orientação, etc.). Na maior parte destes estudos, é apresentada uma série de estímulos ao afásico, que deve aprender a agrupá-los em classes predefinidas pelo terapeuta da fala.

Foi possível distinguir a relação entre conceito, categorização e flexibilidade cognitiva a partir das diferentes respostas que representam aproximações semânticas. O desenvolvimento dos conceitos na afasia é essencialmente considerado através dos conteúdos conceptuais associados ao mundo real (categorias de objectos ou categorias biológicas), das relações que os unem (como um cinzel ou uma faca são objectos cortantes) e das características estruturais que unificam as categorias.

Na nossa investigação, concentrámo-nos nas aproximações semânticas, essencialmente nos factores que explicam a procura e a descoberta de dimensões de classificação relevantes.

Resumo do estudo de caso

A análise dos resultados das perturbações acompanhadas de estratégias compensatórias aplicadas pelos afásicos mostra que a análise dos dados processuais é um instrumento notável para a contabilização dos comportamentos compensatórios dos afásicos. O estudo destas estratégias é objeto de investigação no domínio da compreensão e da produção da linguagem. Trata-se, portanto, de um domínio metalinguístico que nos interessa.

As capacidades linguístico-cognitivas preservadas dos afásicos são utilizadas para compensar a presença de défices linguísticos e para aumentar a sua flexibilidade cognitiva. Na terapia clínica, a compreensão destas estratégias espontâneas é vital para concentrar os esforços de recuperação nas capacidades linguístico-cognitivas preservadas do afásico.

A análise da produção dos afásicos que estudámos permitiu-nos chegar a resultados muito variados. Por um lado, confirma a existência de parafasias, que representam um sinal de falta de palavras. Este facto era esperado e é coerente com a literatura sobre a afasia motora. Por outro lado, mostrámos que o fenómeno de categorização estava ligado aos testes de nomeação de acções orais.

Neste tipo de prova (nomeação oral de objectos), os resultados mostraram um fenómeno de análise por parte dos afásicos. Ao olhar para a ação estabelecida pelo objeto, o repertório lexical do afásico está ativo, dificultando a procura da palavra correspondente, o que cria aproximações semânticas.

No contexto da afasiologia, os falantes produzem enunciados metafóricos: "uma lua é um balão", "um gato é um leão", reflectindo a sua capacidade de reunir objectos que pertencem a categorias distintas com base em propriedades físicas ou funcionais comuns.

Este tipo de enunciado mostra que os falantes com perturbações lexicais (afásicos) dispõem de um sistema lexical flexível em que os verbos estão ligados por sinonímia interconceitual e intraconceitual, uma estrutura que ajuda a garantir a sua comunicação apesar das limitações lexicais de que sofrem.

Verificámos, neste estudo, que os afásicos cuja produção lexical é desorganizada apresentam um perfil semelhante ao das crianças em processo de aquisição da linguagem, bem como ao dos aprendentes de línguas estrangeiras (Duvignau, 2003). Produzem um número relevante de aproximações semânticas com um pivot verbal, como por exemplo: "la dame mache le pain" (para a ação-vídeo Manger_pain), "Elle casse le journal" (para a ação-vídeo Dechirer le journal).

Os resultados obtidos mostram que as aproximações semânticas com um pivot verbal têm um estatuto pragmático. Para determinar a perturbação do uso pragmático por aproximação semântica, retemos que os fenómenos de rejeição e de modalização como marcadores de condição e de metáfora são uma (des)categorização das palavras em categorias distintas (Duvignau, 2003).

As aproximações interconceptuais nos afásicos representam termos pouco usuais mas semanticamente próximos da palavra habitualmente utilizada que remete para um léxico categorial, o que implica um processo de "desconceptualização" (Kleiber, 1999; Prandi, 2002).

Nos falantes afásicos, este processo de "des-concetualização" é muitas vezes involuntário e é causado pelo problema de acesso a um item convencional. Neste sentido, pretendemos estudar a reformulação utilizada pelos afásicos para compensar a falta de uma palavra, bem como a sua representação metalinguística da reformulação: "Ela partiu o jornal". Esperamos, assim, contribuir para a articulação da reformulação parafrástica e dos actos de fala (Giry-Schneider, 1994), (Austin 1962).

A utilização de verbos genéricos em diferentes contextos pelos afásicos demonstra a flexibilidade semântica do léxico verbal. Eles são capazes de substituir um verbo por outro para produzir enunciados inteligíveis.

Por exemplo, "dechirer" estende-se semanticamente a várias acções e está aberto a vários contextos. Os afásicos estendem o verbo de ação ainda mais, em relação à sua falta de palavra. Os conceitos dominados pelos afásicos determinam a sua escolha de palavras: escolhem um verbo que corresponde ao conceito, que está incluído nele, tal como "dechirer" está incluído no conceito de deterioração.

Os afásicos têm em conta ou negligenciam certos semas (Le Ny, 1987), o que é o caso da escolha dos verbos que contêm o sema de "deterioração". O verbo utilizado traduz um vasto contexto de manipulação funcional, o que permite utilizá-lo em acções para as quais não é a priori adequado.

Gentner (1978) afirma que, através do uso de verbos, as crianças demonstram uma capacidade de fazer analogias e extensões criativas. Esta capacidade também pode ser observada nos aprendentes de uma língua estrangeira (Duvignau, 2003). As crianças estendem o verbo a diferentes situações e decidem escolher um verbo quando apenas uma parte do seu significado se aplica. Assim, basear iam o significado de uma nova palavra nos dados conceptuais que possuem; estes dados conceptuais estariam ligados à sua cultura e à sua aprendizagem no seio de uma sociedade particular, tendo cada língua os seus próprios conceitos.

Os verbos escolhidos acabam por ser co-hipónimos dos verbos esperados. Assim, "couper", utilizado para a ação "déchirer le journal", é um co-hipónimo extra-concetual de "de dissocier": partilham o hiperónimo "deteriorer".

Propomos uma estruturação do léxico verbal baseada na proximidade semântica, que poderá ser utilizada na aprendizagem de línguas estrangeiras.

As aproximações semânticas representam uma estratégia paliativa para a falta de palavras. A utilização de um verbo genérico de uma forma convencional ou não convencional faz apelo a processos cognitivos de categorização importantes para a aquisição e estruturação do léxico verbal numa língua estrangeira (Duvignau, 2003).

Como resultado, o afásico apresenta aproximações semânticas com um pivô verbal genérico e representa uma fase de reaquisição da linguagem.

Conclusão

O objetivo do presente estudo é explorar as estratégias compensatórias na afasia, nomeadamente as aproximações semânticas para a categorização. Trata-se de uma primeira tentativa de analisar o funcionamento linguístico-cognitivo numa patologia da linguagem.

Por esta razão, seria muito presunçoso tirar conclusões precisas nesta fase, uma vez que estamos apenas no início do estudo da categorização na afasia. Por esta razão, este trabalho reflecte apenas o fruto de observações iniciais no vasto campo da categorização cognitivo-linguística, em particular da parafasia semântica com foco verbal.

Do que precede, observámos que os afásicos são capazes de criar significado in-concetual através de aproximações semânticas, apesar da sua desvantagem comunicativa. Tentámos compreender como é que estas sobre-extensões e adaptações categoriais favorecem o seu sucesso na aproximação do significado.

As investigações de K. Duvignau (2003) e de M. Manchon (2011) foram úteis para analisar a organização semântica dos verbos de ação nos afásicos.

Com base na análise da nomeação oral de objectos e de acções (imagem estática vs. imagem dinâmica), verificámos que a produção oral dos afásicos é favorecida por sobre-extensões semânticas ligadas por relações de hiperonímia e hiponímia e por elasticidade cerebral.

Assim, o resultado global da análise de critério para os cinco casos de afasia reflecte a flexibilidade cognitiva dos afásicos, que é uma função fundamental para a estrutura do léxico mental. A produção e a recuperação dos verbos de ação são mais fáceis nos afásicos, devido à sua forte representação semântica.

Através deste estudo, verificámos que as aproximações semânticas caracterizam a linguagem oral dos afásicos, uma vez que estes conseguem analisar e descodificar mensagens e instruções.

O nosso objetivo é dominar os principais parâmetros inerentes à tarefa de nomear oralmente uma ação. O diagnóstico das sobre-extensões categoriais baseia-se na nomeação oral do léxico do verbo de ação, a fim de analisar as diferentes relações entre hiponímia, hiperonímia e co-hiperonímia. Nenhum dos critérios linguísticos estudados produziu resultados significativos em função da fluência. Do ponto de vista semântico, verificámos que os três tipos de afasia produziram parafasia semântica. Este facto deveu-se à produção significativa de verbos específicos em relação aos verbos gerais.

Os modelos neuropsicológicos centram-se no objeto e nas normas estabelecidas para a nomeação oral de acções utilizando um suporte estático. Não foram encontradas diferenças significativas consoante o tipo de afasia estudado.

A presença do objeto permite, através da sua função, inferir para que é que o objeto vai ser utilizado e inferir a sua finalidade, pois ao concebermos um estado do objeto a realizar, permitiremos encontrar a categoria funcional necessária. Vemos que na interpretação de 1 ação o objeto e o verbo têm papéis diferentes.

Ao apresentar o objeto "faca" ao afásico, quando este vê a ação de pegar na faca para cortar, tem acesso às redes de categorias constituídas pelas propriedades do objeto em questão; "é um instrumento afiado para cortar", este acesso é ascendente. Acedemos às categorias subordinadas partindo do objetivo associado a uma categoria. O acesso é descendente com o objeto "colher": o afásico procura nas categorias sobre-ordenadas os diferentes tipos de ação com uma colher: comer, misturar, mexer. A realização destes processos inferenciais exige dois modos diferentes de acesso às categorias.

Os resultados que obtivemos são compatíveis com este método de acesso às categorias numa rede hierárquica. O acesso descendente oferece muitas alternativas. É o que encontramos quando pedimos aos sujeitos afásicos que forneçam frases de ação a partir de um verbo. O acesso ascendente oferece poucas alternativas (frases de ação a partir de um substantivo).

Estas aproximações semânticas relacionam as propriedades físicas com as propriedades cognitivas, a fim de compreender os mecanismos subjacentes à interpretação. As propriedades físicas dos objectos e depois as propriedades cognitivas inferidas do processo de atribuição categorial (incluindo a ação) desempenham um papel central como fonte de informação para a interpretação dos acontecimentos em termos de acções. Os resultados da nossa investigação mostram que o conhecimento sobre os objectos, incluindo o conhecimento adquirido durante o desenrolar da situação, desempenha um papel fundamental na interpretação da ação. Indicam também a importância do contexto temporal e espacial na construção das representações da ação (Zibetti, Hamilton, & Tijus, 1999).

O contexto é constituído pelos objectos presentes na ação, com base em mudanças no tempo e no espaço desses objectos (N. Zellal, 2011). As representações mentais de um objeto dependem daquilo a que chamamos "o contexto".

De facto, a partir do momento em que representamos um objeto na nossa mente, criamos a realidade. Os estudos em neurociência cognitiva mostram que o nosso cérebro possui um neuroactivador, um sistema que nos permite representar tudo o que nos rodeia. Podemos compará-lo a um sistema operativo; um Google cerebral que filtra os nossos conhecimentos e as informações que recebemos.

Pudemos afirmar que o afásico recuperará mais facilmente a classe verbal remetendo para a observação e análise do objeto da ação (objeto vs ação). Isto baseia-se na teoria da construção e representação da ação demonstrada por Heider e Simmel (1944), cujos resultados mostraram que, quando as características dos objectos são modificadas, observamos grandes diferenças na interpretação da mesma ação.

Para compensar a sua falta de palavras e para estruturar os seus enunciados, os afásicos produzem parafasias verbais de aproximação semântica; apoiámos esta hipótese através das respostas inválidas aos verbos de ação, que são um sinal de perturbações lexicais. E através da análise do critério verbos gerais/verbos específicos. Os resultados que obtivemos correspondem ao estudo da aproximação semântica e das estratégias paliativas em crianças pequenas e em afásicos efectuado por K. Duvignau (2002), que mostra a presença de aproximações semânticas com pivô verbal em crianças em fase de aquisição e em afásicos em recuperação.

Os nossos resultados estão de acordo com a investigação de N. Zellal (1986), que redefiniu a afasia como uma perturbação linguística que é simultaneamente plural e única em termos cognitivos.

Durante a nomeação oral de acções, observámos um grande número de respostas de natureza aproximativa dentro do conceito. Os afásicos mostram a sua capacidade de criar analogias apesar das suas perturbações lexicais. O afásico apresenta uma perturbação no uso pragmático da linguagem, o enunciado constativo no afásico dependeria da ação que ele observa. Isto permitiu-nos validar a hipótese da elasticidade cognitiva na afasia, que representa uma estratégia fundamental utilizada para a estruturação do léxico mental. Isto foi feito com referência às aproximações semânticas na nomeação oral dos verbos de ação.

Deduzimos, portanto, que as aproximações semânticas reflectem a elasticidade cognitivo-semântica do afásico, uma estratégia fundamental para a estruturação do léxico mental.

Bibliografia

- Abdullaev, Y.G., Bechtereva, N.P., § Melnichuk, K.V. (1998). *Neuronal activity of human caudate nucleus and prefrontal cortex in cognitive tasks (Atividade neuronal do núcleo caudado humano e do córtex pré-frontal em tarefas cognitivas).* Behavioral Brain Research, 97(1-2), pp. 159- 77.
- Adolph, R.J. (1995). *Langage et communication: chez les handicape mentaux,* ed: Pierre Mardaga Bruxelles, p 163.
- Aljouane, T., (1968) *l'Aphasie et le langage pathologique,* Paris.
- Alario, X., & Ferrand, L. (1999). *Um conjunto de 400 imagens padronizadas para o francês: normas para concordância de nomes, concordância de imagens, familiaridade, complexidade visual, variabilidade de imagens e idade de aquisição.* Behavior Research Methods, Instruments, & Computers, pp. 531-560.
- Alexander, M.P. (1996). *Afasia: Aspectos clínicos e anatómicos.* Em T.E. Feinberg & M.J. Farah (Eds), Behavioral Neurology and Neuropsychiatry, Nova Iorque, pp.140-149.
- Alexander, M.P., Hiltbronner, B., & Fischer, R. (1989). *A anatomia distribuída da afasia transcorticalsensorial.* Archives of Neurology, pp. 888892.
- Andler, D. (1992). *Introduction aux sciences cognitives,* Paris, Gallimard, 2004.
- Arbib, M.A. (2005). *Do reconhecimento de acções do tipo macaco à linguagem humana: um quadro evolutivo para a neurolinguística.* Behavioral Brain Science, pp. 105-124.
- Arevalo, A., Perani, D., Cappa, S. F., Butler, A., Bates, E., & Dronkers N. (2007). *Processamento de acções e objectos na afasia: dos substantivos e verbos ao efeito da manipulabilidade.* Cérebro e Linguagem, pp. 75-100.
- Baddeley, A. (1990). *La memoire humaine: theorie et pratique,* Grenoble, Presses universitaires de Grenoble, 1993.
- Bak, TH., & Hodges, J.R. (1999). *Cognição, linguagem e comportamento na doença do neurónio motor: evidência de disfunção fronto-temporal. Dement Geriatr Cogn Disord* 10 (1), pp. 39-42.
- Bak, T.H., O'Donovan, D.G., Xuereb, J.H., Boniface S., Hodges J.R. (2001). Comprometimento seletivo do processamento de verbos associado a patologia.
- Bard, C., &Vezina, J.L. (1996). *Avaliação neurorradiológica.* In. Neuropsicologia clínica e neurologia do comportamento. Sous la direction de Botez M. I. 2eme Ed. Les Presses de lUniversite de Montreal. Masson.
- Barde, L.H.F., Schwartz, M.F. & Boronat, C.B. (2006). *Peso semântico e recuperação de verbos na afasia.* Cérebro e Linguagem, pp. 267-280.
- Bassano, D. (2000). *La constitution du lexique: le developpement lexical precoce.* In Kail, M. e Fayol, M., L'acquisition du langage, le langage en emergence, de la naissance a trois ans, tome 1, Puf, pp. 140-169.
- Bastiaanse, R., & Jonkers, R. (1998). *Verb retrieval in action naming and*

spontaneous speech in agrammatic and anomic patients, Aphasiology, pp. 960-979.

• Bechtel, W., & Abrahamsen, A. (1991). *Le connexionnisme et l'esprit*, Paris, La Decouverte, 1993.

• Blayo, F., & Verleysen, M. (1996), *Les reseaux de neurones artificiels*, Paris, PUF. changes in Brodmann areas 44 and 45 in the motor neurone disease-dementia-aphasia syndrome. *Brain 124* (Pt 1), pp. 103-120.

• Bottela, C., & Botella, S. (1996). *La figurabilite psychique*, Lausanne/Paris, Delachaux & Niestle.

• Bastiaanse, R., Hugen J., Kos, & M., van Zonneveld, R. (2002). *Aspectos lexicais, morfológicos e sintácticos da produção de verbos em afásicos agramáticos*. Cérebro e Linguagem 80(2), pp. 142-59.

• Bastiaanse, R., Rispens, J., Ruigendijk, E., Rabadan, O. J., & Thompson, C. K. (2002). *Verbos: algumas propriedades e suas consequências para a afasia agramática de Broca.* Journal of Neurolinguistics 15(3-5), pp. 240-265.

• Bastiaanse, R. (2003). *Problemas de recuperação de verbos ao nível da palavra e da frase*

Localização das perturbações funcionais e implicações clínicas. Em Papathanasiou I. & De Bleser R. (eds), The Science of Aphasia: From Therapy to Theory. Amesterdão, Pergamon.

• Baylon, C., & Favre P. (1978). *La semantique,* Paris, Nathan.

• Beauchamp, M.S., Lee, K.E., Haxby, J.V., & Martin, A. (2002). *Fluxos de processamento de movimento visual paralelo para objectos manipuláveis e movimentos humanos*. Neuron, 34(1), pp. 150-161.

• Berndt, R.S., Mitchum, C.C., Haendiges, A.N., & Sandson, J. (1997). *Recuperação de verbos na afasia.* 1. Caracterização de deficiências numa única palavra. Cérebro e Linguagem, 56(1), pp. 68-106.

• Berndt, R. S., Haendiges, A. N., Mitchum, & C. C., Sandson, J. (1997). *Recuperação de verbos na afasia.* 2. Relação com o processamento de frases. Cérebro e Linguagem, 56(1), pp. 107-37.

• Bertier, J.L, Brost G, al. (2018). *Les neurosciences cognitives dans la classe : Guide pour expérimenter et adapter ses pratiques pedagogiques.* Paris: Edition Amazon.

• Bertrand, A., Epelbaum .S . (2012): *Neurologie,* Elsevier Masson, 62, Rue Camille Desmoulin.

• Bonin, P. (2002). *Les niveaux de traitement dans la production verbale orale et ecrite de mots isoles a partir d'images*. Capítulo em M. Fayol (Ed.), Production du langage (pp. 89 105). *Traite des Sciences Cognitives*. Paris: Editions Hermes.

• Bonin, P. (2003). *A produção de palavras verbais: uma abordagem cognitiva*. Edições De Boeck Universite, Bruxelas.

• Boyer, B. (2006). *La denomination orale et ecrite d'actions: Comparaison avec la denomination d'objets.* These de Doctorat, Universite Blaise Pascal, sob a

direção de Bonin, P. e Fayol, M.
• Biassou N., Obler, L. K., Nespoulous, J., Dordain, M., & Harris, K. S. (1997). *Brain and Language*, 57, pp. 365-3775.
• Bierwisch, M. & Schreuder, R. (1992). *From concepts to lexical items. Cognição*, pp. 25- 67.
• Binder, J.R. & Rao, S.M. (1994). *Mapeamento cerebral com ressonância magnética funcional. In: Localization andneuroimaging.* in neuropsicologia, ed. A. Kertesz, Orlando , pp. 192-215.
• Binder,J.R., Frost A., Hammeke, T.A., Cox, R.W., Rao S.M. & Prieto, T. (1997). *Área de linguagem do cérebro humano identificada por ressonância magnética funcional.* Journal of Neurosciences, 17(1), pp. 355-362.
• Binkofski, F., Buccino, G., Stephan, K.M., Rizzolatti, G., Seitz, R.J., & Freund, H.J. (1999). *A parieto-premotor network for object manipulation: evidence from neuroimaging.* Experimental Brain Research, 128(1-2), pp. 212213.
• Binkofski, F.,& Buccino, G. (2006). *The role of ventral premotor cortex in action execution and action understanding. Journal of Physiology Paris*, 99(4-6), pp. 395-405.
• Bird, H., Howard, D., & Franklin, S. (2000) *Porque é que um verbo é como um objeto inanimado? Défices de categoria gramatical e de categoria semântica.* Brain and Language, 72(3), pp. 250-309.
• Bird, H., Franklin, S., & Howard, D. (2002). *'Little words' - not really: function and content words in normal and aphasic speech.* Journal of Neurolinguistics, 15, pp. 212-240.
• Bird, H., Howard, D.,& Franklin, S. (2003). *Verbos e substantivos: The importance of being imageable.* Journal of Neurolinguistics, 16, pp. 115150.
• Black, M. & Chiat, S. (2003). *Noun-verb dissociations: a multi-faced phenomenon, Journal of Neurolinguistics,* 16, pp. 231-250.
• Blake, R.,& Shiffrar, M. (2007). *Annual Review of Psychology*, 58, pp. 50-78.
• Blanche-Benveniste, C. (1987). *Syntaxe, choix de lexique et lieu de bafouillage, DRLAV36- 37 (Dialogues : du marivaudage a la machine), pp.* 124-160.
• Bloem, I., Van den Boogaard, S., & La Heij, W. (2004). *Semantic facilitation and semantic interference in language production: Further evidence for the concetual selection model of lexical access.* Journal of Memory and Language, 51, pp. 310-323.
• Broca, P. (1861). *Sur le principe des localisations cerebrales.* Bulletin de laSociete d'Anthropologie, pp. 180-204.
• Broca, P. (1861). *Perda da fala, amolecimento crónico e destruição parcial do lobo anterior esquerdo.* Bulletin de la Societe d'Anthropologie, 1861b 2, pp. 240-255.
• Broca, P. (1861). *Nouvelle observation d'aphemie produite par une lesion de la moitie posterieure des deuxiemes et troisiemes circonvolutions frontales gauches.*

Bulletin de la Societe Anatomique, 1861d 36, pp. 399-415.

- Brunner, R., Kornhuber, H., Seemuller, E., Suger, G., & Wallesch, C.W. (1982). *Basal ganglia participation in language pathology (Participação dos gânglios basais na patologia da linguagem).* Brain and Language, 16, pp. 281-299.
- Buccino, G., Binkofski, F., Fink, G.R., Fadiga, L., Fogassi, L., Gallese, V., Seitz, R.J., Zilles, K., Rizzolatti, G., & Freund, H.J. (2001). *A observação da ação ativa as áreas pré-motoras e parietais de uma forma somatotópica: um estudo de fMRI.* European Journal of Neurosciences, 13(2), pp400-404.
- Cnac, C. (2008). *A dupla dissociação nomes-verbos na afasia: Apport des observations cliniques a la modelisation du langage ordinaire.* Tese de doutoramento, Universite Toulouse Le- Mirail sob a direção de Nespoulous, J.L.
- Cappa, S., Cavalotti, G., Guidotti, M., Papagno C., & Vignolo, L. (1983). *Afasia subcortical: dois estudos de correlação clínico-CT. Cortex*, 19, pp. 230-241.
- Cappa, S.F., Perani, D., Schnur, T., Tettamanti, M., & Fazio, F. (1998). *The effectsof semantic category and knowledge type on lexical-semantic access: a PET study.* pp. 350-359.
- Cappa, S. F., Sandrini, M., Rossini, P. M., Sosta K.,& Miniussi, C. (2002). *O papel do lobo frontal esquerdo na nomeação de acções: evidência rTMS. Neurology 59(5),* pp. 720-723.
- Cappa, S.F., & Perani, D. (2003). *The neural correlates of noun and verb processing (Os correlatos neurais do processamento de substantivos e verbos).* Journal of Neurolinguistics, 16, pp. 183-189.
- Caramazza, A., & Zurif, E. B. (1976). *Dissociação de processos algorítmicos e heurísticos na compreensão da linguagem: evidências da afasia.* Brain and Language, 3, pp. 575-588.
- Caramazza, A., & Hillis, A. E. (1990). De onde vêm os erros semânticos? *Cortex*, 26, pp 97- 128.
- Caramazza, A.,& Hillis A.E. (1991). *Organização lexical de substantivos e verbos no cérebro.*Nature, pp. 788-90.
- Caramazza, A. (1997). *Quantos níveis de processamento existem no acesso lexical?* Cognitive Neuropsychology, pp. 179-208.
- Caramazza, A., & Shelton, J. R. (1998). *Domain-specific knowledge systems in the brain: The animate-inanimate distinction.* Journal of Cognitive Neuroscience, 10, pp. 1-34.
- Caron, J. (2001). *Precisão de psicolinguística,* Quadrige, PUF.
- Carroll, J. B., & White, M. N. (1973). *A frequência das palavras e a idade de aquisição como determinantes da latência da nomeação de imagens.* Quarterly Journal of Experimental Psychology, 25, pp. 87-98.
- Caselli, M.C., Bates, E., Casadio, P., Fenson, J., Fenson, L., Sanderl, L. & Weir, J. (1995). *A cross-linguistic study of early lexical development. Cognitive* Development, 10, pp. 165-199.
- Caselli, M.C., Casadio, P., & Bates, E. (1999). *A comparison of the translation*

from the first words to grammar in English and Italian (Uma comparação da tradução das primeiras palavras para a gramática em inglês e italiano). Journal of Child Language, 26, pp. 70- 115.

- Chibout, K., & Vilnat A. (1999). *Primitivos semânticos, classificação de verbos e polissemia.* In Organisation des connaissances en vue de leur intégration dans les systemes de representation et de recherche d'information, Ed. Jacques Maniez. Widad Mustafa Elhadi. Universite Lille 3, pp. 160-173.
- Chomsky, N. (1957). *Syntactic structures*. Haia, Paris: Mouton.
- Chomsky, N. (1965). *Aspects of the Theory of Syntax (Aspectos da teoria da sintaxe).* Cambridge, MA: MIT Press.
- Chomsky, N. (1969), *Le langage et la pensee*, Paris, Payot.
- Chomsky, N. (1980), *Regies et representations*, Paris, Flammarion, 1985.
- Clark, E. V. (1993). *The lexicon in acquisition,* Cambridge Studies in Linguistics Series, 65, Cambridge University Press.
- Cohen, D., & Gautier, M. (1965) Persee: *Aspects linguistiques de I'Aphasie -* tome 5 n°2.
- Collins, A.M., & Quillian, M. R. (1969). *Retrieval time from semantic memory (Tempo de recuperação da memória semântica).* Journal of Verbal Learning and Verbal Behavior, 8, pp. 242-248.
- Collins, A.M., & Quillian, M.R. (1970). *Facilitando a recuperação da memória semântica: o efeito da repetição de parte de uma inferência.* Ata Psychologica, 33, pp. 306-320.
- Collins, A.M., & Loftus, E. (1975). *A spreading activation theory of semantic processing*. Psychological Review. 82(6), pp. 410-428.
- Calrpaldi, CD., Aggujaro, S., Arduino, L., Zonca G., Ghirardi, G., Inzaghi, M.G., Colombo, M., Cherchia G.,& Luzzati, C. (2006). *Dissociação substantivo-verbo na afasia: O papel da imageabilidade e do locus funcional da lesão.* Neuropsicologia, 44(1), pp. 76-90.
- Crepaldi, D., Berlingeri, M., Paulesu, E., & Luzzatti, C. (2011). *Um lugar para os substantivos e um lugar para os verbos? Uma revisão crítica dos dados neurocognitivos sobre os efeitos das classes gramaticais.* Cérebro e Linguagem, 116(1), pp. 40-49.
- Damásio, A.R., McKee, J., & Damásio, H. (1979). *Determinants of performance in color anomia,* Brain and Language, 7, pp. 77-85.
- Damásio, A.R., Damásio, H., Rizzo, M., Varney, N., & Gersh, F. (1982). *Afasia com lesões não hemorrágicas nos gânglios basais e na cápsula interna.* Archives of Neurology, 39, pp. 18-20.
- De, Boissezon X., Marie, N., Castel-Lacanal, E., Marque, P., Bezy, C., Gros, H., Lotterie, J. A., Cardebat, D., Puel, M., & Demonet, J. F. (2009). *A boa recuperação da afasia também é apoiada pelos gânglios basais direitos: um estudo PET longitudinal controlado.* Vencedor do prémio EJPRM-ESPRM 2008. European Journal of Physical and Rehabilitation Medecine, 45(4), pp. 550558.

- Deleval, J., & Leonard, A. (1985). *As síndromes afásicas marginais*. Questions de Logopedie, 6, pp. 23-48.
- Dell, G.S. (1986). *A spreading activation theory of retrieval in language production,* Psychological Review, 93, pp. 284-323.
- Deloche, G., Hannequin, D., Dordain, M., Perrier, D., Pichard, B., Quint, S., Metz-Lutz, M.N., Kremin, H., & Cardebat, D. (1996). *Picture confrontation oral naming: performance difference between aphasics and normals.* Brain and Language, 53, pp. 107-125.
- Demonet, J.F., & Puel, M. (1994). *Afasia e correlatos cerebrais das funções linguísticas. In X. Seron, et M. Jeannerod,* Neuropsychologie humaine, pp. 336-359. Liege : Mardaga.
- Denes, G., & DallaBarba, G.G.B. (1998). *Vico: Precursor da neuropsicologia cognitiva? O primeiro caso relatado de dissociação substantivo-verbo após dano cerebral.* Brain and Language, 62, pp. 25-37.
- Denis, M. (1976). *Nomeação dissociada e localização de partes do corpo após ressecção do lobo temporal anterior esquerdo: um estudo de caso experimental,* Brain and Language, 3, pp.149-167.
- De Partz, M.P., & Pillon, A. (1999). *Afasias. Em J.-A. Rondal e X. Seron, Troubles du langage.* Bases teóricas, diagnóstico e reeducação. pp. 659699. Liege: Mardaga.
- De Partz, M.P. (2000). *Revalidação dos problemas da linguagem escrita.* In X. Seron e M. Van Der Linden, Traite de neuropsychologie clinique, Tome II (pp.131-146). Marselha : Solal.
- Demonet, J.-F., Cardebat, D., Bonafe, A., Gazounaud, Y., & Guiraud-Chaumeil, B. (1984). *Aphasies sous-corticales : etude neuro- linguistique* avec scanner X de 25 cas. Revue Neurologique, 140, pp. 695-710.
- D'Honincthun, P., & Pillon, A. (2005). *Porque é que os verbos podem ser mais exigentes em termos de recursos executivos do que os substantivos: uma visão a partir de um estudo de caso de um doente com fv-FTD.* Cérebro e Linguagem 95(1), pp. 38-40.
- D'Honincthun, P., & Pillon, A. (2008). *Compreensão e nomeação de verbos na degenerescência frontotemporal: O papel da representação estática de acções.* Cortex 44(7), pp. 837-849.
- Didierjean, A., & Marmeche, E. (2005). *Representação antecipatória de cenas visuais de basquetebol por jogadores novatos e experientes.* Visual Cognition, 12, pp. 265-283.
- Druks, J., & Masterson, J. (2000). *Uma bateria de nomeação de objectos e acções. Hove,* Psychology Press.
- Druks, J., & Shallice, T. (2000). *Preservação selectiva da nomeação a partir da descrição e da "mensagem pré-verbal restrita".* Cérebro e Linguagem, 72(2), pp. 105-128.
- Duvignau, K. (2003). *Metáfora verbal e aproximação.* In Regards croisessur

l'analogie.
• Duvignau, K. (2005). *Pour un apprentissage-enseignement du lexique verbal calque sur l'acquisition: revisite et apport des " metaphores / erreurs " des enfants de 2- 4 ans.* Em Grossmann, F., Paveau, M.-A., Petit, G. (Eds.). Didactique du lexique : langue, cognition, discours. ELLUG, Grenoble: 37- 49.
• Duvignau, K. " L'analogie pour 1 apprentissage des verbes ", Ministere de la Recherche & Projet 2004- 2007 : JC n° 6010 *: " Approx : Architecture structurale et fonctionnelle du lexique verbal : La flexibilite semantique comme principe fondamental de la cognition humaine et artificielle ".* ACI Jovens Investigadores, Fundo Nacional para a Ciência.
• Duvignau, K., Gardes-Tamine, J., & Gaume B. (2004). *Approximations semantiques enfantines et distance inter-verbes : pour une organisation proxemique du lexique verbal. Le langage et l 'homme,* De Boeck, Belgique, V 39-2, dezembro, pp. 100-141.
• Duvignau, K., Gaume, B. (2001, 2004). *Projeto 2001-2004, Escola e Ciências Cognitivas*
• Dubois, J., & al (2002). *Dicionário de linguística e ciências da linguagem.* Larousse.
• Dumoulin, S.O., Bittar, R.G., Kabani, N.J., Baker, C.L.Jr., Le Goualher, G., Bruce Pike, G.,& Evans, A.C. (2000). *Um novo marco anatómico para a identificação fiável da área V5/MT humana: uma análise quantitativa do padrão sulcal.* Cerebral Cortex,10(5), pp. 460-467.
• Duvignau, K. (2002). La metaphore, cerceau et enfant de la langue. These Sciences du Langage, Universite Toulouse Le-Mirail, novembro de 2002.
• Duvignau, K., Fossard, M., Gaume, B., Pimenta, M. A., & Elie, J. (2007). *Aproximações semânticas e flexibilidade na construção dinâmica e A "desconstrução" do sentido.* Linguagem em Discurso, 7(3) (H. Moura,J. Viera & M.I.A. Nardi (eds)) Metáfora e Contexto, pp.382-392.
• Duvignau, K., Gaume, B., Tran M., Manchon, M., Martinot, C., & Panissal, N. (2008). *Flexibilite semantique du systeme verbal chez I'enfant et l'aphasique : contre l'" erreur " et pour l'" approximation semantique ", Actes du Congres Mondial de Linguistique Franqaise* (CMLF- 08), Paris, 12 juillet 2008.
• Elie, J. (2005). *A metalinguística nas crianças com síndrome de Asperger e autismo de alto nível.* Dissertação de doutoramento, Universidade de Toulouse Le-Mirail, agosto de 2005.
• Elie, J. (2009). *Structuration du lexique, enonces non conventionnels et flexibilite semantique : etude exploratoire dans les Troubles Envahissants du Developpement.* Tese de Doutoramento, Universidade de Toulouse Le Mirail, sob a direção de Nespoulous J.-L. e Duvignau K.
• Evangeliou, M.N., Raos, V., Galletti, & C., Savaki H.E. (2009). *Imagens funcionais do córtex parietal durante a execução e observação de acções.* Cerebral Cortex 19(3), pp. 650-669.

- Fellbaum, C. (1999). *A representação dos verbos na rede semântica WordNet.* Em Langages, Semantique lexicale et grammaticale, p.136.
- Ferrand, L. (1994). *Acces au lexique et production de la parole: un survol.* L'annee Psychologique, 94 (2), pp. 260-312.
- Ferrand, L., Grainger, J.,& Segui, J. (1994). A *study of masked form priming in picture and word naming. Memory and cognition,* 22, pp. 433-441.
- Ferrand, L. (1995). *As apresentações repetidas do alvo primário não eliminam a repetição e o priming fonológico na nomeação de dígitos.* Ata Psychologica, 89, pp. 218-227.
- Ferrand, L., Segui, J.,& Grainger, J. (1995). *Amorqage phonologique masque et denomination.* L'Annee psychologique, 95 (4), pp. 679-659.
- Ferrand, L. (1997). *A denominação de objectos: Teorias e dados.* L'Annee Psychologique, 97, pp. 115-146.
- Ferrand, L., Humphreys, G.W., & Segui, J. (1998). *Masked repetition and phonological priming in picture naming.* Perception & Psychophysics, 60, pp. 266-274.
- Ferrand, L. (2001). *A produção linguística: uma visão de conjunto.* Psychologie Fran^aise, 94, 3-15.
- Fiez, J.A., & Tranel, D. (1997). *Estímulos e procedimentos padronizados para investigar a recuperação de conhecimento lexical e concetual para acções.* Memory & Cognition, pp. 545-569.
- Fiez, J.A. (2001). *Estudos de neuroimagem da fala. Uma visão geral das técnicas e abordagens metodológicas.* Journal of Communication *Disorders*, 34, pp. 449-454.
- Fodor, J.A. (1986). *La modularite de I'esprit, Essai sur la psychologie des facultes.* Paris, Les Editions de Minuit.
- Folstein, M., Folstein, S., & McHugh P. R. (1975). *Mini-mentalstate", Um método prático para classificar o estado cognitivo dos pacientes para o clínico.* Journal of Psychiatric Research, 12(3), pp. 190-198.
- Foygel, D., & Dell, G.S. (2000). *Modelo de acesso lexical prejudicado na produção da fala.* Journal of Memory and Language, 43, pp. 190-216.
- Freyd, J.J. (1983). *A representação mental do movimento quando se vêem estímulos estáticos.* Percept Psychophys, 33(6), pp. 575-581.

- Foygel, D., & Dell, G.S. (2000). *Modelo de acesso lexical prejudicado na produção da fala.* Journal of Memory and Language, 43, pp. 190-216.

- Freyd, J.J., & Finke, R. A. (1985). *A velocity effect of representational momentum.* Bulletin of the Psychonomic Society, 23(6), pp. 443-446.
- Friston, K.J., Frith, C.D., Turner, R., & Frackowiak, R.S. (1995). *Caracterização da hemodinâmica evocada com fMRI.* Neuroimage, 2, pp. 157165.
- Froger, J. & Pelissier, J. (2006). *Imagerie cerebrale fonctionnelle et reeducation.* Edition Masson, Problemes en medecine de reeducation.
- Gainotti, G., Miceli, G., & Caltagirone, C. (1977). *Um modelo neurolinguístico*

para o estudo da afasia. European Neurology, 15, pp. 20-24.

- Gainotti, G. (2004). *Uma meta-análise da nomeação prejudicada e poupada para diferentes categorias de conhecimento em pacientes com uma desconexão visuo-verbal.* Neuropsicologia, 42, pp. 299-319.
- Gallese, V., Fadiga, L., Fogassi, L., & Rizzolatti, G. (1996). *Reconhecimento da ação no córtex pré-motor.* Brain, 119 (Pt 2), pp. 593-609.
- Gatignol, P., Marin Curtoud S. (2008). BIMM: Bateria Informática do Manque do Mot. *L'orthophoniste, 275,* 18.
- Habib, M., Giraud, K., Rey, V., & Robichon F. (2001). Neurobiologie du langage. In J.A. Rondal et X. Seron (Dir.) : *Troubles du langage. Bases teóricas, diagnóstico e reeducação* (11-55). Liege: Mardaga.
- Hammelrath, C. (1999). *DVL 38: teste de denominação de verbos lexicais em imagens. L'ortho edition,* editor: Isbergues.
- Hauk, O., Johnsrude, I., & Pulvermuller, F. (2004). *Representação somatotópica de palavras de ação no córtex motor e pré-motor humano.* Neurónio 41(2), pp. 301-307.
- Hecaen, H. (1972). *Introduction a la neuropsychologie.* Paris: Larousse.
- Hillis, A.E. & Caramazza, A. (1991): *Mechanisms for accessing lexical representations for output: Evidence from a category-specific semantic deficit.* Brain and Language, 40, pp. 106- 144.
- Hillis, A., & Caramazza, A. (1995). *Representação de categorias gramaticais de palavras no cérebro.* Journal of Cognitive Neuroscience, 7, pp. 396407.
- Hinojosa, J. A., Martin-loeches, M., Casado, P., Munoz, L., Fernandez-Frias, C., & Pozo, M. A. (2001). *Semantic processinf open- and close-class words: an event-related potentials study.* Cognitive Brain Research, 11, pp. 397-407.
- Hodgson ,C.,& Lambon Ralph, M.A. (2008). *Imitação de erros semânticos afásicos na produção normal da fala: evidências de um novo paradigma experimental.* Cérebro e Linguagem, 104(1), pp. 89-101.
- Hotpof, W.H.N. (1980). *Deslizes da caneta. Em U. Frith (Ed.), Cognitive processes in spelling.* Nova Iorque: Academic Press.
- Houk, J.C. (2005). *Agentes da mente.* Biol Cybern, 92(6), pp. 427-437.
- Kable, J.W., Lease-Spellmeyer, J.,& Chatterjee A. (2002). *Neural substratesof action event knowledge.* Journal of Cognitive Neurosciences, 14(5), pp. 795- 80
- Kable J.W., Kan, I.P., Wilson, A., Thompson-Schill, S.L.,& Chatterjee, A. (2005). *Representações conceptuais da ação no córtex temporal lateral.* Journal of Cognitive Neurosciences, 17(12), pp. 1855-1870.
- Kacemi, S. (2009): *Magistere en orthophonie, sousla direction du professeur Zellal:* Universite Alger2.
- Kay, J., & Ellis, A.W. (1987). *A cognitive neuropsychological study of anomia: Implications for psychological models of word retrieval.* Brain, pp. 613-629.
- Kemmerer, D., & Tranel, D. (2000). *Recuperação de verbos em sujeitos com lesão cerebral: análise de erros.* Cérebro e Linguagem 73(3), pp. 393-420.

• Kemmerer, D., & Tranel, D. (2003). *Uma dupla dissociação entre os significados dos verbos de ação e das preposições locativas.* Neurocase, 9(5), pp. 421

• Kemmerer, D., Chandrasekaran, B., & Tranel D. (2007). Um caso de verbalização prejudicada, mas gesticulação preservada de eventos de movimento. Neuropsicologia Cognitiva 24(1), pp. 70-114.

• Kemmerer, D., Castillo, J.G., Talavage T., Patterson, S., & Wiley, C. (2008). *Distribuição neuroanatómica de cinco componentes semânticos dos verbos: evidências de fMRI.* Cérebro e Linguagem 107(1), pp. 16-43.

• Kertesz, A. (1993). *Formas clínicas de Afasia.* Ata Neurochirurgica Suppl, 56, pp. 52-58.

• Khon, S.E. & Goodglass, H. (1985). *Nomeação de imagens na afasia.* Brain and Language 24, pp. 266-283.

• Kim, M., & Thompson, C.K. (2000). *Patterns of Comprehension and Production of Nouns and Verbs in Agrammatism: Implications for Lexical Organization (Padrões de Compreensão e Produção de Substantivos e Verbos no Agramatismo: Implicações para a Organização Lexical).* Brain and Language 74(1), pp. 1-25.

• Kim, M., &Thompson, C.K. (2004). *Défices verbais na doença de Alzheimer e no agramatismo: implicações para a organização lexical.* Brain and Language 88(1), pp. 1-20.

• Kiss, K. (2000). *Efeito da complexidade verbal na produção de frases por falantes afásicos agramáticos. Em R. Bastiaanse & Y. Grodzinsky (Eds), Grammatical disorders in aphasia: a neurolinguistic perspective.* Londres: Whurr Publishers.

• Koechlin, E., Ody C., Kouneiher, F. (2003). *A arquitetura do controlo cognitivo no córtex pré-frontal humano. Science,* pp. 1181-1185.

• Koechlin, E., Jubault, T. (2006). *A área de Broca e a organização hierárquica do comportamento humano.* Neurónio, 50(6), pp. 963-974.

• Koenig, T., Lehmann, D. (1996). *Microstatos em mapas de potencial cerebral relacionados com a linguagem mostram diferenças entre substantivos e verbos.* Brain and Language, pp. 169.

• Kohn, S.E., Lorch, M.P., & Pearson, D.M. (1989). *Verb finding in aphasia,* Cortex , pp. 57- 69.

• Kourtzi, Z., & Kanwisher, N. (2000). *Ativação na MT/MST humana por imagens estáticas com movimento implícito.* Journal of Cognitive Neurosciences, 12(1), pp. 48-55.

• Kremin, H. (1990). *A denominação e os seus problemas. In: Linguistique et neuropsycholinguistique ; tendances actuelles. JL Nespoulous e M Leclerq,* Societe de neuropsychologie de Langue Francaise, Paris.

• Kremin, H. (1994). *Perturbações lexicais: os problemas da denominação.* In Seron, X.,& Jeannerod, M., *Neuropsychologie humaine,* Bruxelles, Mardaga :

pp.375-389.
- Kremin, H. (2002). *L'acces au lexique en denomination d'images: problemes actuels.*Psychologie francaise, 47(2), pp. 77-92.

Lechevalier (org.), *Langage et aphasie,* Seminaire Jean-Louis Signoret, Bruxelas: De Boeck, 41-70.
- Le Dorze, G. (1985). *Afasia e acesso ao léxico mental.* Tese de Doutoramento de 3° ciclo. Universidade de Montreal.
- Le Ny, J.F. (2005). *Comment l'esprit produit du sens*, Editions Odile Jacob, Paris.
- Lete, B., Sprenger-Charollres, L., & Cole, L. (2004). *MANULEX: A grade-level lexical database from French elementary-school readers.* Behavior Research Methods, Instruments & Computers, 36, pp. 156-166.
- Levelt, W.J.M. (1989). *Speaking: From Intention to Articulation,* Cambridge, MA, MIT Press.
- Levelt, W.J.M. Schriefers, H., Vorberg, D., Meyer, A.S., Pechmann, T.,& Havinga J. (1991). *The time course of lexical access in speech production: a study of picture naming*, Psychology Review, 98, pp. 122-142.
- Levelt, W.J.M., Roelofs, A., & Meyer, A.S. (1999). *A theory of lexical access in speech production (Uma teoria do acesso lexical na produção da fala).* Behavioral and Brain Sciences, 22, pp. 1-75.
- Levelt, W.J.M. (1999). *Modelos de produção de palavras. Tendências em Ciências Cognitivas,* pp.223-232.
- Liljestrom M., Tarkiainen, A., Parviainen, T., Kujala, J., Numminen, J., Hiltunen, J., Laine, M.,& Salmelin, R. (2008). *Perceber e nomear acções e objectos. Neuroimage* 41(3), pp. 113- 114.
- Luria, A.R. (1966). *Higher Cortical Functions in Man.* Nova Iorque: Basic Books.
- Luria, A.R. (1970). *Traumatic aphasia: Its syndrome, psychology and treatment.* Haia: Mouton.
- Luzzatti, C., Raggi, R., Zonca, G., Pistarini, C., Contardi, A., & Pinna, G.D. (2002). *Verb-noun double dissociation in aphasic lexical impairments: The role of word frequency and imageability.* Cérebro e Linguagem, 81, pp. 432444
- Luzzatti, C., Aggujaro, S., & Crepaldi, D. (2006): *Dissociação dupla verbo-nome na afasia: fundamentos teóricos e neuroanatómicos.* Cortex 42(6), pp. 875-83.
- Machon, M. (2011), *Le lexique des verbes en denmination orale : etude exploratoire chez l'aphasique et étude en IRMF chez le sujet,* Universite Toulouse 2, Le Mirail (UT2 Le Mirail).
- Manchon, M., Magnin, E., Comte, A., Vuillier, F., Tatu, L., Duvignau, K., & Moulin, T. (2009). *Influência da ajuda 'Static Action Scenes' vs 'Dynamic Action Scenes' na nomeação de verbos: um estudo fMRI.* Reunião do Human Brain Mapping em São Francisco, Actas do H.B.M.

• Masterson, J. & Druks, J. (1998). *Descrição de um conjunto de 164 substantivos e 102 verbos em função da frequência de palavras impressas, da familiaridade e da idade de aquisição.* Journal of neurolinguistics, 11, pp. 331-354.
• Matzig, S., Druks, J., Masterson, J., & Vigliocco, G. (2009). *Diferenças entre substantivos e verbos na nomeação de imagens: estudos anteriores e novas evidências.* Cortex 45(6), pp.738-758.
• McCarthy, R. & Warrington, E. K. (1985). *Category specificity in an agrammatic patient: The relative impairment of verb retrieval and comprehension.* Neuropsychologia, 23, pp. 709-727.
• McCloskey, M. & Glucksberg, S. (1978). *Natural categories: Well- defined or fuzzy sets?* Memory and Cognition, 6, pp. 462-472.
• Nazir, T.A., Hauk, O., & Jeannerod, M. (2008). *O papel dos sistemas sensório-motores na compreensão da linguagem. Prefácio. Jornal de Fisiologia, Paris*, pp1-3.
• Nespoulous, J.L., & Lecours, A.R. (1980). *Du trait au discours : les differents niveaux de structuration du langage et leur atteinte chez les aphasiques.* Grammatica *VII*, 1, pp. 1-36.
• Nespoulous, J.L. (1980). *De deux comportements verbaux de base : referentiel et modalisateur. De leur dissociation dans le discours aphasique.* Cahiers de Psychologie, pp. 195-210.
• Nespoulous, J.L. (1980). *Le manque du mot et ses manifestations. Estudo*
As dificuldades de codificação lexical no afásico. Cahiers du Centre interdisciplinaire des Sciences du Langage, 2, pp. 97-115.
• Nespoulous, J.L. & Lecours, A.R. (1981). *Du trait au discours. Em J.L. Nespoulous (Ed.).* Etudes Neurolinguistiques, 1-36, Service des Publications de l'Universite de Toulouse-Le Mirail, Toulouse, 1981.
• Nespoulous J.L., Dordain M., Perron C., Ska B., Bub D., Caplan D., Mehler J. & Lecours A.R. (1988). Agramatismo na produção de frases sem défice de compreensão: redução da disponibilidade de estruturas sintácticas e/ou de morfemas gramaticais? Um estudo de caso. *Brain and Language*, 33, pp. 273- 295.
• Nespoulous, J.L. (1990). *De la difficulté d'interprétation des manifestations linguistiques de surface. In* Nespoulous, J.-L. &Leclercq, M. (eds), *Linguistique et neurolinguistique: tendances actuelles, 5-15.* Paris: Societe de neuropsychologie de langue franchise.
• Nespoulous, J.L. (1992). O "manque du mot" e as suas manifestações. Estudo das dificuldades de codificação lexical em pacientes afásicos. Seminário Lexique, 21 e 22 de janeiro de 1992, IRIT-UPS, Toulouse, pp. 173-186.
• Nespoulous J.L. (1994). *Linguística, neurolinguística e neuropsicolinguística. Um percurso em quatro etapas.* In Seron X. & Jeannerod M., Ed. 1994. Neuropsicologia humana. Liege : Mardaga.
• Nespoulous J.L. (1996). Estratégias paliativas na afasia. *Reeducation Orthophonique,* 34, pp. 423-33.

• Nespoulous J.L. (1998). *En guise de postface : le traitement (specifique ?) des verbes par le cerveau/esprit humain des aphasiques agrammatiques : le retour du comparatisme?* In C. Fuchs & S. Robert (Eds.) Diversite des langues et representations cognitives, Paris.

• Nespoulous J.L. (1999). *De la linguistique ... a lapsycholinguistique et a la neuropsycholinguistique. Uma ilustração: o tratamento (específico?) dos verbos pelo cérebro/espírito humano.* In J. Francois & B. Victorri (Eds.) Semantique du lexique verbal, Universite de Caen & CNRS, UPRES-A 6047, 159-166.

• Nespoulous, J.-L. & Vribel, J. (2003). *Para uma revisão da noção de lexicalização. Contribution a une vision dynamique du lexique mental : stock lexical, categories vs reseau lexico-semantique.* Revue intelligente.

• Nespoulous, J.L. & Virbel, J. (2004). *Apport de l'etude des handicaps langagiers a la connaissance du langage humain.* Revue Parole, 29-30, pp. 5- 42.

• Nespoulous, J-L., Rohr, A., Cardebat, D. & Rigalleau, F. (2008). *Symptomatology of oral expression and comprehension in acquired language disorders",* in B. Lechevalier, F. Eustache & F. Viader (Eds.) Traite de Neuropsychologie Clinique, Bruxelas, De Boeck Universite.

• New, B. & Pallier, C. (2006). *LEXIQUE 3, Bases de dados lexicais do francês contemporâneo na Internet,* http:/ /www.lexique.org/.

• Newcombe, F., Oldfield,R.C., &Wingfield,A. (1965). *Object-namingby dysphasic patients.*Nature, 207, pp. 1217-1218.

• Newman-Norlund, R., Van Schie, H. T., Van Hoek, M.E.C., Cuijpers, R. H., & Bekkering H. (2009). *O papel das áreas frontais e parietais inferiores na diferenciação de acções significativas e não significativas dirigidas a objectos.* Brain Research, pp. 63-74.

• Nickels, L., & Howard, D. (1995). *Nomeação afásica: O que é que interessa?* Neuropsychologia, 33, pp. 281-303.

• Nickels, L. (1995). *Como acertar? Usando erros de nomeação de afásicos para avaliar modelos teóricos de produção de palavras faladas.* Language and cognitive Processes, pp. 13-45.

• Pottier, B. (1964). *Vers une semantique moderne, Travaux de semantique et de litterature, 2, 107-137*; (1974). Linguistique generale, Paris, Klinksieck.

• Preissl, H., Pulvermuller, F., Lutzenberger, W., & Birbaumer, N. (1995). *Evoked potentials distinguish between nouns and verbs.* Neurosciences Letters, pp. 81-83.

• Pulvermuller, F. (1995). Agramatismo: Descrição comportamental e explicação neurobiológica. *Journal of Cognitive Neuroscience* pp.165-181.

- Rizzolatti, G., Fadiga L., Gallese, V. & Fogassi, L. (1996). *Premotor cortexand the recognition of motor actions. Cognitive Brain Research*, 3, pp. 131-141.

Rizzolatti, G., Fadiga , L., Matelli M., Bettinardi, V., Paulesu, E., Perani, D. & Fazio, F. (1996): *Localization of grasp representations in humans by PET: 1. Observation versus execution.* Experimental Brain Research, 111, pp. 246-252.

Rizzolatti, G., Fogassi, L., & Gallese, V. (2002). *Funções motoras e cognitivas do córtex pré-motor ventral.* Curr Opin Neurobiol, 12(2), pp. 149154.
Rizzolatti, G., & Craighero, L. (2004). *The mirror-neuron system.* Annual Review of Neuroscience, 27, pp. 169-192.
Rizzolatti, G., & Buccino, G. (2005). *O sistema de neurónios-espelho e o seu papel na imitação e na linguagem.* Em Dehaene, S., Duhamel, G.R., Hauser, M. & Rizzolatti, G. (Eds), From Monkey Brain to Human Brain. MIT Press, *Cambridge,* pp. 213-233.
Rochford, G., & Williams, M. (1965). *Studies in the development and the breakdown of the use of names. Parte IV. O efeito da frequência das palavras.* Journal of Neurology, Neurosurgery & Psychiatry, 28, pp. 407-413.
Roch-Lecours, A., & Lhermitte, F. (1979). *L'Aphasie.* Flammarion Medecine Sciences, Paris.
Rondal, J.A., & Seron, X. (1999). *Problemas de linguagem. Bases teóricas, diagnóstico e reeducação.* Liege: Mardaga.
Rondal, J.A. & Seron, X. (2003). *Problemas de linguagem. Bases teóricas, diagnóstico e reeducação.* Collectif Broche, Edições Mardaga.
Rosch, E. (1975). *Classification of real-world objects: origins and representations in cognition (Classificação de objectos do mundo real: origens e representações na cognição).* Em Ehrlich & Tulving, pp. 242-250.
Rosch, E., & Lloyd, B. (1978). *Cognition and Categorization.* Hillsdale, (N.-J.), (eds) Erlbaum L. Londres.
Roth, E.M., & Shoben, E.J. (1983). *O efeito do contexto na estrutura das categorias.*Cognitive Psychology, 15, pp. 346-378.
Rosch, E., & Lloyd, B. (1978). *Cognition and Categorization.* Hillsdale, (N.-J.), (eds) Erlbaum L. Londres.
Roth, E.M., & Shoben, E.J. (1983). *O efeito do contexto sobre a*
Psicologia Cognitiva, 15, pp. 346-378.
Sanfeliu, M.C., & Fernandez, A. (1996). *Um conjunto de 254 imagens de Snodgrass-Vandewart padronizadas para o espanhol: normas para concordância de nomes, concordância de imagens, familiaridade e complexidade visual.* Behavior Research Methods, Instruments, & Computers. pp. 537-555.
Schwartz, M.F., Saffran, E.M., & Marin, O.S.M. (1980). *O problema da ordem das palavras no agramatismo. I. Compreensão.* Cérebro e Linguagem. pp.263280.
Schwitter, V., Boyer, B., Meot, A., Bonin, P., & Laganaro, M. (2004). *French normative data and naming times for action pictures.* Behavior Research Methods, Instruments, & Computers. pp. 564-576.
Segui, J., Frauenfelder, U., Mehler, J., & Morton, J. (1982). *The word frequency effect and lexical access.* Neuropsychologia, 20, pp. 615-628.
Shallice, T. (1987). *Deficiências do processamento semântico: dissociações múltiplas. Em M. Coltheart, R. Job & G. Sartori (Eds), The cognitive neuropsychology of language (p 111-127).* Londres: Lawrence Erlbaum Associates.

Tamba, I. (1994). *Une cle pour differencier deux types d'interprétation figuree, metaphorique et metonymique,* Langue Franchise, pp. 26-34.
Tesniere, L. (1959). *Elements de syntaxe structurale.* Paris: Klincksieck.
Tettamanti, M., Moro, A., Messa, C., Moresco, R.M., Rizzo, G., Carpinelli, A., Matarrese, M., Fazio F.,& Perani, D. (2005). *Gânglios basais e linguagem: a fonologia modula a libertação dopaminérgica.* Neuroreport, 16(4), pp. 397-401.223.
Thompson, C., Shapiro, L., Li, L., & Schendel, L. (1994). *Análise de verbos e estrutura de argumentos verbais: um método para quantificação da produção de linguagem afásica* Em P. Lemme (Ed.), Clinical aphasiology, Vol. 23 (pp. 121e140).Austin, TX: Pro-Ed.
Thompson, C.K., Lange, K.L., Schneider, S.L., & Shapiro, L.P. (1997). *Verbo e argumento verbal de sujeitos agramáticos e sem dano cerebral. produção de estruturas.* Afasiologia, 11(4-5), pp. 473-490.
Thompson, C. K. (2003). *Produção de verbos não acusativos na afasia agramática: A hipótese da complexidade da estrutura do argumento.* Journal of Neurolinguistics, 16, pp. 151-167.
Thornton, I.M., & Hayes, A. E. (2004). *Antecipação da ação em cenas complexas.* Visual Cognition, 11(2/3), pp. 341-370.
Tijus, C.A., & Zibetti, E. (2001). *O papel do objetivo e do objeto na determinação semântica dos verbos de ação.* Journal des anthropologues- A.F.A., 85-86, pp. 157-182.
Tootell, R.B., Reppas, J.B., Kwong, K.K., Malach, R., Born, R.T., Brady, T.J., Rosen,B.R., &Belliveau, J.W. (1995). *Análise funcional da MT humana e áreas corticais visuais relacionadas usando ressonância magnética.* Journal of Neurosciences, 15(4), pp. 215-230.
Tran, T.M. (2000). *A la recherche des mots perdus : etude des strategies denominatives des locuteurs aphasiques*. These pour le Doctorat en Sciences du Langage, sous la direction de Corbin, D. Universite de Lille III - Charles de Gaulle.
Tran, T.M. (2007). *Reeducação dos problemas de produção lexical. Em Mazaux J.M., Pradat-Diehl & Brun V. (2007),* Aphasie et aphasiques, Issy- les-Moulineaux, Masson, 205- 215.
Uylings, H.B., Groenewegen, H.J.,& Kolb B. (2003). *Os ratos têm um córtex pré-frontal?* Behav Brain Research, 146 (1-2), pp. 3-17.
Vendler, Z. (1967). *Verbos e tempos.* In. Linguistics in Philosophy, Nova Iorque, Cornell University Press, pp. 97-121.
Vinson, D.P., & Vigliocco, G. (2002). *Pode a independência ser observada num sistema dependente?* O caso dos estados da ponta da língua. Brain and Language, 68, pp. 118-126.
Von Hofmannsthal, H. (2005). *As palavras não são deste mundo*. Edição Rivages poche, col. Petite Bibliotheque.
Warburton, E., Wise, R.J., Price, C.J., Weiller, C., Hadar, U., Ramsay, S., &

Frackowiak, R.S. (1996). *Recuperação de substantivos e verbos por sujeitos normais.* Estudos com PET. pp. 159-179.
Warrington, E.K. (1975). *The selective impairment of semantic memory*, Quartely Journal of Experimental Psychology, 27, pp. 635-657.
Warrington, E.K. (1981). *Estudos neuropsicológicos sobre sistemas semânticos verbais*. Philosophical transactions of the Royal Society of London, Series B,295, pp. 411-423.
Warrington, E.K. & McCarthy, R. (1983). *Disfasia de acesso específico a uma categoria.* Brain, 106, pp. 859-878.
Warrington, E.K., & Shallice, T. (1984). *Category-specific semantic impairments,* Brain, 107, pp. 829-854.
Warrington, E.K., & Mc Carthy, R.A. (1987). *Categories of knowledge: further fractionations and an attempted integration*. Brain, 110, pp. 273296.
Warrington, E.K., & Mc Carthy, R.A. (1994). *Sistema de múltiplos significados no cérebro: Um caso para a semântica visual.* Neuropsychologia, 32, pp. 465-473.
Watson, J.D., Myers, R., Frackowiak, R.S., Hajnal, J.V., Woods, R.P., Mazziotta, J.C., Shipp, S.,& Zeki S. (1993). *Area V5 of the human brain: evidencefrom a combined study using positron emission tomography and magnetic resonance imaging*. Cerebral Cortex, 3(2), pp. 79-94.
Wernicke, C. (1874). *Der aphasiche Symptomenkomplex. Breslau: Cohn e Weigert. Republicado como: O complexo de sintomas da afasia: um estudo psicológico sobre uma base anatómica. Obras de Wernicke sobre afasia.* Haia: Mouton.
White-Devine, T., Grossman, M., Robinson, K.M., Onishi, K., Biassou, N., & D'Esposito, M. (1996). *Verb confrontation naming and word-picture matching in Alzheimers disease.* Neuropsychology, 10, pp. 495-503.
Williams, S.E., & Canter, C.J. (1987). *Action-naming performance in four syndromes of aphasia (Desempenho de nomeação de acções em quatro síndromes de afasia).* Brain and Language, 32(1), pp. 124-136.
Wilson, M., Knoblich, G. (2005). *O caso do envolvimento motor na perceção de conspecíficos.* Psychological Bulletin, 131(3), pp. 460-473.
Wingfield A. (1967). Percetual and response hierarchies in object identification. *Ata Psychologica*, 26, pp. 216-226.
Wingfield, A. (1968). *Effects of frequency on identification and naming objects (Efeitos da frequência na identificação e nomeação de objectos).* American Journal of Psychology, 81, pp. 226-234.
Yamadori, A., & Albert, M.L. (1973). *Word category aphasia.* Cortex, 9, pp.83-89.
Yokoyama, S., Miyamoto, T., Riera, J., Kim, J., Akitsuki, Y., Iwata, K., Yoshimoto, K., Horie, K., Sato, S., & Kawashima, R. (2006). *Mecanismos corticais envolvidos no processamento de verbos: Um estudo de fMRI.* Journal of Cognitive Neuroscience, 18(8), pp. 304-313.
Zeki, S., Watson, J.D., Lueck, C.J., Friston, K.J., Kennard, C., & Frackowiak, R.S. (1991). *Uma demonstração direta da especialização funcional no córtex visual*

humano. Journal of Neurosciences, 11(3), pp. 641-649.
Zevin, J., & Seidenberg, M.S. (2004). *Age-of-acquisition effects in reading aloud: Test of cumulative frequency and frequency trajectory.* Memory andCognition, 32, pp. 31-38.
Zingeser, L.B., & Berndt, R.S.(1988).*Grammatical class and context effects in a case of pure anomia: Implication for models of language production.*Cognitive Neuropsychology, 5, pp. 473-516.
Zellal, N. (1986): *Contribution a la recherche en orthophonie : L'aphasie en milieu hospitalier Algerien etude psychologique et linguistique : These de doctorat sous la direction de Cohen, D.* Paris : Universite de la Sorbonne - Paris3.
Zellal, N., & Kacemi, S. (2017): *Le " MTA " Versões clássicas e informatizadas : Teste de Avaliação e de Reeducação das doenças cerebrais :* Salão Nacional dos produtos da investigação DGRSDT- Safex - Alger

Dicionários

- Encyclopedie Medicale, Gaucher, Maurice, Quillet ,Aristit de Paris 1965.
- Nouveau Larousse Medical, rue de Montparnasse, Paris 1981.
- Dictionnaire Encyclopedique des Sciences du langage, Ducrot Oswald e Torodov Tezvetan, ed. Seuil, Paris, 1995.
- Dictionnaire de linguistique, Dubois. J et AL, ed Larousse-Brdas/VUEP, 2002.
- Dictionnaire de Petit Robert, Paris, 1993.

Sitografia :

- www.vulgaris-medical.com
- www.aphasiequebec.org
- www.cen-neurologie.fr
- http://outilsrecherche.over-blog.com/pages/Notes_211_Speech_and_Cognition-3174356.html
- http://outilsrecherche.over-blog.com/pages/Notes_141_La_Phonetique-3083446.html
- http://lequotidienalgerie.org/2018/06/04/comment-lorthophonie-cree-t-elle-en-algerie-les-neurosciences-cognitives-de-la-neuropsycholinguistique-en-lien- avec-la-double-notion-economique/
- HTTP://LEQUOTIDIENALGERIE.ORG/2018/11/10/LETTRE-OUVERTE-A-SENHOR-MINISTRO-DO-INTERIOR-DA-INTELIGÊNCIA-E-INVESTIGAÇÃO CIENTÍFICA/

Apêndices

Apêndice 1

Um pequeno glossário afasiológico (Lanteri, 1995)

É o desaparecimento ou a perda significativa da gramaticalidade da língua. Afecta principalmente o lado expressivo da linguagem, mas pode também ter um impacto na compreensão gramatical e sintáctica.

As palavras funcionais, cujo significado é em grande parte determinado pelo contexto frasal, tendem a desaparecer: por exemplo, as desinências verbais, as preposições, as conjunções, etc., deixaram de ser utilizadas.

Agramatismo A composição da frase é reduzida das habituais 6 a 7 palavras para uma ou duas. Caracteriza-se pelo estilo telegráfico: curto e informativo.

Exemplo: um "agramático" a quem perguntaram o que tinha feito de manhã respondeu: "café: ... jornal" (tomei o meu café e li o jornal).

O verbo reaparece pela primeira vez na forma infinitiva.

É a perda de consciência da doença.

Esta situação não é exclusiva da afasia.

Anosognosia Varia em consistência e intensidade, consoante o tipo de afasia, as circunstâncias e as características individuais.

A anosognosia culmina na afasia de Wernicke.

Perda total ou parcial das capacidades verbais em ambos os lados da linguagem: compreensão e expressão, na sequência de uma lesão cerebral.

Afasia cérebro. Na grande maioria dos casos, esta lesão localiza-se numa área alargada do córtex do hemisfério esquerdo, conhecida como "área da linguagem".

Dificuldade em compreender e exprimir os efeitos vocais produzidos na fala.

Fala-se de uma dupla origem:

- articulatório: os movimentos dos órgãos fonatórios,
- o sistema límbico.

A voz pode ser estudada em termos das suas características físicas: altura, duração, intensidade, e em termos de critérios linguísticos: a curva de entoação. O estudo fonético instrumental pode ser utilizado para caraterizar os diferentes parâmetros.

Aprosodie

A aprosódia é causada por uma lesão do hemisfério direito e, portanto, está ausente da afasia.

A aprosódia deve ser contrastada com a disprosódia.

É um distúrbio de expressão.

Na cadeia falada há interação, uma combinação das "características prosódicas" dos fonemas.

A pronúncia de uma língua é determinada pelas regras organizacionais que a regem.

Dispersão ou desintegração fonética Na disprosódia, a combinação dos sons linguísticos é afetada, os fonemas são alterados e a estrutura silábica é alterada.

Podem ser observadas várias manifestações da perturbação, que se manifestam sempre como dificuldades em pronunciar corretamente os sons da língua: gaguez ou escansão exagerada, lentidão ou pressa, sotaques pseudo-estrangeiros, etc.

Estes desvios articulatórios prosódicos são estudados com instrumentos acústicos que permitem a comparação com a articulação normal.

Estes termos recebem os seus equivalentes quando consideramos a 6tage perturbações fisiológicas: perturbações artríticas, desintegração de tipo parético e desintegração de tipo distónico.

ou paragramatismo.

Dyssyntaxia Utilização incorrecta ou aproximada da gramática frásica, em termos da escolha das chamadas palavras funcionais ou da construção frásica.

Exemplo: "Sabe, estou reformado há 11 anos.

Há tantos erros na gíria que o falante não a consegue compreender.

São de dois tipos:

- fon6mica: os sons que compõem as palavras são mal escolhidos, ou seja, geralmente substituídos, omitidos ou acrescentados.
- semântica lexical: as palavras são substituídas por outras.

Quando as produções não podem ser reconhecidas como palavras pertencentes à língua devido a uma acumulação de erros fon6micos e/ou semânticos, encontramo-nos na presença de neologismos.

Classicamente, existem três tipos de jargão, consoante a predominância de um tipo de erro:

1. *jargão parafásico* :

Jargão as palavras são utilizadas como se tivessem todos os significados possíveis, ou seja, nenhum: o efeito de polissemia.

Exemplo: "Ele levou o mestre, sim, realmente, ladrão, assim...".

2. *jargão asemântico ou neológico* :

as palavras são "criadas", não existem na língua. "De facto, os restonnes, eles cramballent jusqu'ici . voila.".

3. *jargão indiferente* :

"a ti to ti . ti to ti

"sim, como 9a, um dois ... então um, dois ..." produções repSitivas, muito pobres.

Na prática, vemos jargões em que as formas se entrelaçam.

A superabundância expressiva opõe-se à expressão controlada. O doente convidado a falar parece perder o controlo do seu fluxo expressivo.

Logorréia que ele não canaliza e que tem dificuldade em parar. Numa expressão logorreica, a informação é pobre e pouco concisa.

A "falta de palavras" está na base deste comportamento expressivo.

Falta da palavra Este termo é, antes de mais, um equivalente do termo afasia. A falta de A palavra assume uma forma diferente consoante o tipo de afasia.

Diz respeito à perda das diferentes categorias gramaticais, um défice lexical e gramatical ao mesmo tempo, e refere-se aos comportamentos errados que substituem a compreensão e a expressão verbal. O termo tem também um significado mais específico quando aplicado a um tipo de afasia conhecido como afasia amnésica de Pitres ou Anomie.

A falta da palavra significa então a perda da capacidade de evocar os substantivos: nomes próprios e nomes de coisas, enquanto as outras palavras são emitidas normalmente.

Parafasia verbal ou parafasia nominal

Uma palavra é substituída por outra palavra:
- foto ? caminho

Se a palavra de substituição mantiver uma relação de significado, fala-se de parafasia verbal semântica:

- garfo ? colher

Se a palavra de substituição mantiver uma forma fónica, fala-se de parafasia verbal morfológica:

- copo ? rosto.

Estereótipos

A expressão verbal resume-se a uma única produção que é sempre a mesma, sejam quais forem as circunstâncias linguísticas: na maioria das vezes, uma refração de uma ou duas sílabas: por exemplo: "ma ma" ou "ama" "to to".

O advérbio "sim" é frequentemente utilizado. Pode ser uma frase completa.

Perturbações da fala :

Anomalias da fala: o ritmo da expressão oral (fluência, fluxo) pode estar alterado

no sentido de uma redução (lenta, pausas) ou de uma aceleração (rápida, difícil de interromper, desencadeada por qualquer estímulo externo).

Supressão ou silêncio.

Estereótipos: transmissões repetitivas do mesmo segmento linguístico; constituem

Por vezes, são as únicas emissões disponíveis e aparecem automaticamente durante qualquer emissão verbal.

não

uma palavra, ou mesmo uma frase curta ("clac-clac", "tatata", "bonsoir les choses d'ici-bas").

Dissonorização: atenuação da melodia (monotonia), silabificação e, por vezes, pseudo-acento

(alsaeien,...).

Falta de palavras: dificuldade ou mesmo impossibilidade de produzir uma palavra numa situação de enunciação (hesitações, pausas, "verdadeiro", perífrase: "c'est le nom d'un oiseau - P. Corneille", etc.).

a enunciação é facilitada pelo esboço oral e pelas frases incompletas.

Alterações da linguagem oral :

Transformações fonéticas: emissão inadequada de fonemas anomalia na realização dos traços constitutivos: Coquelicot = Cotlicot

Quarta-feira = Quarta-feira

Quinta-feira = Teudi

Sábado = Tamedi
as alterações têm por objetivo simplificar a articulação.
Parafasias fonémicas: adição, omissão, deslocação de fonemas :
Banco = Paturet
Garfo = Garfo
Partida = Palumelle
Cigarro = Ciguerapette
Parafasias verbais formais ou semânticas: substituição de palavras por outra correspondente pela forma ou pela relação concetual: Secretária/ Carrasco, Cadáver/ Caviar, Mesa/ Banco, Pé/ Mão, Meia/ Sandália, Boulevard/ Pieton.

Perturbações de repetição:

Ecolalia
Disfasia fonológica: o paciente pode repetir palavras mas não logatomas (C.W.).
profundas: a repetição leva à produção de parafasias verbais semânticas, as palavras concretas repetem-se melhor do que as abstractas, a repetição de palavras de classe fechada e de logatomas é quase impossível (B.C.).
semântica: o doente repete sem compreender (T.S.).

Afasia transcortical mista (= isolamento das áreas da linguagem)	++	-	++	+	-	-
Afasia subcortical	++	-	-	++	-	+ ou -

(+): intenso / (-): mínimo / (+ ou -): médio

Principais tipos de afasia. Correlações anátomo-clínicas geralmente observadas:

Tipo de afasia	Sinais	Localização	Etiologia Habitual	Sinais associados
Afasia global	Muito boa expressão e compreensão oral Reduites	Lesões corticais (frontotemporopontais) ou subcorticais extensas)	Infracto total do silviano, tumor, traumatismo, hemorragia.	Hemiplegia,
Afasia de Broca	Expressão oral reduzida , Agramatismo distúrbio artrico compreensão relativamente preservada	Córtex frontal inferior , Núcleos cinzentos e substância branca subcortical do lobo frontal	Infarto do silviano anterior superficial e/ou profundo Hematoma profundo	Hemplegia braquiofacial Apraxia
Afasia de	Expressão	Lesões do lobo	Tumor Infarto do	Hemianopsia ou

Wernicke (tipo 1).	abundante Perturbações da compreensão Parafasia	temporal e, por vezes, do tálamo	silviano posterior Encefalite herpética Hematoma lobar	quadranopsia Perturbações sensoriais Poucas ou nenhumas perturbações motoras
Afasia condutiva	Parafasias fonémicas Compreensão normal Repetição perturbada	Córtex parietal inferior Cápsula externa	Enfarte do silviano posterior (frequentemente de origem embólica)	Perturbações sensoriais Quadranopsia
Surdez verbal pura (Wernicke tipo 2)	Perturbações da compreensão e da repetição	Giro temporal superior (lesão esquerda ou bilateral)	Infarto Tumor Abces	Não
Alexia pura (alexia sem agrafia *)	Perturbação isolada da leitura com retenção e perturbação da linguagem oral	Lobo occipital e esplénio do corpo caloso	Infarto da artéria cerebral Tumor posterior	Hemianópsia Agnosia visual
Afasia anómica	Falta a palavra isole	Profundidade do lobo temporal Região hipocampal (valor de localização baixo)	Tumor (ou outro processo expansivo) Alzheimer Infarto ACP Encefalite herpética	Apraxia Poucas ou nenhumas perturbações sensitivomotoras Quadranopsia superior
Afasia transcortical motor	Falta de incentivos Verbal Repetição e compreensão Normal	Região pré-frontal Área motora adicional Núcleos cinzentos	Infarto da ACA ou junção ACA-ACM Hematoma Tumor	Síndrome frontal Disartria Hemiplegia crural
Afasia sensorial transcortical	Perturbação da compreensão com repetição retida e linguagem "oca". Palavra em falta	Junção temporo-occipital Tálamo	Alzheimer Alargado PCA Infarto da Junção Posterior	Demência Hemianópsia
Afasia transcortical mista	Língua ecolálica	Zonas de junção entre os territórios cerebrais silviano e anterior e posterior	Enfarte juncional extenso uni ou bilateral	Perturbações da atenção Hemiplegia uni ou bilateral crurale

*ACA: artéria cerebral anterior; ACM: artéria cerebral média; ACP: artéria cerebral posterior.

Sintomas	Lesões
Surdez verbal pura	Áreas 41 e 42 (esquerda ou bilateral)
Alexie Puro	Lesão occipital esquerda: - córtex + esplénio - substância branca subcortical
Perturbações léxico-semânticas	- Neocórtex temporal esquerdo (áreas 41, 42 e

- Perturbações da compreensão - perturbações puramente verbais - perturbações semânticas - dissociação em função do conteúdo : - objectos animados (predominantemente processos de identificação) - objectos inanimados (predominância de processos de utilização) - dissociação em função do estatuto gramatical - nomes - verbos - Anomia - testes de linguagem espontânea e de nomeação - apenas linguagem espontânea - por input visual	22) - lesão limitada - lesão alargada (22, 37, 40) - lesão inferior (temporo-occipital) - lesão superior (temporoparietal) - córtex temporal - córtex frontal dorsolateral ou parietal - áreas corticais perisilvianas e eventuais lesões extensas - lesões subcorticais - lesão occipital esquerda
Parafasias verbais	- Lesões frontais, temporais e subcorticais
Perseverações	- Núcleo caudado
Parafasias fonémicas	- Zonas 40 e 22
Diminuição da produção oral "Afasias não fluentes	• Lesões posteroinferiores frontais e subcorticais • Lesões subcorticais frontais extensas • Putâmen • Lesões radiculares e sub-radiculares
Sintaxe e discurso • Perda de iniciativa verbal, mutismo regressivo • Défice mais duradouro • Perturbações da fala (incompletas, truncadas, difusas) • Sintaxe	• Área motora suplementar e/ou giro cingulado anterior • Lesão associada do corpo caloso e da substância branca adjacente • Córtex pré-frontal • Estruturas subcorticais • Área de Broca
Repetição	Ínsula e cápsula externa

Afasia de Broca

A afasia de Broca começa frequentemente com uma fase de mutismo ou com uma redução muito significativa da produção verbal. Nalguns casos, o mutismo é seguido de uma redução da expressão a uma única estereotipia ou a algumas expressões automáticas.

Na maior parte das vezes, no entanto, a produção verbal evolui para uma produção não fluente, com a presença de perturbações articulatórias, disfonia e ausência de palavras em situações de conversação, acompanhadas de parafasias semânticas e fonémicas. Gradualmente, mas não necessariamente, progride-se para uma produção agramática. Por outro lado, a compreensão auditiva está relativamente preservada, pelo menos em situações de conversação, porque um exame mais formal pode revelar dificuldades na compreensão dos elementos sintaticamente expressos dos enunciados. A repetição de palavras e frases está alterada.

O padrão de lesão mais comum é um enfarte subagudo ou crónico centrado no opérculo frontal esquerdo, mas que se estende ao córtex frontal médio, ao córtex motor inferior, à ínsula anterior e superior, ao lóbulo parietal inferior anterior e à substância branca profunda a estas estruturas (putâmen, núcleo caudado) (Mohr, Pessin, Finkelstein, Funkenstein, Duncan, & Davis, 1978). Em alguns casos, a lesão pode restringir-se à substância branca subcortical (Alexander & Hillis, 2008). Um défice motor no hemicampo direito, de gravidade variável, está invariavelmente associado a esta síndrome afásica.

É também frequente a apraxia dos membros superiores, a apraxia oral-lingual-facial e, mais raramente, o défice sensorial. Os doentes estão conscientes das suas dificuldades e sentem uma frustração considerável face a estas dificuldades de comunicação. Podem apresentar reacções catastróficas (choro e recusa de continuar o exame). A depressão grave é frequente (Starkstein, Bryer, Berthier, Cohen, Price, & Robinson, 1991).

Afasia de Wernicke

Esta síndrome pode ser considerada como o oposto da afasia de Broca. A expressão é fluente, mesmo logorreica e bem articulada, com numerosas parafasias de todos os tipos que aparecem no contexto de enunciados gramaticalmente ricos, o que não exclui a presença de dissintaxe. A frequência de paráfrases e de elementos dissintácticos pode ser tal que se verifica a presença de jargonafasia. A compreensão auditiva está muito alterada, assim como a repetição de palavras e frases, dando origem a numerosas parafasias e perseverações. Geralmente, esta síndrome é causada por um enfarte central no giro temporal superior esquerdo que se estende ao giro temporal médio, giro supramarginal superior e giro angular inferior ou por uma hemorragia no lobo temporal posterior (Knepper, Biller, Tranel, Adams, & Marsh, 1989). A síndrome pode não estar associada a quaisquer sinais neurológicos; em casos raros, pode haver hemiparesia direita transitória da face e do membro superior e, mais frequentemente, défice do campo visual (quadranopia superior ou hemianopia direita). A consciência da gravidade do défice de linguagem é muito variável. Muitas vezes, os doentes não têm consciência de que o seu discurso é incompreensível ("anosognosia") e, por isso, sentem menos frustração do que os doentes com afasia de Broca. Podem, no entanto, ficar irritados com a incompreensão dos seus enunciados por parte dos outros e desenvolver tendências paranóides ou depressão à medida que a consciência da perturbação melhora.

Afasia de condução

A expressão é fluente, embora geralmente menos abundante do que na afasia de Wernicke, e gramaticalmente bem construída. A anomalia dominante é um grande número de parafasias fonémicas e uma falta de palavras. A parafasia fonémica é particularmente comum em palavras fonologicamente complexas. Os doentes fazem frequentemente várias tentativas para corrigir as suas parafasias ("comportamentos de aproximação"), embora estas tentativas nem sempre os aproximem do alvo (Valdois, Joanette, & Nespoulous, 1989).

A compreensão auditiva está relativamente bem preservada, nomeadamente em situações de conversação. A repetição de palavras, e mais ainda de frases, é muito fraca. Os doentes podem não ser capazes de repetir as palavras que lhes são apresentadas, sobretudo se forem palavras funcionais, ou podem repeti-las com numerosas paráfrases fonémicas e comportamentos de aproximação. No entanto, a compreensão das frases que não conseguem repetir ou ler corretamente é boa, apesar da presença de muitas parafasias. A lesão na origem desta síndrome é quase sempre um enfarte no giro supramarginal e na parte posterior e superior da ínsula, com extensão variável ao córtex sensitivo e motor inferior, ao lóbulo parietal superior e à substância branca parietal profunda (Palumbo, Alexander, & Naeser, 1992). A síndrome pode não estar associada a quaisquer sinais neurológicos. No entanto, pode ocorrer perda sensorial direita, hemiparesia direita ou paresia facial central e hemianopsia direita, mas geralmente há uma boa recuperação. A nosognosia das perturbações é óbvia, mas as perturbações do humor são raras.

Afasia motora transcortical

A expressão não é fluente e os enunciados são curtos, embora geralmente bem estruturados gramaticalmente. Existem, no entanto, algumas parafasias fonémicas e verbais, perseverações e distorções fonéticas. A nomeação é menos alterada do que a fala espontânea, embora existam latências de resposta significativas. A compreensão auditiva parece normal em situações de conversação, mas está alterada quando testada formalmente. A repetição está intacta com ecolalia ocasional. A lesão habitual é causada por um enfarte frontal ventrolateral esquerdo ou hemorragia intracerebral, envolvendo frequentemente o opérculo frontal, mas centrado no córtex frontal mais dorsal e anterior. Um padrão semelhante, mas menos grave, é observado em grandes lesões subcorticais centradas na substância branca periventricular e na cabeça do núcleo caudado. As lesões frontais mediais extensas também podem causar afasia motora transcortical, tal como as lesões talâmicas anteriores (Alexander & Hillis, 2008). Os sinais associados variam consoante a localização da lesão. Nas lesões frontais dorsolaterais, pode não haver sinais associados para além de um ligeiro reflexo de preensão contralateral e paratonia ou paresia atáxica. As lesões subcorticais produzem geralmente hipofonia, disartria ou mesmo mutismo hipocinético, hemiparesia e instabilidade postural. Uma lesão medial está frequentemente associada a um reflexo de preensão moderado, paratonia e maior hemiparésia do membro inferior do que do superior. Além disso, os doentes com afasia motora transcortical são frequentemente abruptos, com falta de espontaneidade motora e comunicativa, sobretudo se tiverem uma lesão talâmica anterior (Alexander & Hillis, 2008). Afasia sensorial transcortical A expressão é fluente, com a presença de lacunas nas palavras e parafasia semântica; o conteúdo dos enunciados pode ser qualitativamente reduzido ("sem sentido"). A compreensão auditiva está muito alterada, e a compreensão conversacional parece ser melhor do que a compreensão de palavras isoladas. A repetição de palavras e frases curtas está preservada, mas pode ocasionalmente ser ecolálica. Os doentes apresentam geralmente anosognosia inicial da sua perturbação. O perfil de lesão habitual é um grande enfarte no território da artéria cerebral posterior esquerda, incluindo o giro temporal inferior, ou uma hemorragia no giro temporal inferior.

Esta síndrome também foi documentada após lesão em várias localizações talâmicas (Alexander & Hillis, 2008). Segundo Damásio (1988), o local habitual de lesão seria o sector posterior do giro temporal médio e do giro angular, bem como a substância branca localizada por baixo destas estruturas corticais. Se a lesão estiver confinada ao giro temporal inferior, o único défice associado pode ser um défice do campo visual direito. No caso de enfarte no território da artéria cerebral posterior, pode observar-se agnosia visual, alexia, amnésia (lesão parahipocampal), hemiparesia ou abulia (tálamo).

Afasia global

Como o nome indica, os afásicos globais apresentam uma perda quase total da capacidade de compreender e produzir mensagens verbais. A afasia global pode assim ser descrita como uma combinação da semiologia expressiva da afasia de Broca e da semiologia recetiva da afasia de Wernicke. A expressão verbal é inexistente ou reduzida a algumas palavras perseverativas isoladas, sílabas insignificantes (estereotipia), exclamações emocionais ou frases curtas automáticas ("não sei"). A compreensão auditiva é gravemente afetada e a repetição é impossível. A lesão típica resulta de um grande enfarte do córtex perisilviano e da substância branca subcortical. Uma lesão subcortical extensa também pode causar afasia global e um número surpreendente de afásicos globais tem pouca ou nenhuma lesão temporal (Vignolo, Boccardi, & Caverni, 1986). A hemiplegia está geralmente, mas nem sempre, associada à afasia global, tal como a apraxia ideomotora ou ideatória.

Também pode haver perda hemisensorial, um defeito no campo visual ou extinção e instabilidade postural (sinais devidos à extensão subcortical da lesão).

Na afasia global sem hemiplegia, os défices são menos graves e a recuperação é melhor (Tranel, Biller, Damasio, Adams, & Cornell, 1987).

Afasia transcortical mista

Esta forma rara de afasia apresenta-se de forma muito semelhante à afasia global, com uma expressão verbal extremamente reduzida - mas as estereotipias são menos frequentemente observadas do que na afasia global - e uma compreensão auditiva gravemente afetada. Neste caso, no entanto, a ecolalia domina o quadro patológico; consequentemente, a repetição está relativamente preservada. No entanto, alguns pacientes altamente ecolálicos são incapazes de repetir quando solicitados a fazê-lo numa tarefa de repetição. A afasia transcortical mista resulta, na maioria das vezes, de uma lesão pré-frontal extensa com extensão profunda. Por esse motivo, é geralmente a forma inicial do que mais tarde se manifestará como afasia motora transcortical grave. As lesões talâmicas anteriores (polares) também podem causar afasia transcortical mista, que, neste caso, progride rapidamente para afasia anómica. Os sinais associados dependem do tipo de lesão. As lesões frontais extensas podem não causar outros sinais, ou uma combinação de paratonia, instabilidade postural e paresia atáxica moderada. A abulia é comum. As lesões talâmicas anteriores podem resultar em défice executivo significativo e amnésia (Alexander & Hillis, 2008).

Afasia anómica

A expressão é fluente, bem articulada e gramaticalmente correcta; há pouca ou nenhuma parafasia, mas há uma falta significativa de palavras, manifestada por pausas, perífrases e palavras de preenchimento não específicas ("coisa" para um substantivo, "fazer" para um verbo). Quando a afasia anómica corresponde a um quadro inicial, a causa mais frequente é uma lesão do giro temporal inferior.

No caso da afasia anómica crónica, que corresponde a um estado residual após a recuperação de uma afasia mais grave, não é possível associar um local específico de lesão. O mesmo se aplica aos sinais neurológicos, que variam consoante o local da lesão.

Apêndice 4: Anatomia do cérebro

As áreas cerebrais são zonas funcionais diferentes, mais ou menos delimitadas pelas convoluções cerebrais, que constituem cada um dos quatro lobos cerebrais:

- O lobo frontal (o mais desenvolvido do ponto de vista anatómico e funcional).
- O lobo parietal.
- O lobo temporal.
- O lobo occipital.

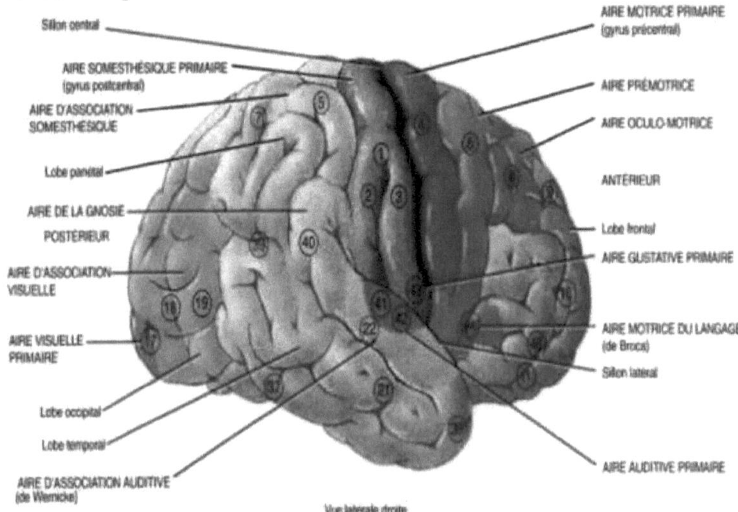

Vue latérale droite

- Os dois **hemisférios cerebrais são constituídos, à** superfície, por substância branca e substância cinzenta. Na substância branca, coberta pela substância cinzenta, passam as grandes vias ascendentes, ou seja, os **feixes nervosos** que transportam a informação da periferia para o córtex, ou seja, as vias sensoriais que transportam as mensagens captadas pelos receptores periféricos que permitem analisar a informação. As outras vozes da substância branca são as vias descendentes que têm origem no córtex e chegam à periferia. São as vias motoras que transmitem os comandos motores aos músculos a partir do **córtex cerebral, que é** constituído por matéria cinzenta (córtex).

- A **cápsula interna** é atravessada pelas vias motoras piramidais, ou seja, as fibras nervosas provenientes das células piramidais do córtex, e pelas radiações talâmicas, ou seja, as fibras nervosas provenientes do tálamo para o córtex, nomeadamente para o lobo parietal. O córtex é dividido em vários lóbulos por **escissuras** e **sulcos mais** ou menos profundos.
- Os lóbulos do cérebro estão, por sua vez, divididos em convoluções cerebrais. Cada convolução cerebral corresponde a uma área funcional diferente.

o O **lobo frontal** é o maior lobo do cérebro. Inclui as zonas motoras, nomeadamente a **zona frontal ascendente** e as zonas motoras, uma das quais tem por função a programação motora. As outras zonas do lobo frontal são responsáveis pelo comportamento, a linguagem (mais especificamente a sua componente expressiva ou motora), o planeamento, a organização intelectual e as convenções sociais.

o O **lobo parietal**, menos volumoso, está localizado atrás do lobo frontal. Este lobo é capaz de receber impulsos sensoriais, particularmente da área parietal ascendente. A zona parietal ascendente situa-se imediatamente atrás do sulco de Rolando, também conhecido como sulco central. O lobo parietal é o local da sensibilidade, da linguagem (no que respeita à componente de compreensão) e das funções visuais e espaciais. Este lobo é responsável, entre outras coisas, pela gestão dos gestos (praxis) e pelo reconhecimento (de objectos em particular, cuja deficiência é conhecida como **agnosia**).

o O **lobo temporal** está localizado abaixo da **cissura de Sylvius,** também conhecida como sulco lateral. Tendemos a esquecer-nos deste facto, mas o lobo temporal estende-se até à parte inferior e interna do encéfalo. Contém as áreas auditivas, parte das áreas da linguagem e áreas funcionais que desempenham um papel no processo de memória. Estas incluem, nomeadamente, o **córtex hipocampal e o córtex entorrinal**.

o O **lobo occipital**, o mais pequeno, situa-se por detrás da **cissura calcarina**. Caracteriza-se essencialmente pela presença das zonas visuais.

- **Os principais domínios** são :

o **Capacidades motoras**.

o **Sensível**.

o **Intelectuais**. Recebem a informação através de estruturas subjacentes que enviam **projecções**. A informação é depois transmitida às zonas adjacentes, também designadas por **zonas secundárias** e **terciárias**. Estas zonas têm a capacidade de integrar e analisar as informações provenientes das zonas primárias.

- As **zonas associativas** estão situadas no cruzamento dos diferentes lobos cerebrais acima referidos. É nas zonas associativas que se integram as diferentes inferências das zonas primárias, secundárias e terciárias. Estas zonas associativas têm também a capacidade de integrar informações muito sofisticadas, baseadas em informações sensoriais e intelectuais.

Anexo n°5 " Rendez- moi mes mots " (Devolve-me as minhas palavras)

O "MTA" O trabalho foi lançado em 1993, no âmbito do Acordo do Programa de Cooperação Argelino-Francês (CMEP 91 MDU 177) co-assinado pela Universidade de Argel e o Laboratório de Neurolinguística J. Lordat, dirigido por J. L. Nespoulous, primeiro coautor da bateria original.

É constituído por uma série de testes de expressão e compreensão oral e escrita destinados a

pacientes com síndromes afásicas.

Para além das gnosias corporais e das praxias orais-faciais, as provas pragmáticas (praxias construtivas, praxias ideomotoras, gnosias cromáticas, gnosias de letras e de palavras, gnosias auditivas), que determinam a estruturação espácio-temporal, vetor da comunicação, estão ausentes na versão original.

A sua inclusão num pequeno caso suplementar (apresentado pela equipa de Toulouse em 13 de novembro de 1993, durante a Jornada GRAAL, Hospital Emile Roux, Limmeil-Brevannes) foi motivada pelo debate que abrimos sobre este assunto, durante o atelier animado pela Dra. Michele Puel (neurologista do CHU Purpan de Toulouse e membro da equipa franco-canadiana que elaborou a bateria publicada em 1992), no âmbito do simpósio SDORMP (Toulouse, 6-9 de junho de 1992).

Isto significa que a adaptação da avaliação original ao contexto psico-socio-linguístico argelino não é uma tradução dos itens originais para árabe ou berbere.

Uma teorização do ato de comunicação e dos défices neuropsicolinguísticos orientou esta investigação, que conduziu à publicação da primeira avaliação clínica argelino-internacional dos défices de comunicação, nos seus parâmetros linguísticos e psicológicos.

Mesmo antes da sua publicação (que, como sabíamos, exigiria mais de 10 anos de trabalho científico e técnico), em meados dos anos 90, a sua extensão à exploração de perturbações em crianças (disfasia, CMI, atrasos na fala, surdites, dislexia-disortografia), outras perturbações neuropsicológicas e défices cognitivos em síndromes neurodegenerativos, revelou-se eficaz.

Temas de numerosas dissertações do quarto ano do curso de terapia da fala e da linguagem; teses terminadas e em curso; comunicação apresentada no colóquio internacional sobre "Neuropsicologia infantil e psicanálise", Beni Abbes, 20-21-23 de março de 2003.

O livro teórico sobre o desenvolvimento do "MTA", incluído no caso, através do método de adaptação de um teste estrangeiro à realidade argelina que propomos, é agora utilizado como base para trabalhos semelhantes noutros instrumentos clínicos.

Em particular, sublinha **a relação direta entre a teoria das perturbações, a abordagem dos resultados dos testes e o projeto terapêutico**.

Através de cursos de formação especializados, ensinamos investigadores clínicos, terapeutas da fala e psicólogos a utilizar o Caderno do Paciente, os afasiogramas e as grelhas qualitativas.

No módulo de licenciatura do terceiro ano, o "MTA" faz parte do programa do módulo de Neuropsicologia.

No âmbito do grau de LMD em terapia da fala e da linguagem, a disciplina Metodologia das técnicas de investigação em terapia da fala e da linguagem, no Semestre 3, está reservada ao programa de ação oferecido pelo "MTA" no âmbito da **neurociência cognitiva.**

O software de teste informatizado **"Devolve-me as palavras"** (MTA), adaptado e calibrado pelo Professor Zellal Nacira, tem por objetivo melhorar a compreensão e a recuperação da linguagem oral. Trata-se de um programa informatizado de avaliação da recuperação da linguagem em afásicos, utilizando um suporte: imagens, palavras, frases, textos e sequências de vídeo. O programa está particularmente adaptado à afasia cerebro-lesional, utilizando mais de 200 palavras, 100 imagens e 40 sequências de vídeo. Mede o tempo de resposta dos afásicos e calcula a percentagem das diferentes respostas produzidas pelos afásicos (parafasias semânticas, fonológicas e lexicais, aproximações semânticas, falta de palavras, etc.) e apresenta os resultados.

resultados pormenorizados sob a forma de um afasiograma.

Ministério do Ensino Superior e da Investigação Científica - Universidade de Argel 2

Unidade de Investigação em Neurociência Cognitiva-Ortofonia-Foniatria

Portaria n.º 253 de 10 de abril de 2013 - www.urnop-alger2.com

Diretor: Pr N. ZELLAL - zeUal.urnop@gmail.com - 0556996434

Exposição Nacional de Produtos de Investigação DGRSDT

18-21 de maio de 2017 - Safex - Argel

Nome do produto :

O "MTA" versão clássica e versão informática: Teste de avaliação e de reeducação das lesões cerebrais

Nacira Zellal & Salah Kacemi

Unidade de Investigação em *Neurociências Cognitivas - Terapia da Fala - Foniatria*

Universidade de Argel 2

1. **Ao criar este teste argelino-internacional, estamos a demonstrar que a prática da terapia da fala nos hospitais universitários é cientificamente justificada.**

Com efeito, a psicologia, incluindo a terapia da fala e da linguagem, na sequência da introdução do critério linguístico devido ao aparecimento das teorias da aquisição nos anos 60, é, de facto, a forma atual ou mesmo futura da psicologia, uma profissão que é exercida desde a independência da Argélia, utilizando testes concebidos **para outros países, outras línguas e outras culturas**.

O primeiro e único instrumento clínico neuropsicolinguístico argelino-internacional desde a independência, o "MTA" de Nacira Zellal, foi publicado pela Universidade de Argel no âmbito do CMEP 91MDU177 e pela ANDRS, no âmbito do projeto 01/14/03/99/008, em 2002.

Foi ëtë ëlaЬorë, na sua versão adaptada e ëtalonnëe em contexto a^rien, no âmbito do projeto CMEP 91MDU177 co-ëшдë de Nacira Zellal e Jean Luc Nespoulous, Diretor do Laboratório Jacques Lordat da Universidade de Toulouse Le Mirail e, ao mesmo tempo, primeiro coautor da equipa franco-canadiana de 12 membros (linguistas, neurologistas, terapeutas da fala, psicólogos e terapeutas psicomotores), que desenvolveu e publicou a bateria original sob o nome "Le MT86" na Ortho-Edition (Icebergues, França) em 1992.

2. Impacto e contributos para a profissão e para a investigação de psicólogos e terapeutas da fala da versão clássica de Nacira Zellal

Objetivo

Esta bateria de 33 testes de praxia, gnose, linguagem e psicomotricidade permite um diagnóstico objetivo das perturbações da linguagem e da comunicação, não só das perturbações afásicas mas também de outras perturbações.

Utilização

Profissionalmente, é utilizado por terapeutas da fala e psicólogos em exercício no tratamento de **adultos** que sofrem de défices neuropsicológicos devidos a uma doença cerebral adquirida (afasia, neurodisfunção), em serviços de neurologia, cardiologia, neurocirurgia e psiquiatria.

Nos departamentos de pediatria, cirurgia maxilofacial e pedopsiquiatria, a sua eficácia no tratamento de **perturbações infantis**, incluindo perturbações funcionais (disfasia) e perturbações do neurodesenvolvimento (autismo), foi igualmente comprovada, sendo também utilizada no tratamento de deficiências auditivas em EJS e de crianças com implantes em ORL.

Para além dos CHUs, existem outras organizações que empregam psicólogos e terapeutas da fala: ëtablissements spëcialisës; UDSs; Structures scolaires et

actividades extracurriculares; Centros de vizinhança; Sociëtës e empresas nacionais (por exemplo.

Sonatrach, Ministério da Indústria: relatórios e experiências).

A nível universitário, desde os anos 90-2000, centenas de mëmoires, magistëres, mestrados e doutoramentos espalhados pelo país foram ou estão a ser produzidos com recurso a esta ferramenta clínica.

As conferências nacionais e internacionais incluíram os resultados da sua utilização nos seus programas: ver o sítio Web da URNOP: www.urnop-alger2.com

3. Evolução atual da "MTA": as vantagens das TIC e os contributos terapêuticos

Em 2011, no âmbito do processo de obtenção do magistëre d'orthophonie sob a direção da Pr Nacira Zellal, o MTA foi informatizado, dando origem ao "**LogicielRendez-MoiMesMots**". De facto, estamos a fazer das TIC o nosso aliado, para nos colocarmos no mundo moderno da I&D em Ciências Humanas e Sociais.

Em 2017, oferecemos este software não só para fins de diagnóstico, mas também para fins terapêuticos, uma vez que pudemos experimentá-lo como **meio de reeducação de** afásicos, integrando "meios de facilitação" derivados de teorias reeducativas como :

1) A abordagem cognitivo-comportamental de Nacira Zellal (artigo publicado em 2011 na revista francesa ANAE e publicado no sítio da URNOP) e que :

2) a técnica "MIT": a terapia da entoação melódica por Philippe Van Eeckhout (2015-2016, CHU de la Salpetriere).

Este resultado é fruto da tese de doutoramento intitulada :

"Proposition d'un iogiciei d^vaiuation et de Education des cërëbro-leses", realizado sob a direção de Nacira Zellal, no âmbito do projeto CMEP-TASSILI 13MDU902 - URNOP-Alger 2/LaboCHART Laboratoire de *Sciences Cognitives et d'Intelligence Artificielle-Paris* 8.

Durante as nossas estadias júnior neste CMEP, beneficiámos de cursos ministrados por Philippe Vaneekhout em La Salpetriere.

Em conclusão, o MTA é um instrumento **de diagnóstico** e **terapêutico**.

Apêndice 6: Resultados do afasiograma

Segunda-feira, 10 de junho de 2016

Processo n°1 M.M.B

Resultados dos exames : Língua oral

Teste: InterviewDirigee

- redução quantitativa
- redução qualitativa
- agramatismo
- falta de palavra
- desvios fonéticos
- desvios fonémicos
- desvios verbais
- aspontaneíte

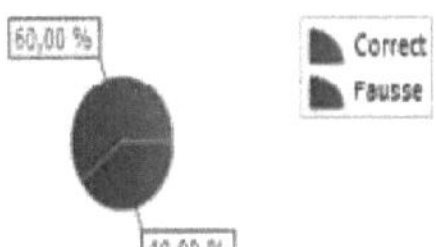

apraxia oral-facial

Teste:Produção de automatismos linguísticos e recitação

- aspontaneíte
dissociação automático-voluntária

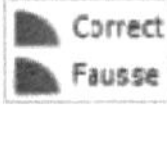

Teste: Disponibilidade lexical paradigmática

- desvios fonémicos

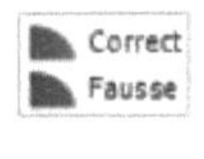

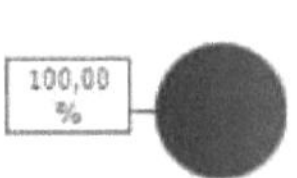

Teste: Repetição de sílabas, palavras, frases e não-palavras

- erros fonéticos
- erros proporcionais ao comprimento do item
- erros gramaticais
- erros na passagem de uma língua para outra

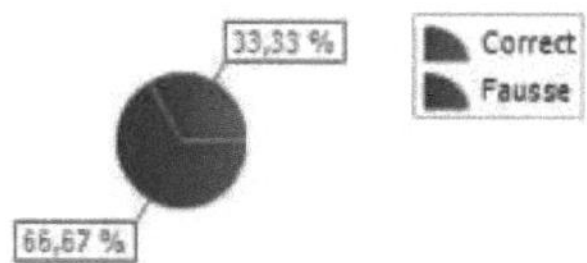

Teste: Nomeação oral de palavras e acções

- falta de palavra
- confusão entre acções com significado ou configuração próximos no desenho
- dificuldade em canalizar a atenção
- começar a desenvolver o vocabulário
- diagrama de objectivos
- resposta gestual

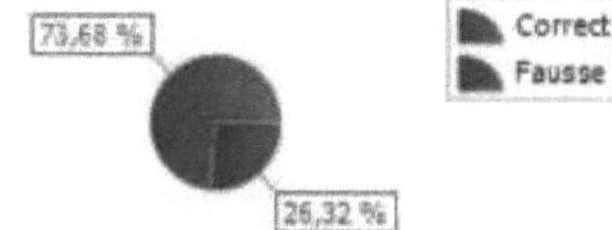

Teste: Discurso narrativo oral

- redução quantitativa e/ou qualitativa
- falta de palavra
- respostas gestuais
- jargonafasia (paragramatismos, parafasia semântica ou fonémica mista)

Teste: Compreensão oral de palavras e frases

- confusão entre palavras próximas: semântica
- confusão entre palavras próximas: foneticamente
- confusão entre palavras morfologicamente semelhantes (casa/edifício)
- confusão entre acções semelhantes

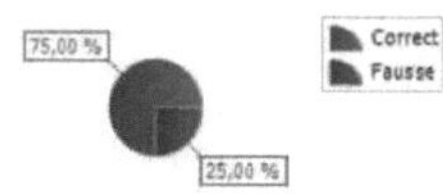

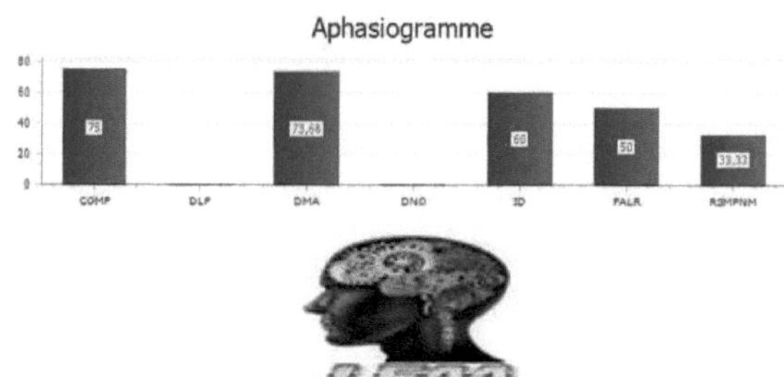

Apêndice 6

Terça-feira, 16 de julho de 2016
Caso 2
M.J.K

Resultados dos exames : Língua oral

Teste: Entrevista com o Diretor

- redução quantitativa
- redução qualitativa
- agramatismo
- falta de palavra
- desvios fonéticos
- desvios fonémicos
- aspontaneíte

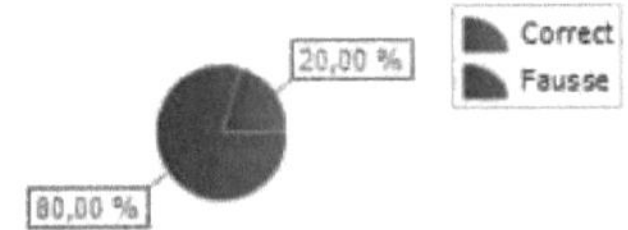

Teste: Produção de automatismos linguísticos e recitação

- aspontaneíte

dissociação automático-voluntária

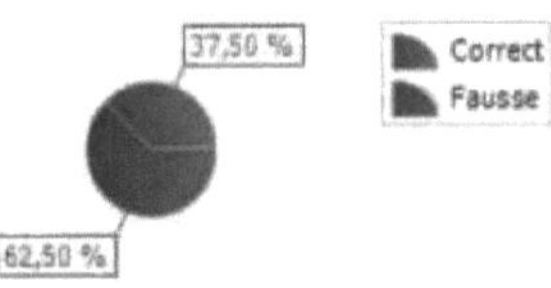

Teste: Disponibilidade lexical paradigmática

- redução qualitativa
- desvios fonéticos
- desvios fonémicos

Teste: Repetição de sílabas, palavras, frases e não-palavras

- erros fonéticos
- erros p onémicos na ásia continental
- erros proporcionais ao comprimento do item
- erros gramaticais
- erros na passagem de uma língua para outra

Teste: Nomeação oral de palavras e acções

- falta de palavra
- dificuldade em canalizar a atenção
- começar a desenvolver o vocabulário
- diagrama de objectivos
- resposta através da utilização
- resposta gestual
- possíveis métodos de facilitação

Teste: Discurso narrativo oral

- falta de palavra

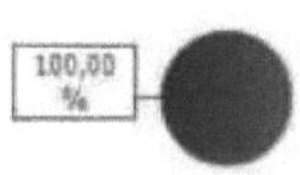

Teste: Compreensão oral de palavras e frases

- confusão entre palavras próximas: semântica
- confusão entre palavras próximas: foneticamente
- confusão entre palavras morfologicamente semelhantes (casa/edifício)
- confusão entre acções semelhantes

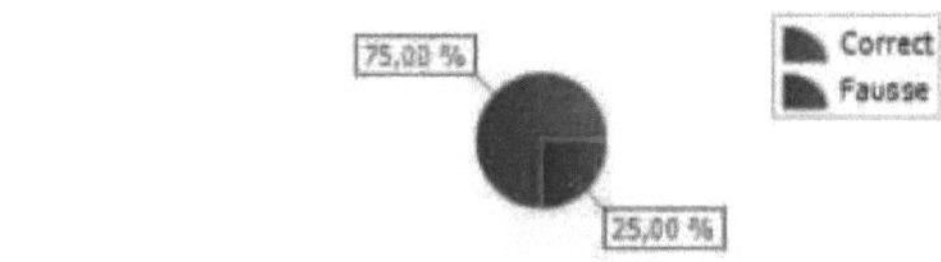

Afasiograma

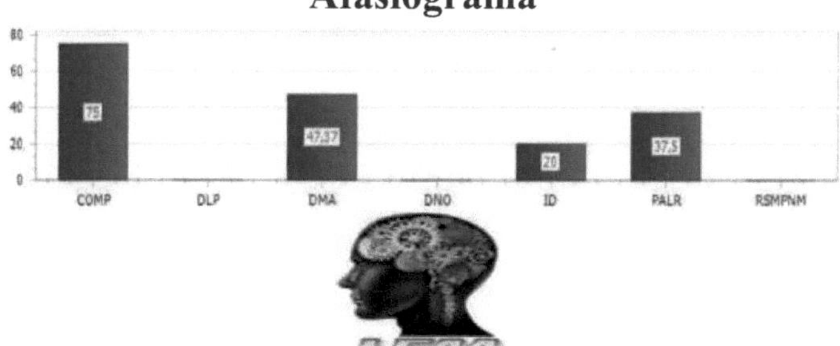

Anexo 6 **Segunda-feira, 4 de junho de 2016**

Processo n°3 M.T.S

Resultados dos exames : Língua oral

Teste: Entrevista com o Diretor

- redução quantitativa
- falta de palavra
- aspontaneidade

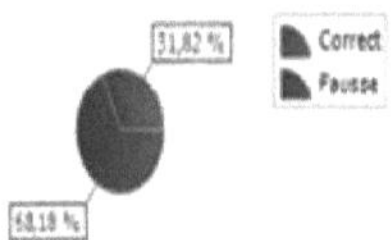

resposta gestual, perturbação do frio

Teste: Produção de automatismos linguísticos e recitação

- aspontaneíte
- dissociação automático-voluntária

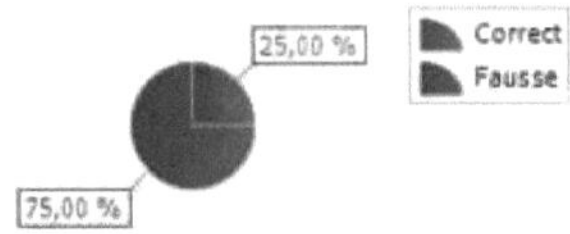

Teste:Disponibilidade lexicalparadigmática

- redução qualitativa
- dificuldades temporais (leitor de produção)
- desvios fonéticos
- desvios fonémicos

Teste: Repetição de sílabas, palavras, frases e não-palavras

- erros fonéticos
- erros p onémicos na ásia continental
- erros proporcionais ao comprimento do item
- erros gramaticais
- erros na passagem de uma língua para outra

Teste: Nomeação oral de palavras e acções

falta de palavra

- confusão entre acções com significado ou configuração próximos no desenho
- difícil^ para o canal l'atenção
- abordagem fonémica
- resposta através da utilização
- resposta gestual
- confusão com diferentes paradigmas; estudo da distância paradigmática

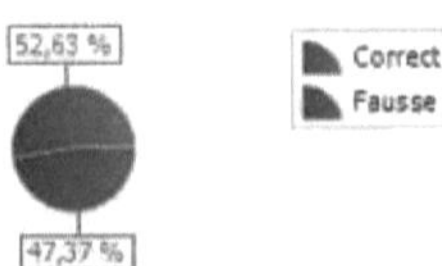

Teste: Discurso narrativo oral

- perda de redundância
- redução quantitativa e/ou qualitativa
- falta de palavra
- respostas gestuais

Teste: Compreensão oral de palavras e frases

- confusão entre acções semelhantes

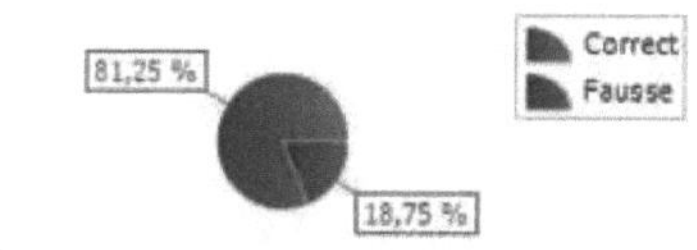

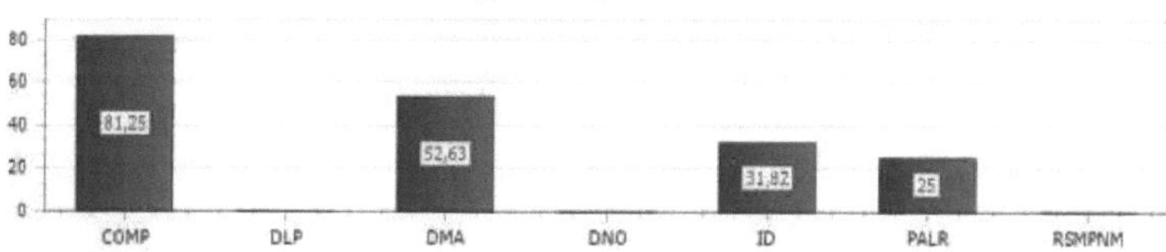

Apêndice 6: Resultados dos exames: Língua oral

Cas n°4

M.J.K

14 de julho de 2016

Teste: InterviewDirigee

- redução quantitativa
- redução qualitativa
- agramatismo
- falta de palavra
- desvios fonéticos
- desvios fonémicos
- aspontaneíte

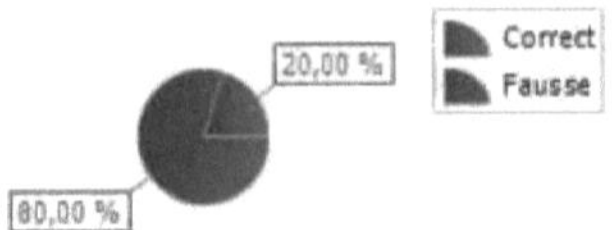

Prova: Produção de automatismos linguísticos e recitação

- aspontaneidade
- dissociação automático-voluntária

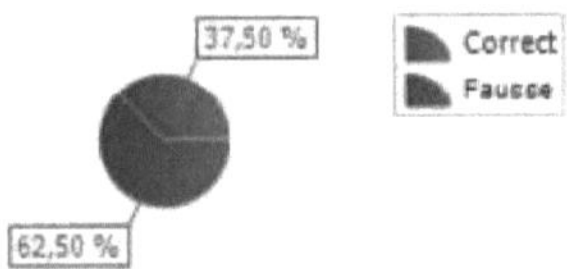

Teste: Disponibilidade lexical paradigmática

- redução da qualidade
- desvios fonéticos
- desvios fonémicos

Teste: Repetição de sílabas, palavras, frases e não-palavras

- erros fonéticos
- erros p onémicos na ásia continental
- erros proporcionais ao comprimento do item
- erros gramaticais
- erros na passagem de uma língua para outra

Teste: Nomeação oral de palavras e acções

- falta de palavra
- dificuldade em canalizar a atenção
- começar a desenvolver o vocabulário
- diagrama de objectivos - resposta através da utilização
- resposta gestual - possíveis modos de facilitação

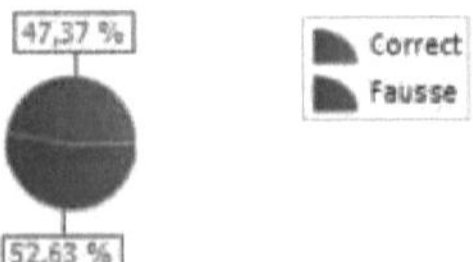

Teste: Discurso narrativo oral

- falta de palavra

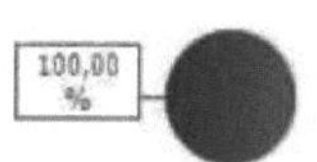

Teste: Compreensão oral de palavras e frases

- confusão entre palavras semanticamente próximas
- confusão entre palavras próximas umas das outras: fonemicamente
- confusão entre palavras semelhantes em termos morfológicos (casa/edifício)
- confusão entre acções semelhantes

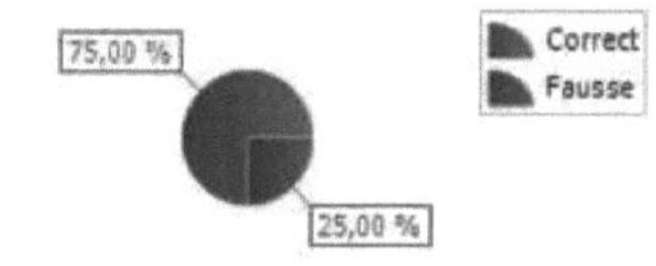

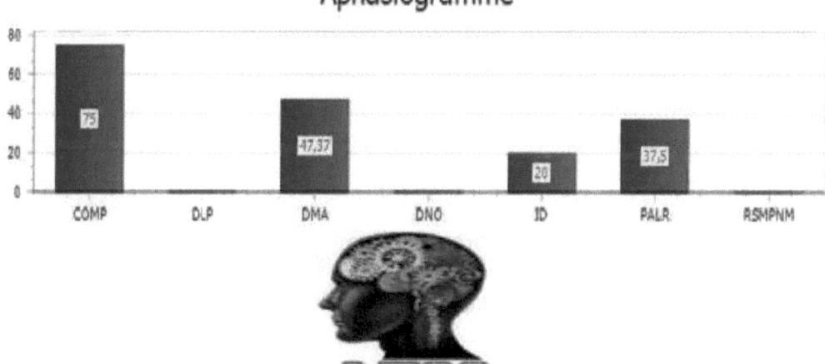

Anexo 6 Resultados dos exames: Língua oral

Segunda-feira, 4 de julho de 2016

Caso 5
M.R.F

Teste: Entrevista Dingee

- redução quantitativa
- redução qualitativa
- agramatismo
- falta de palavra
- desvios fonéticos
- desvios fonémicos
- desvios verbais
- aspontaneíte

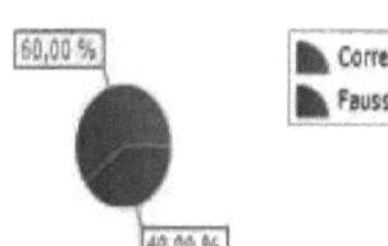

Correct
Fausse

apraxia oral-facial

Teste: Produção de automatismos linguísticos e recitação

- aspontaneíte

- dissociação automático-voluntária

Teste:Disponibilidade lexicalparadigmática

- redução qualitativa
- desvios fonéticos
- desvios fonémicos

Teste: Repetição de sílabas, palavras, frases e não-palavras

- erros fonéticos
- erros proporcionais ao comprimento do item
- erros gramaticais
- erros na passagem de uma língua para outra

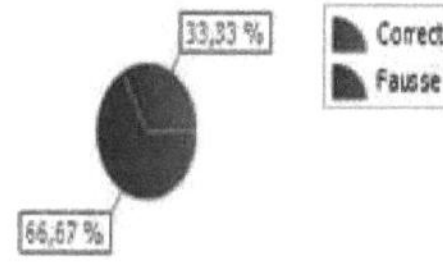

Teste de nomeação oral de palavras e acções

- falta de palavra
- confusão entre acções com significado ou configuração próximos no desenho
- dificuldade em canalizar a atenção
- começar a desenvolver o vocabulário
- diagrama de objectivos
- resposta gestual

Teste: Discurso narrativo oral

- redução quantitativa e/ou qualitativa
- falta de palavra
- respostas gestuais
- jargonafasia (paragramatismos, parafasia semântica ou fonémica mista)

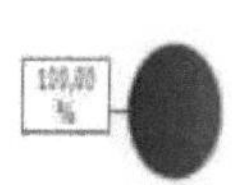

Teste: Compreensão oral de palavras e frases

- confusão entre palavras próximas: semântica
- confusão entre palavras próximas: foneticamente
- confusão entre palavras morfologicamente semelhantes (casa/edifício)
- confusão entre acções semelhantes

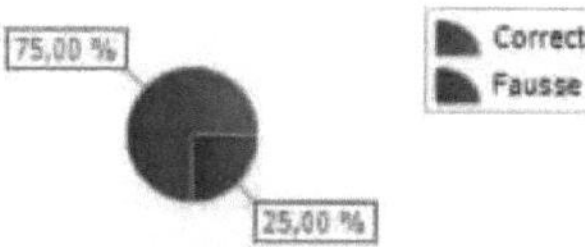

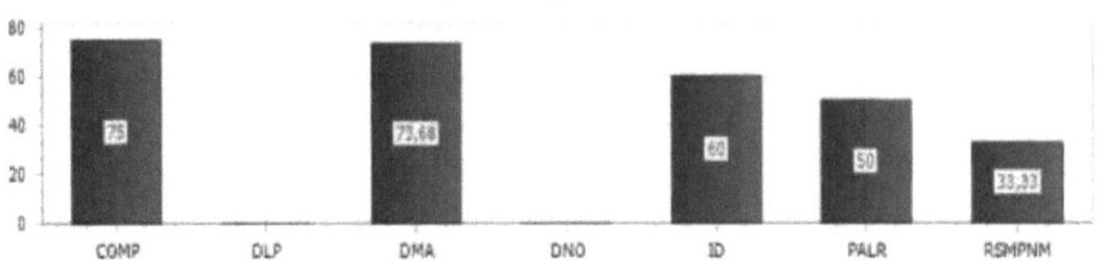
Aphasiogramme
80
60
40
20
0
75
73,68
60
50
33,33
COMP
DLP
DMA
DNO
ID
PALR
RSMPNM

Printed by Books on Demand GmbH, Norderstedt / Germany